金融衍生品系列丛书

中国期货业协会 ◎ 编

DERIVATIVES

# 股指期货

（第二版）

中国财经出版传媒集团
中国财政经济出版社

**图书在版编目（CIP）数据**

股指期货 / 中国期货业协会编. --2 版. --北京：中国财政经济出版社，2020.3（2025.5重印）
（金融衍生品系列丛书）
ISBN 978-7-5095-9432-2

Ⅰ.①股… Ⅱ.①中… Ⅲ.①股票指数期货-期货交易 Ⅳ.①F830.91

中国版本图书馆 CIP 数据核字（2019）第 249790 号

责任编辑：郁东敏　　责任校对：徐艳丽
封面设计：陈宇琰

中国财政经济出版社 出版
URL：http：//www.cfeph.cn
E-mail：cfeph @ cfeph.cn

社址：北京市海淀区阜成路甲 28 号　邮政编码：100142
营销中心电话：010-88191537
涿州汇美亿浓印刷有限公司印刷　各地新华书店经销
787×1092 毫米　16 开　15.75 印张　307 000 字
2020 年 4 月第 2 版　2025 年 5 月河北第 5 次印刷
定价：47.00 元
ISBN 978-7-5095-9432-2
（图书出现印装问题，本社负责调换）
本社质量投诉电话：010-88190744
**打击盗版举报热线：010-88191661　QQ：2242791300**

# 序

20世纪70年代初期，随着布雷顿森林体系解体，汇率、利率等基础金融要素价格的波动加剧，企业与金融机构面临的风险骤然增加，金融市场脆弱性暴露更加明显。为了更充分、更平稳、更持续地发挥金融市场的功能，降低金融脆弱性累积带来的负面影响，外汇期货、国债期货以及股指期货等一系列金融风险管理工具应运而生。

40多年的发展实践表明，外汇期货、利率期货、股指期货等金融期货产品已经成为管理金融风险最基础、最高效的市场化工具，不仅对化解金融风险、避免市场脆弱性的积累具有重要意义，在全球金融定价体系的重构中也发挥了巨大作用，有效增强了金融服务实体经济的能力和效率。目前，金融衍生品的风险管理功能已得到全球主要经济体的广泛认可，已成为全球多层次资本市场体系中不可缺少的重要组成部分。据统计，2018年，在全球场内衍生品总成交量中，金融期货与期权成交量占比达到80%。其中，股票指数类、个股类、利率类、外汇类衍生品分别占33.67%、19.89%、13.12%、11.24%。

近年来，随着我国资本市场规模不断扩大，基础制度建设稳步推进，各项法律法规日益完善，我国的衍生品市场结合中国实际，借鉴国际成熟市场经验，也在逐步起步发展，并努力做好“一个扩面、两个加深”工作。“一个扩面”，就是扩大期货和衍生品对基础资产的覆盖面，加大产品供给，让资产定价和风险缓释的市场功能惠及更多行业、更广领域。2010年4月，我国坚定推出沪深300股指期货，标志着我国资本市场改革发展又迈出了全新的一大步，对完善资本市场体系具有重要而深远的意义。此后，上证50股指期货、中证500股指期货、5年期国债期货、10年期国债期货、2年期国债期货陆续上市，产品体系不断完善。“两个加深”，一是深化发展产品类型，每一类基础资产，既要有期货，又要有期权，满足不同的投资交易和风险管理需求。2019年12月23日，我国第一只股指期权品种——沪深300股指期权在中国金融期货交易所上市，这是资本市场供给侧结构性改革的崭新成果，是金融衍生品市场创新发展的全新尝试。二是深化投资者参与。既要培育和发展国内的产业和机构投资者，也要吸引境外投资者广泛参与我国期货市场。2020 年 2 月 14 日，中国证监会与财政部、中国人民银行、中国银保监会联合发布公告，符合条件的试点商业银行和具备投资管理能力的保险机构，可按照依法合规、风险可控、商业可持续的原则，参与中国金融期货交易所国债期货交易。这不仅可以优化投资者结构，完善市场生态，还有利于通过交易者充分博弈完善价格形成机制，提升市场运行质量，促进市场稳定运行。

现阶段，我国衍生品市场运行秩序平稳、风控有效，服务现货市场的各项功能逐步发挥，积极作用日益显现。2019 年，我国金融期货市场总成交量 0.664 亿手，累计成交金额 69.62 万亿元，同比分别增长 144.12% 和 166.54%，成交量和成交额占我国期货市场比重分别为 1.69% 和 24.06%。

人才是行业发展的核心要素。与金融期货的发展前景和市场需求相比，我国急需培养金融衍生品方面的专业人才，也需要普及金融衍生品方面的专业知识。目前，不仅普通投资者对外汇期货、金融期权、场外衍生品、结构化产品这些专业知识比较陌生，期货业内的从业人员也缺少系统和全面的知识储备。同时，金融衍生品是一把“双刃剑”，它能促进国民经济发展，但是如果运用不当，也会反受其害。纵观世界各国，金融衍生品市场的建设与发展都不是一帆风顺的。我国金融衍生品市场应始终将风险防范放在第一位，从全面深化资本市场改革大局出发，扎实做好市场监管和风险防范工作。要大力开展投资者教育和宣传普及工作，帮助实体企业、金融机构以及各类投资者加深对金融期货及衍生品规则和风险的认识，引导他们理性、有序参与和正确利用金融衍生品市场，逐步培育成熟的市场参与者队伍。

基于此，中国期货业协会推出《金融衍生品系列丛书》，一方面为期货从业人员提供了一套成体系的衍生品知识工具书，为我国金融衍生品市场尽一份微薄之力；另一方面帮助广大普通投资者了解金融衍生品的应用，使他们理性参与市场。希望这套丛书在金融衍生品的功能宣传和投资者教育方面发挥积极作用。

**中国期货业协会**

2020 年 3 月

# 前　言

从全球发展历程来看，金融期货市场是市场经济发展到一定阶段的产物，是现代金融体系不可或缺的重要组成部分。从世界范围看，金融期货在整个期货市场占据重要位置。一般来讲，期货市场中90%都是金融期货，剩下的10%是商品期货。随着我国利率、汇率市场化改革的不断推进，股指期货、国债期货以及股指期货期权陆续推出，以金融期货为代表的金融衍生品市场在整个国民经济发展中的重要性日益凸显，为各类市场参与者提供了基础的风险管理工具，提升了现货市场运行效率和资源配置效率。

2013年，中国期货业协会组织编写了《金融衍生品系列丛书》，旨在普及金融衍生品方面的专业知识，为期货业内及相关领域从业人员提供专业的参考书，帮助中小投资者了解金融衍生品市场，树立风险意识，理性参与期货交易，同时为金融衍生品方面专业人才的培养做出了努力。作为期货市场上第一套全面介绍金融衍生品理论与实操的权威性书籍，《金融衍生品系列丛书》一经面世，便受到了业内的广泛好评。随着国内外金融衍生品市场的不断发展，金融期货期权品种不断丰富，金融法律法规环境发生变化，《金融衍生品系列丛书》的部分理论、实操案例、数据已比较陈旧，故中国期货业协会再次组织了丛书的修订工作，形成了新版丛书。概括起来，本套丛书的特点如下：

一是新版丛书体系更加完整。全套丛书以金融衍生品的产品大类为主线，分为七册，即《股指期货（第二版）》《国债期货（第二版）》《外汇期货（第二版）》《场外衍生品（第二版）》《金融期权（第二版）》《结构化产品（第二版）》和《金融衍生品习题集（第二版）》，基本上包括了当今国际金融衍生品市场的主要品种。为了帮助读者加深理解，学懂弄通，方便自己测试及检验，特更新了配套习题集。

二是通俗易懂，可读性强。新版丛书依然力图通俗易懂，在语言表达上力求清晰、准确、深入浅出，还辅以“小贴士”“延伸阅读”等内容以增加信息量、可读性和阅读趣味性，更利于读者扩展金融衍生品相关内容的知识面。

三是案例丰富，操作性强。新版丛书的编写更强调案例与习题的重要性，要求对基本原理与公式都通过案例加以说明，一些应用公式的推导、使用方法，也要通过对习题讲解和运算来使读者深刻领悟。在实务操作层面，丛书重点讲清楚了各类投资者及相关企业如何利用这些衍生工具，将金融衍生品知识与金融机构或实体企业的投资与经营相结合。与风险管理相结合是新版丛书的一个突出特点。

本次修订工作得益于中国期货业协会“期货投资者教育专项基金”的设立。自2009年这一公益性基金运作以来，中国期货业协会在出版、拍摄制作投资者教育产品和组织投资者教育活动方面得到了该基金的大力支持，一大批投资者教育产品投放市场，获得了业内和广大投资者的高度评价。新版《金融衍生品系列丛书》的修订工作和出版发行同样是在该基金的资助下完成的。在此，我们特别感谢中国证监会有关部门对中国期货业协会投资者教育工作及本套丛书的指导和支持。

最后，衷心希望新版《金融衍生品系列丛书》能够为金融衍生品市场的参与者了解金融衍生品市场、树立风险意识、理性参与交易提供有益帮助，也祝愿中国金融衍生品市场充分发挥功能作用，更好地服务于实体经济。

《金融衍生品系列丛书》编委会

2020年3月

# 目　录

第一章　认识股指期货　/　1

本章要点

一、什么是股指期货？　/　2

二、有了股票市场，为什么还要推出股指期货市场？　/　4

三、股指期货有哪些功能和作用？　/　7

四、股指期货具有哪些交易特性？　/　18

五、股指期货与股票交易有哪些不同点？　/　21

六、股指期货与期权交易有哪些不同点？　/　22

七、股指期货与融资融券交易有哪些不同点？　/　24

八、股指期货与 ETF 交易有哪些不同点？　/　25

九、股指期货与商品期货交易有哪些不同点？　/　26

十、中国金融期货交易所的作用是什么？　/　27

十一、中金所会员是如何分类的？　/　28

十二、什么是股指期货 IB 业务？　/　29

十三、股指期货投资者都有哪几种类型？　/　30

第二章　股指期货交易规则　/　32

本章要点

一、股指期货合约都包含哪些内容？　/　33

二、股指期货合约标的——股票指数是如何编制的？　/　34

三、世界其他国家都有哪些主要的股票指数及相应的股指期货品种？　/　39

四、什么是股指期货合约乘数？　/　46

五、国内股指期货合约的最小变动价位是多少？　/　47

六、国内股指期货每天有多少个合约可交易？　/　48

七、国内股指期货的交易时间与股票市场的交易时间同步吗？ / 48
八、国内股指期货的最后交易日是不是交割日？ / 48
九、国内股指期货的交割方式是怎样的？ / 49
十、国内股指期货的交易单位和交易代码是如何规定的？ / 49
十一、股指期货交易制度有哪些？ / 49
十二、如何根据保证金制度计算交易需要的保证金？ / 50
十三、什么是当日无负债结算制度？ / 54
十四、对强行平仓制度的理解——什么情况下会导致被强行平仓？ / 56
十五、股指期货的涨跌停板制度与股票的涨跌停板制度有什么不同？ / 58
十六、为什么要制定持仓限额制度、大户持仓报告制度和风险警示制度？ / 59
十七、强制减仓制度与强行平仓制度有何区别？ / 61
十八、套期保值者如何向交易所申请套保额度？ / 62
十九、信息披露制度包含哪些内容？ / 65

第三章 股指期货交易流程 / 66

本章要点

一、哪些人不宜办理股指期货开户手续？ / 66
二、如何选择期货公司？ / 67
三、办理金融期货开户的具体程序如何？ / 68
四、签署开户合同文本时应注意哪些问题？ / 69
五、如何办理入金、出金手续？ / 72
六、如何查询自己交易账户中的资金账目和交易结算单？ / 74
七、如何办理销户手续？ / 74
八、如何看懂股指期货行情表？ / 75
九、如何进行股指期货的下单操作？ / 79
十、国内股指期货的价格形成机制是怎样的？ / 82
十一、如何确认成交回报？ / 84
十二、如何看懂交易结算账单？ / 84
十三、在什么情况下投资者需要追加交易保证金？ / 91

十四、什么是持仓风险度？ / 94
十五、股指期货交割价是如何确定的？ / 94

**第四章 股指期货投机交易 / 96**

本章要点
一、股指期货投机交易的特点体现在哪些方面？ / 97
二、股指期货投机交易分为哪几种类型？ / 98
三、如何制定股指期货投机交易策略计划？ / 101
四、如何对股指期货价格进行基本面分析？ / 103
五、如何对股指期货价格进行技术面分析？ / 110

**第五章 股指期货套期保值 / 134**

本章要点
一、什么是股指期货套期保值？ / 135
二、进行套期保值的必备条件和操作原则是什么？ / 135
三、怎样对套期保值效果进行评估？ / 137
四、什么是股指期货卖出套期保值？ / 138
五、什么是股指期货买入套期保值？ / 141
六、如何使股指期货套期保值效果更加精准？ / 143
七、股指期货套期保值存在哪些风险？ / 150
八、股指期货套期保值流程是怎样的？ / 151
九、私募基金如何应用套期保值规避股市风险？ / 153
十、指数基金如何应用套期保值规避股市风险？ / 155
十一、股票型基金为控制仓位如何实施套期保值？ / 156
十二、股票发行承销商如何利用套期保值策略规避一级市场发行风险？ / 158

**第六章 股指期货套利交易 / 160**

本章要点
一、什么是股指期货套利交易？ / 160
二、股指期货套利交易与投机交易有什么区别？ / 161
三、股指期货套利交易与套期保值交易有什么区别？ / 161
四、股指期货套利有哪几种类型？ / 162
五、什么是股指期货跨期套利？ / 162

六、什么是股指期货跨品种套利？ / 167
七、什么是股指期货跨市套利？ / 170
八、什么是股指期货期现套利？ / 170
九、股指期货理论定价模型的主要作用是什么？ / 172
十、在期现套利中如何复制股指期货标的指数？ / 177
十一、股指期货期现套利分哪几个步骤？ / 180
十二、持有 ETF 指数基金如何与股指期货进行期现套利？ / 180
十三、持有 LOF 如何与股指期货进行期现套利？ / 183
十四、持有股票投资组合如何与股指期货进行期现套利？ / 185

**第七章 股指期货在资产组合管理中的应用 / 189**

本章要点

一、什么是股指期货资产配置策略？ / 190
二、如何运用股指期货对投资组合 β 值进行调整？ / 192
三、什么是股指期货指数化投资策略？ / 194
四、什么是股指期货阿尔法（Alpha）策略？ / 199
五、什么是股指期货可转移阿尔法策略？ / 202
六、什么是股指期货现金证券化策略？ / 204

**第八章 如何防范股指期货交易风险 / 208**

本章要点

一、为什么要制定金融期货投资者适当性制度？ / 208
二、参与股指期货交易应该具备哪些基本条件？ / 211
三、哪些资金不适用于投资股指期货交易？ / 213
四、股指期货市场中存在有哪些类型的风险？ / 214
五、什么是股指期货代理风险？ / 214
六、什么是股指期货操作风险？ / 215
七、什么是股指期货市场风险？ / 216
八、什么是股指期货现金流风险？ / 216
九、什么是股指期货流动性风险？ / 217
十、什么是股指期货法律风险？ / 217
十一、什么是量化交易的模型风险？ / 220
十二、什么是量化交易的技术风险？ / 221
十三、什么是量化交易的合规风险？ / 224

十四、价格闪崩是怎么一回事？　/　225
十五、怎样合理管理自己的交易资金？　/　226
十六、如何运用止损技术？　/　230
十七、投资者如何维护自身的合法权益？　/　236

**后　记**　/ 238

# 第一章　认识股指期货

## 本章要点

本章介绍了股指期货的有关概念，阐述了股指期货的市场功能和作用，着重强调了“价格发现”和“规避风险”是股指期货市场最主要的功能。由于股指期货在交易特性上具有的保证金交易、双向操作、T+0、现金交割等独特之处，使之与股票、期权及商品期货等品种的交易方式具有较大的不同。

“工欲善其事，必先利其器。”股指期货市场，是一个充满刺激的冒险“战场”。既然是“战场”，首先要知道跟“谁”打仗，作战对象要搞清楚。“知己知彼，百战不殆。”砍柴先磨刀，是一种预立意识。磨刀是砍柴的准备。凡兵家用兵，谈判用谋，都应该做好事先的准备和预测。《礼记·中庸》曰：“凡事预则立，不预则废。”上述古训，都是强调做事前要做好准备，了解对方，熟知“敌情”。这些古训，都表达了了解自己和对手的重要性。

对于想从事股指期货交易的投资者来说，如果事先不了解股指期货交易的“标的物”（即交易对象）、其自身的交易特点（主要是与股票交易、期权交易及商品期货交易的不同点），而想在股指期货市场立于不败之地是不可想象的。一切从认识股指期货开始！

## 一、什么是股指期货?

股指期货的全称为“股票价格指数期货”，也可称为“股票指数期货”“股指期货”“期指”，英文名称为“Stock Index Futures”。

在长期的股票交易实践中人们发现，完善的股票价格指数基本上能代表整个股票市场所有股票价格变动的趋势和幅度。如国内的上证指数、中证500指数、沪深300指数，国外的道·琼斯工业指数、日经225指数等，都是股票指数。股票指数作为市场价格变动的指标，反映的是股票市场整体变动情况的价格平均水平。如果把股票价格指数改造成一种可买卖的“货”，通过买卖股票价格指数，便可以把握整个股票市场的价格或趋势，那么交易股票价格指数就有巨大的现实意义了。

在人们的日常生活中，买卖货物是一种最为常态化的活动，而“货”通常分为两种：现货和期货。买卖现货是“一手交钱，一手交货”；而买卖期货则凭的是信誉，通过签订买卖合同或合约，并且买卖双方均要缴纳一定的“信用”保证金（定金）。这种合约还可以中途买卖转让，如我们常常购买的“期房”就有点买卖期货的意思。

股指期货中的“期”代表的就是未来一段时间或时期，而股指期货中的“货”所代表的当然就是交易者所选定用于买卖的股票指数对象。因此，“股指期货”与“股指现货”是两个完全不同的概念，前者是在后者市场基础上对股票指数未来价格的预期判断和交易。

**【案例1-1】**

某年8月8日上午9:25，沪、深股市集合竞价完毕后，从股票行情系统中看到沪深300股票指数是2719.40点，这个数字则表示沪深300股票指数目前“现货”买卖成交“价格”是2719.40点。

如果投资者现在想知道市场全体交易者在以后某个大致时间，如9月份，或更远点时间如12月底，甚至来年3月份时，预期股市涨跌会是个什么程度，是看涨还是看跌，也就是说他想知道未来某个时点沪深300股票指数的未来价格，那么他就会关注同期中国金融期货交易所（以下简称“中金所”）期货行情系统中不同月份到期时的沪深300股指期货的买卖价格。如他当时看到“12月份到期的沪深300股指期货合约”的价格已经达到3085.0点了，表明市场交易者对12月份沪深300指数看涨的观点占据上风，因为市场预期4个月后的沪深300股票指数的价位已经达到了3085.0点，很显然比现在沪深300指数价位2719.40要看高很多。

假如这位投资者认为从现在到12月份这段时间，这一指数的“价格”还不止涨到3085.0点，可能会超过3085.0点，也许他就会买入一手该股指期货合约。如果他的判断正确，指数期货价格在未来某个时间上涨到了3215.0点，这时，他有两个选择：

一是继续持有那一手期货合约等待指数继续上涨；

二是以这时新的“价格”，也就是3215.0点卖出原有的那一手期货合约，落袋为安。此时，他就获得了3215.0-3085.0=+130点的收益。

当然，如果他对行情走势判断错误，买入股指期货后的某个时点期货价格下跌到了3015.0点，这时，他也有两个选择：

一是继续持有那一手期货合约等待指数回升解套；

二是以新的“价格”，也就是3015.0点卖出那一手期货合约止损，这时他就获得了3015.0-3085.0=-70点的实际亏损，也就是股市中常说的“割肉”。

但是，当指数期货到期时，也就是到了12月份的第三个星期五，这一天是中金所规定的该期货合约交割日，即他所持有的一手期货合约就到期了，变成了“现货”，不能再继续持有了。此时，凡手上有该期货合约的投资者都必须以承诺的“价格”买入或卖出沪深300指数。

由中金所根据投资者原先买卖的期货“价格”与交割时相应的沪深300指数“现货价格”之间的价差，通过现金多退少补，自动划账，进行交割程序。从这一点可以看到股票市场和股指期货市场之间的关系是多么的密切。假如这个交割价高于该投资者原先的买入价3085.0，则他还是赚的；而如果交割价低于3085.0，则投资者就是赔的。这个交割价格是由中金所规定的、以沪深300现货指数当天最后两小时交易的算术平均价为基础，在当天收市后由交易所的电脑计算出来。假如这一价格为3066.66点，则当天收市后，该投资者原有的那1手买单就以此点位被自动平仓交割了。很明显，他亏了18.34点（3066.66-3085.0）。

请注意：最后交易日也就是交割日当天下午3点收市时，该投资者所持有的沪深300股指期货12月合约的收盘价为3058.4，而此时的沪深300现货指数收盘价为3052.0，但这两者都不能作为12月期货合约的交割价。请读者思考为什么？

当然，所谓赚或亏“点数”是没有意义的，必须把“点”折算成有意义的货币单位。具体折算成多少，由交易所在交易规则中事先规定。按照中金所的交易规则，沪深300股指期货每个“点”代表300元人民币，那么上述投资者把他赚赔的点数乘以300元，再乘以它买卖的手数就是他赚或赔的总钱数了。在上述案例中，假如该投资者买入后一直持有到最后交割日交割，则他共亏损：-18.34点×300元/点×1手=-5502.00元。

从本案例中可以总结出，所谓股指期货就是一种以股票价格指数为标的物的金融期货合约。所谓标的物，通俗地讲，就是期货市场要交易的“对象”，它是以合约符号来体现的。例如：IF1812，就是一个股指期货合约符号，表示标的物是沪深300股票指数，以 IF 来表示，而且是 2018 年 12 月到期交割的期货合约。这种合约是由交易所制定好了的标准化的合约。在合约到期后，股指期货通过现金结算差价的方式进行交割。

## 二、有了股票市场，为什么还要推出股指期货市场？

有了股票市场，为什么还要推出股指期货市场呢？

### （一）规避风险的需要

当股票市场发展到较大规模后，一旦股票市场价格大幅波动，出现整体性的系统性风险，也就是我们常说的股市“大盘风险”，则单靠股票一个市场是难以控制的。

第二次世界大战后，以美国为代表的发达国家的股票市场取得飞速发展，上市股票数量不断增加，股票市值迅速膨胀。以纽约股票交易所为例：1980 年其股票交易量达到 3 749 亿美元，是 1970 年的 3. 93 倍；日均成交 4 490 万股，是 1960 年的 19. 96 倍；上市股票 337 亿股，市值 12 430 亿美元，分别是 1960 年的 5. 185 倍和 4. 05 倍。随着机构投资者持有股票种类和数量的不断增多，其感受到的市场风险越来越高，规避系统性价格风险的要求也越来越强烈。

1973 ~ 1974 年，第四次中东战争爆发，阿拉伯国家决定利用石油武器捍卫自己的权利。世界石油输出国组织（OPEC）把其所控制的石油价格提高了 4 倍，并对西方国家实行石油禁运。提价前，石油价格每桶只有 3. 01 美元，两个月后石油价格达到每桶 11. 65 美元，使原本完全依赖廉价原油的美国工厂，包括汽车等各大产业、居民家庭生活都陷入了经济困境，最终引发了第二次世界大战后世界最大的一次经济危机。到 1974 年底，道·琼斯指数最低狂跌到 570 点，两年下跌近 40%（见图 1 - 1），很多上市公司眼睁睁地看着自己的股票市值跌了一半。美国几乎所有股票的市盈率都变成个位数。这在华尔街非常少见。市场一片恐惧，没有人愿意继续持股，每个人都在抛售股票。股票投资者损失惨重却没有恰当的金融避险工具可以利用。痛定思痛，投资者深刻认识到，他们迫切需要一种能够有效规避风险，实现资产保值的避险工具，于是，股指期货市场应运而生。

### （二）科技发展的需要

随着计算机等电子化手段的普及应用，股票交易方式也在不断发展进步。以美国为例，1976 年，为了方便投资者，股票交易也不再是只能对单个股票进行交易，而是可以对多种股票同时进行“打包”交易，即用一个交易指令同时进行多种股票的买

图 1－1　1972～1975 年道·琼斯工业指数走势图

卖。便利工具的诞生使投资者很快就开始了“指数化投资组合”交易的尝试，随后股票投资越来越趋向于大型化组合。

“指数化投资组合”的特点就是该组合中的股票品种与数量比例都与股票指数相同，因而该股票组合价格的变化与股票指数的变化一致。这固然有助于稳定股票投资收益，但在股市整体行情下跌时，机构投资者无法迅速脱手股票降低损失，同时大量股票集中抛售会加速股市的下跌，降低机构投资者手中的持股价值。面对此两难选择，需要另辟蹊径加以解决。于是投资者和交易所管理者的目光自然就聚焦到了与“指数化投资组合”交易密切相关的股票指数上。为适应机构投资者规避股票价格系统性风险的需要而开发的股指期货交易，就成为一件顺理成章的事情了。

股指期货的诞生

说起股指期货的诞生还有一段曲折的故事呢！

第一个开发出股指期货产品的，不是像美国芝加哥商品交易所（CME）、芝加哥期货交易所（CBOT）等举世闻名的期货交易所，而是名不见经传的美国堪萨斯城期货交易所（KCBT）。KCBT 是一家在世界上算不上有名的小交易所，虽然成立于 1856 年，但多年来只有一个期货交易品种——冬小麦。但就是这家具有传统色彩的商品期货交易所却对金融期货雄心勃勃。他们聘请了斯坦福大学的罗雷杰博士担任咨询顾问，经过数月艰辛的研究，得出了一个具有划时代意义的结论：作为比商品价格波动更为频繁且交易量更为巨大的股票指数价格，将其作为期货交易的标的物是完全可行的，并且这种新的金融产品一旦开发成功，必定会带来滚滚财源。激动之余，KCBT 立即付诸行动。当时美国证券市场最有名的指数是道·琼斯工业平均指数，于是 KCBT 理所当然地找到道·琼斯公司，非常想以道·琼斯工业平均指数作为世界上第一个股指期货的“标的指数”。但万万没有想到，这一创新设想却被道·琼斯公司管理层断然拒绝。其理由是：该指数作为世界上最著名的股票指数绝不能用作“赌博”的道具，如果 KCBT 擅自采用道·琼斯工业平均指数作为股指期货的“标的指数”，道·琼斯公司将不惜诉诸法律来坚决阻止。

万般无奈之下，KCBT 转而寻求与标准·普尔（S&P）指数公司合作。然而 S&P 已经在与芝加哥商业交易所（CME）讨论这方面的构想。最后，KCBT 找到了一家小公司——阿诺德伯纳德公司（Arnold Bernhard & Company），以它发布的“价值线指数”（Value Line Index）作为股指期货“标的物”。价值线指数是一个等权重的股票加权指数，包含了在纽约证券交易所、纳斯达克、美国证券交易所以及多伦多证券交易所上市的 1 600 只股票。这家小公司的态度完全不同，非常乐意让 KCBT 使用其发布的价值线指数，因为价值线指数实在没有多少名气。于是，KCBT 最先在 1977 年 10 月向美国商品期货交易委员会（CFTC）提交了开展股票指数期货交易的报告。

创新之路异常艰难。刻板的 CFTC 认定股指期货“将是一场疯狂的赌博”而对 KCBT 的数次申请不屑一顾。经过 KCBT 和期货界有识之士的大力游说，CFTC 才终于认识到股指期货的重要性与巨大商机。

一波刚平一波又起。美国商品期货交易委员会与证券交易委员会两大管理机构对股票指数期货交易的管辖权出现争议，因为当知道股指期货市场的巨大发展潜力后，谁都想独占这块“大蛋糕”，相互扯皮使得 KCBT 递交的报告迟迟未获通过。经过一番“折腾”，直到 5 年后的 1982 年 2 月，随着新总统里根分别任命菲利浦·约翰逊和约翰·夏德为新的商品期货交易委员会主席和证券交易委员会主席，两人达成“夏德—约翰逊协议”，明确规定股指期货的管辖权属于商品期货交易委员会，才为股指期货的上市扫清了障碍。

8 天后的 1982 年 2 月 24 日，KCBT 趁热打铁，正式推出了价值线指数期货交易，标志着股指期货的诞生。由于具有比具体股票买卖成本低、抗风险性强等优点，这种新型的金融期货一经推出即受到广大投资者的热烈追捧。新交易一开市就很活跃，当天成交近 1800 手合约。此时的 KCBT 竟打起了“垄断”市场的歪主意，向商品期货交易委员会提出暂时停止核准其他交易所上市股指期货的申请要求，但这项无理要求被否决。此时，落在后面的期货界“老大”——芝加哥商品交易所也不甘示弱，借助其显赫的名声，与另一家同样赫赫有名的标准·普尔公司迅速达成协议，在 4 月 21 日推出了 S&P 500 股指期货交易，当天交易量就超过了 KCBT，达到 3 963 手。当年合约成交量达到 150 万手，远超 KCBT 价值线指数期货合约 35 万手的年成交量，再次夺回期货老大的地位。从此，S&P 500 股指期货合约成为美国乃至世界最有影响力的股指期货。标准·普尔公司在金融业的影响力也因此急剧上升。

不久，纽约期货交易所（NYFE）和芝加哥期货交易所（CBOT）也推出了各自的股指期货交易。1984年，股指期货的交易量就已占到全美国所有期货交易量的20%以上。

直到此时，道·琼斯公司才如梦方醒，追悔莫及。股指期货的迅猛发展是道·琼斯公司始料未及的，事实证明其当初犯了一个决策性的错误。正是这个错误，使道·琼斯公司的影响力一落千丈。直到十多年后的1997年10月6日，芝加哥期货交易所才推出了以道·琼斯工业平均指数（DJIA）为标的物的股指期货交易。

股指期货在美国的成功推出和迅速发展，也引起世界上其他国家和地区的极大关注，纷纷效仿。1983年2月，悉尼期货交易所（SFE）推出了以“澳大利亚证券交易所股指”为基础的股指期货交易，澳大利亚成为美国以外第一个推出股指期货的国家。1984年，伦敦国际金融期货交易所推出“金融时报100指数期货合约”。日本、中国香港、英国伦敦、新加坡等地也先后开始了股票指数的期货交易。从此，股指期货交易走上了蓬勃发展的道路，“星星之火”开始在整个金融市场“燎原”了。

## 三、股指期货有哪些功能和作用？

### （一）股指期货的功能

为什么要做股指期货？这是投资者关心的问题。为此需要把股指期货的功能和作用讲清楚。股指期货功能，归纳起来主要体现在以下四个方面：

1. 功能之一——规避股市风险

通常把股票市场的风险分为非系统性风险和系统性风险两种类型。

非系统性风险是指某个行业或个别上市公司因自身经营不善而只对其自身股票的收益产生影响的风险，而与整个股市的总体价格涨跌不存在系统的全面联系。由于非系统性风险是个别性的风险，而不会对市场整体发生作用，投资者可以通过分散化投资或转换投资品种来将这种风险减低到最小。股市操作有句谚语，叫“不要把鸡蛋都放在一个篮子里”。因此，非系统性风险也被称为可分散风险。

而系统性风险则难以通过分散投资的方法加以规避。因为系统性风险是指由于全局性的共同因素引起的投资收益的损失，如银行提高存贷款利率等宏观因素。这类因素会对整个股票市场或绝大多数股票价格普遍产生不利影响。系统性风险造成的后果带有普遍性，其主要特征是几乎使所有股票价格均下跌，投资者往往要遭受很大的损失。正是由于这种风险不能通过分散投资相互抵消或者消除，因此又称为“不可分散风险”。证券市场总体风险分类见图 1－2。

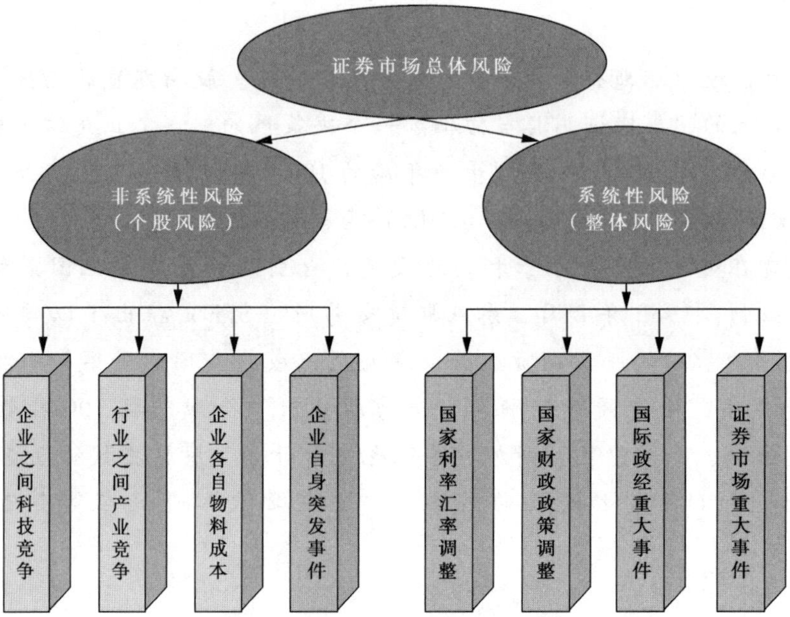


图 1－2　证券市场总体风险分类

那如何规避股市的系统性风险呢？可行途径是借助股指期货市场。股指期货交易实质上是投资者将其对整个股票市场的系统性风险转移至期货市场的过程。比如，当预期股票市场下跌时，投资者可通过卖出股指期货合约对冲股市整体下跌风险，在继续享有相应股东权益的同时维持所持股票资产的原有价值，减轻集中性抛售对股票市场造成的恐慌性影响。此外，一些承销发行机构、上市公司的大股东，为规避股票市场总体下跌的风险，可通过预先卖出相应数量的股指期货合约以对冲风险、锁定利润。相反，如果投资者预计市场要上涨而来不及全面建仓，则可以通过买进一定数量的股指期货合约以避免踏空。

2. 功能之二——发现价格

发现价格是指在股指期货市场通过公开、公正、高效、竞争的交易机制，形成具有真实性、预期性、连续性和权威性价格的过程。这种以集中竞价方式所产生的未来不同到期月份的股指期货价格，能反映出投资者对股票市场未来走势的预期，这是价格发现功能的最大作用。期货市场形成的价格之所以为公众所承认，一是由于交易者众多，市场流动性极好。一旦有信息影响，交易者对市场的价格预期会很快在期货市场上反映出来，从而使市场价格达到相对均衡，使交易者发现该信息对股票价格的影响。二是由于股指期货交易的参与者除普通股票投资者之外，还有基金公司、证券公司、期货公司、银行等专业的机构投资者。这些成千上万的买家和卖家聚在一起进行竞价，可以代表供求双方的力量，有助于权威价格的形成。这样形成的股指期货价格实际上反映了大多数人的预期，因而能够比较直观地代表供求变动趋势，从而帮助投资者制订相应的投资策略。

3. 功能之三——提供套利交易等新型投资工具

股指期货为交易者提供了一种新型的低风险交易工具——套利。当股指期货价格与其现货指数价格偏离很大时，就会产生买入（或卖出）一篮子成分股票，同时卖出（或买入）等值的股指期货合约操作。此外，不同期货合约之间、不同的期货市场之间也均有套利机会。

股指期货套利功能，丰富了市场参与者的投资工具，增加了市场流动性，有利于缓冲集中性抛售对股票市场造成的恐慌性影响和股价的剧烈波动。

4. 功能之四——指数化投资功能及股票资产组合管理

股票市场常常出现一种现象就是，哪怕大盘处于上升期，也就是在牛市里，大盘指数即使曾上涨 60% 以上，但有的投资者所持有的股票可能根本就没怎么上涨，甚至还出现下跌。很多股票投资者把这归咎于自己运气不好，或者认为这是选股问题。但随着上市股票数量越来越多，选股的难度和所耗费的精力也越来越大，因此投资者迫切需要指数化的投资工具——直接对股票指数进行买卖。而股指期货属于最直接的指数化投资工具，可避免因股票选择不当而在牛市中买了“熊股”的烦恼，不会有股市上那种“赚了指数不赚钱”的现象发生。

此外，股指期货交易由于采用保证金制度，交易成本很低，因此被机构投资者广泛用来作为股票资产组合管理的有效手段。这种资产配置管理的功能具体表现在：

第一，增加市场流动性，提高资金使用效率。例如某以沪深 300 成分股为主要投资对象的机构投资者，认为近期股市可能出现大幅上涨，打算抓住这次投资机会，但由于投资于股市的资金有限，如果在股票现货市场购买一篮子股票无疑需要大量的资金，此时该机构投资者可以利用较少的资金（一般只需购买股票资金总量的 10% ~ 15% 的保证金）买入股指期货，从而跟踪沪深 300 股票指数，获得股市上涨的平均收益。

第二，促进组合投资，加强风险管理。机构投资者在购买股票时，由于买卖股票数量比较大，往往会造成股价大幅波动，增加购股成本，有时建仓也会有困难。而股指期货市场由于采取的是买卖沪深 300 股票指数，实际上买卖的是一个由 300 只股票组成的组合。

**【案例 1－2】** 假设在沪深 300 股票指数成分股中，各行业所占权重见图 1－3。

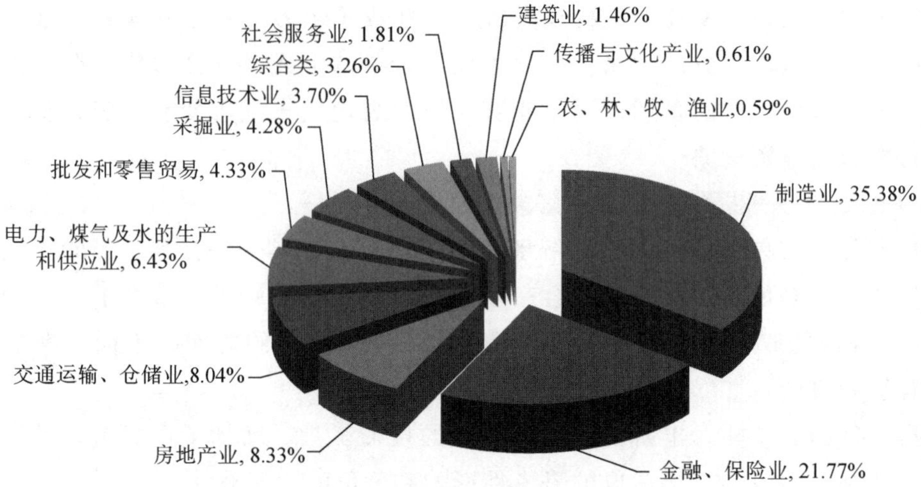


图 1－3　沪深 300 股票指数成分股权重比例

某年 11 月某日，沪深 300 股指期货 12 月合约价格为 5300 点：

买入一手该合约的合约价值 = 5300 × 300 × 1 = 159（万元）

对照图 1－3 中所示的权重比例，这 159 万元里面包括买入了 35.38% 的钢铁股等在内的制造业股，代表了整个制造行业 78.6% 的上市市值；159 万元里面还包括买入了 21.77% 的金融股，代表了整个金融行业 99.8% 的上市市值……

也就是说，买了一手沪深 300 股指期货合约就相当于买了一篮子的股票，这一篮子股票组合的特点是金融、制造、房地产等 10 个行业的占比为 80% 左右，达到将 159 万元的资产以较低成本快速分散化和配置的目的。

### （二）股指期货的作用

1. 规避股市系统风险，保护投资者的利益

以中国股市为例，沪、深股市的一个特点是市场的系统性风险大。具体表现为：一是波动幅度大。二是大幅波动的频率高，我国股市出现大幅波动的频率约为境外成熟市场的 2 倍。三是市场换手率高，我国股市换手率一般为成熟市场的 2 倍，有时甚至高达 5 倍。这种风险无法通过分散投资来规避。股指期货推出后，一方面股票承销商在包销股票的同时，为规避股市总体下跌的风险，可通过预先卖出相应数量的期指合约以对冲风险、锁定利润，促进股票一级市场的股票发行及发行方式向上网竞价发行转变；另一方面，在二级市场上，如果投资者持有与股票指数相关性高的股票，为防止未来下跌造成损失，可以卖出股指期货合约，从而避免总头寸的风险。因此，股指期货的引入，可以向市场提供对冲风险，确保投资收益的途径，增强投资者对股市投资的安全性。

2. 丰富投资工具，有利于创造性地培育机构投资者。

目前在中国的证券市场上股票基金管理人要想实现在市场上的资本增值，必须先购买股票。由于契约限制，基金的股票持仓量通常很高。市场波动是双向的，当进入阶段性的空头市场时，一旦市场出现下跌，开放式基金的兑付压力就会显著增大，基金管理人必将无法承受日益增大的兑现压力而进行部分资产的变现，从而引起基金重仓股股价快速下跌，如此恶性循环甚至会使基金被迫面临清算。而股指期货的做空机制使得机构投资者可从原来买进之后等待股票价格上升的单一模式转变为双向投资模式。可见，机构投资者的培育需要有丰富的投资品种作补充，特别是风险管理工具，这一点已被国际股票市场发展的成功经验所证明。

3. 完善我国资本市场体系，增强国际竞争力

在金融全球化的今天，如果还停留在传统的交易方式中，不引进现代金融工具，中国证券市场在功能与体系方面都将是不健全的，不但难以与国际市场接轨，而且难以为国际投资资本的进入提供回避风险的场所。

更为紧迫的问题是，股指期货作为一个虚拟产品，已经成为全球公共的“奶酪”，谁抢得了先机谁就赢得了期货发展优势，甚至赢得定价权和话语权。正是认识到这一点，许多国家或地区为了提升自身证券期货市场的吸引力，不但开设了以本国或本地区股价指数为标的物的股指期货，还开设了以别国或地区股价指数为标的物的股指期货。在这方面，新加坡是最热衷于上市外国或外地股指期货合约的国家，而日本和中国台湾都吃过大亏。

早在1986年，新加坡交易所（SGX）就抢在日本之前推出了日本的“日经225股票指数”期货交易，开创了股指期货境外上市的先河。让全球期货业几十年来回味无穷的是，当时日本监管当局不允许本国基金经理利用新加坡市场从事股指期货交易，却无法限制那些常驻日本的欧美等其他国家的机构投资者利用新加坡市场进行套期保值。结果，日本本土金融机构在交易本国股票时反而缺少足够的避险工具，在竞争中处于不利境地。无奈之下，1987年5月，日本监管当局被迫允许本国投资者开始交易新加坡市场的日经225股票指数期货。而日本国内迟至1988年才由大阪证券交易所（OSE）推出日经225股票指数期货交易。1990年，美国CME也推出日经225股票指数期货交易，形成三足鼎立共同交易日经225股票指数期货的局面。为了夺回该股指期货的主导权，大阪证券交易所经多年的艰苦努力，虽收到了一定的成效，但仍有近一半的市场份额落在海外。2005年在全球日经225股票指数期货市场中，日本只占有55.05%的份额。

新加坡交易所

现在的新加坡交易所（SGX）成立于1999年12月1日，是由新加坡金融期货交易所（SIMEX）和新加坡证券交易所（SES）合并而成。SIMEX成立于1984年9月，是亚洲最早成立的金融期货交易所，也是亚洲指数期货的诞生地。

SIMEX从成立之初就意识到本国资源有限、投资者数量少，因而把重点放在“掠夺”别国股指衍生产品上，试图通过“国际化”来建立和发展本土期货市场。这一手果然效果颇佳。

无独有偶，1997年1月9日，美国芝加哥商品交易所（CME）和新加坡交易所又不顾中国台湾地区的极力反对，同时推出了道·琼斯台湾股指期货和摩根斯坦利台湾股指期货（简称“摩根台指期货”）。这又是一个抢在本地市场之前推出的股指期货交易的案例。1998年5月26日，香港期货交易所也推出台湾指数期货与期权交易，这极大地刺激了台湾地区，促使其迅速成立了台湾期货交易所，并在1998年7月21日，推出了第一个台湾自己的股指期货合约。经过多年努力，中国台湾股指期货市场从2001年就已超过新加坡摩根台指市场，但这一切都改变不了目前我国台湾期指市场定价功能仍然受制于新加坡市场的客观事实。以下两个例子可以充分说明这一点。

**【案例1-3】本土市场跟随新加坡市场出现恐慌性下跌**

2004年3月19日，中国台湾地区领导人选举时的枪击事件引发关注，政治上的不安定性波及金融市场，几乎造成整个股票市场及期货市场逆转。2004年3月22日周一上午一开盘，台湾股指期货就跌停，跌幅为7%。而当天同期开盘的新加坡摩根台指期货跌幅为12.7%。受此影响，第二天台湾股指期货开盘随即跌停，两天累积跌幅达13%，已超摩根台指期货的跌幅。由于新加坡摩根台指期货价格涨跌幅限制几乎是我国台湾期货交易所的两倍，导致在极端市场情况下本土市场跟随新加坡市场恐慌性下跌，几乎酿成金融系统风险。

**【案例1-4】新加坡修改摩根台指期货交易制度**

新加坡交易所于2005年6月底全面结束摩根台指期货的公开喊价交易制度，改为电子交易，延长了摩根台指期货的交易时间，分为日盘与晚盘。日盘的交易时间为早上8点45分开盘到下午1点50分收盘，晚盘为下午2点45分开盘至晚上7点收盘。由于有了晚盘交易，许多台湾投资者在台湾股市与期市收市之后，进入新加坡市场进行操作。这使得新加坡摩根台指市场更充分地反映了台湾股市收盘之前的各类重大财经信息，产生的价格信号对第二天台湾股指期货及股市开盘均造成了一定的影响，使得台湾股市与期市变成新加坡市场的“影子市场”。

在新加坡公布修改交易制度之后，台湾“金融监督管理委员会”曾以中断台湾股市行情咨询为要挟，谋求与新加坡当局就两个市场不同的交易与结算制度达成跨市场监管协议。不料，摩根台指期货的指数提供商摩根斯坦利国际资本公司（MSCI）宣称，一旦台湾地区中断股市行情咨询，MSCI 将把所有台湾股票从 MSCI 的全球指数中剔除。最后台湾“金融监督管理委员会”不了了之，只好开放台湾地区期货商进入新加坡电子盘市场交易。目前新加坡摩根台指期货中有 1/3 的交易量来自中国台湾地区。

以上案例说明，虽然中国台湾本土股指期货市场的交易量已经超过了新加坡市场，但在市场定价能力上仍然并将长期受制于新加坡市场。主要原因在于，新加坡市场宽松的交易与监管制度以及国际化投资者的参与，使摩根台指期货的交易量仍然保持高速增长。在金融市场中，流动性决定一切，新加坡摩根台指期货市场与中国台湾股指期货市场平分秋色的局面保证了前者在台湾股市、台湾期市、新加坡期市三个定价环节之中将长期保持较强的影响力。

1998 年底，新加坡交易所又相继推出道·琼斯泰国及马来西亚指数期货交易，还推出了 MSCI 香港股指期货交易。一时间，弄得香港期货交易所十分紧张，随即出台了一系列具有针对性的稳定市场的措施，再加上香港的市场条件和基础毕竟还是比较优越的，故就新加坡交易所（SGX）来说，MSCI 香港股指期货交易可以说是推出的最不成功的一个国外指数期货品种了。

新加坡交易所靠其国际化产品结构吸引了一大批境外交易者。据统计，新加坡约有 80% 以上衍生品交易来自美国、欧洲、日本等新加坡本土以外的投资者。新加坡交易所（SGX）还与芝加哥商品交易所（CME）透过 GLOBEX 系统，联合提供 24 小时跨时区（欧洲、亚洲及美洲）的衍生品电子交易，填补了东方股市、期市收盘和西方股市、期市开盘之间的空缺，并连接伦敦、纽约、东京的证券与期货交易所，成为国际 24 小时全天候资本市场上的重要一环。

上述事实告诉我们，期货品种合约成功与否，是否具有“先发优势”也是重要影响因素之一。2006 年 9 月 5 日，新加坡交易所（SGX）在我国大陆尚无股指期货的情况下又抢先推出了“新华富时 A50 中国指数期货”，这是第一个基于中国 A 股的指数期货合约，其意图明显是要抢占 A 股股指期货的“先发优势”。事实上，除新加坡外，美国，甚至文莱也计划推出以我国 A 股市场为标的的股指期货。

一流的国际金融中心比拼的就是在金融市场上的话语权。目前，纽约、伦敦之所以成为国际金融中心的重要标志就是其对国际金融市场定价权的掌控。期货市场最重要的功能就是价格发现。在当今金融市场越来越发达的国际经济中，国际期货市场上活跃着像高盛、摩根斯坦利、花旗银行等著名金融机构以及大量实力雄厚的对冲基金。这些“金融玩家”掌握着巨额资本和丰富的信息资源，对期货价格有着非同一般的影响力。不难理解，以期货市场为代表的衍生品市场对于定价权的争夺至关重要，在现代国际金融中心成长中的地位更是毋庸置疑。回顾历史，19 世纪的英国和 20 世纪的美国能够成为世界制造业中心，期货市场的发展起到了相当重要的推动作用，并最终造就了今天英美两国在全球石油、金属、农产品等市场上的话语权。

第四，促进股价的合理波动，充分发挥经济晴雨表的作用。

股指期货交易能够集聚各种信息，有利于提高股市的透明度。通过集合竞价可产生未来不同到期日的股票指数期货合约价格。同时，由于股指期货价格一般领先于股票现货市场的价格，也有利于提高股票市场价格的信息含量。

### 国内股指期货交易的最初尝试

20 世纪 90 年代初期，也就是我国股票市场刚刚诞生不久，国内也曾经进行过股指期货交易的尝试。最初付之于行动的是当时诞生不久的海南经济特区，也是当时国内的金融改革试验区。1993 年 3 月 10 日，海南证券交易中心（已于 2003 年 9 月在清理整顿中关闭）正式推出了深圳股指期货。随后，海南期货交易所（已于 1996 年全国清理整顿期货市场时关闭）也于 1993 年 4 月推出该品种。当时推出的股指期货有 8 个品种，即深综指、深 A 股指数的 1 月、2 月、3 月、6 月合约，每个指数点代表 500 元。交易中心对会员每手合约收取 1.5 万元的保证金，约占合约实际价值的 10%，而各个证券商在此基础上向客户收取的保证金并没有固定的标准，随意性很大。由于大多数股民是初次接触股指期货，对其所蕴涵的巨大风险认识不足，因此在参与交易的过程中损失惨重。特别是 1993 年 9 月初，深市出现了收市前 15 分钟大户联手出货、打压股指期货的行为。有关监管机构认为，股指期货交易加大了市场的投机性，不利于股市的健康发展，于是决定关闭海南证券报价交易中心的股指期货交易。后来，海南期货交易所在交易清淡中也停止了股指期货交易。

海南股指期货交易的夭折，主要还是因为当时国内开展股指期货交易的条件很不成熟。一是证券现货市场尚处发展初期，规模较小。当时全国股票市场市价总值才 3 531亿元，其中流通市值连 1/4 都不到，上市公司也只有 181 家，而深圳综合指数代表的市值更小，其流通市值不过 300 亿元左右。二是从投资者构成来看，当时沪、深股市投资者开户数为 777 万户，其中机构开户不到 196 家，且当时证券投资基金试点尚未开始，股指期货的参与者基本上都是投机者。局促的市场规模、不合理的投资者结构再加上深圳综合指数本身的缺陷使得投机者操纵指数相对容易。在这种情况下，股指期货应有的正常功能得不到充分发挥。三是当时的法律法规及监管体系还跟不上。不仅《证券法》《期货交易管理暂行条例》都尚未颁布，就连其他一些现有的规范证券交易的法律法规也未出台。尽管海南股指期货交易仅维持了半年即告终止，但它为中国股指期货的运行进行了一次开创性的尝试。

正因股指期货市场对股票市场的巨大推动作用，2006 年 9 月 8 日，中国金融期货交易所（以下简称“中金所”）在上海正式挂牌成立，再次开启了包括股指期货在内的我国金融期货市场大门。

不过，中金所成立后，并没有立刻推出相关的股指期货品种，而是采取了十分审慎的态度，做了大量的投资者教育、市场建设、理论研究等股指期货基础性工作。在经过了大量的前期筹备工作后，中国证监会终于批准同意沪深 300 股指期货自 2010 年 4 月 16 日起在中国金融期货交易所挂牌上市交易。此时，距中金所成立差不多有近 4 年的时间了！

股指期货上市后，一直保持着平稳增速的发展。三年后的 2013 年，中金所交出了包括 3 000 家法人账户在内的 13 万合格投资者、日交易量 30.5 万手、持仓量 11 万手、日成交金额约 2 431 亿元、在全球股指期货同类产品中排名第五的优异成绩。2014 年，沪深 300 指数期货一跃成为全球第二大股指期货合约。

2015 年 4 月 16 日，沪深 300 股指期货在上市 5 周年之际，迎来了它的“双胞胎兄弟”——上证 50 股指期货和中证 500 股指期货，这两个产品当天也正式在中金所挂牌交易，而进一步拓展了证券市场风险管理的深度和广度，满足了投资者对大盘蓝筹股票和中小市值股票财富管理和风险管理的需求，进一步完善了股指期货产品序列，丰富了金融市场产品类型，对于提升境内股指期货话语权、促进资本市场对外开放和平稳运行都具有积极意义，国内股指期货市场达到了一个新的高度。

### 股指期货在国际金融危机中所发挥的作用

2008 年 9 月 15 日（星期一）凌晨，具有 158 年历史的世界第四大投资银行——美国雷曼兄弟公司宣布破产。消息传出，全球金融市场经历了又一个“黑色星期一”。当天道·琼斯工业平均指数暴跌 504.48 点，跌幅达 4.4%，创“9·11”恐怖袭击以来近 7 年最大单日跌幅；S&P 500 指数跌幅达 4.6%，同样创 7 年来最大单日跌幅。美国股市系统性风险陡增，此时股指期货对稳定股市发挥了积极作用。数据显示，仅 2008 年 9 月 16 日一天，E－mini S&P 500 股指期货成交金额就接近 3 600 亿美元，相当于空头利用股指期货当天抛出了约 3 600 亿美元的股票，大大减轻了在股市的抛售压力。实际上，2008 年 9 月 16 日当天纽约证券交易所股票成交金额仅为 1 366.311 亿美元，NASDAQ 交易所股票成交金额为 274.743 亿美元，合计为 1 641.054 亿美元，而之前两市的日均交易金额大致分别为 880 亿美元和 300 亿美元，金融危机高潮期间 E－mini S&P 500 股指期货月度成交量见图 1－4。可以想象，假如当天要是没有股指期货市场，3 600 亿美元的股票全部抛到股市上去，美国股市的跌幅将难以预测。

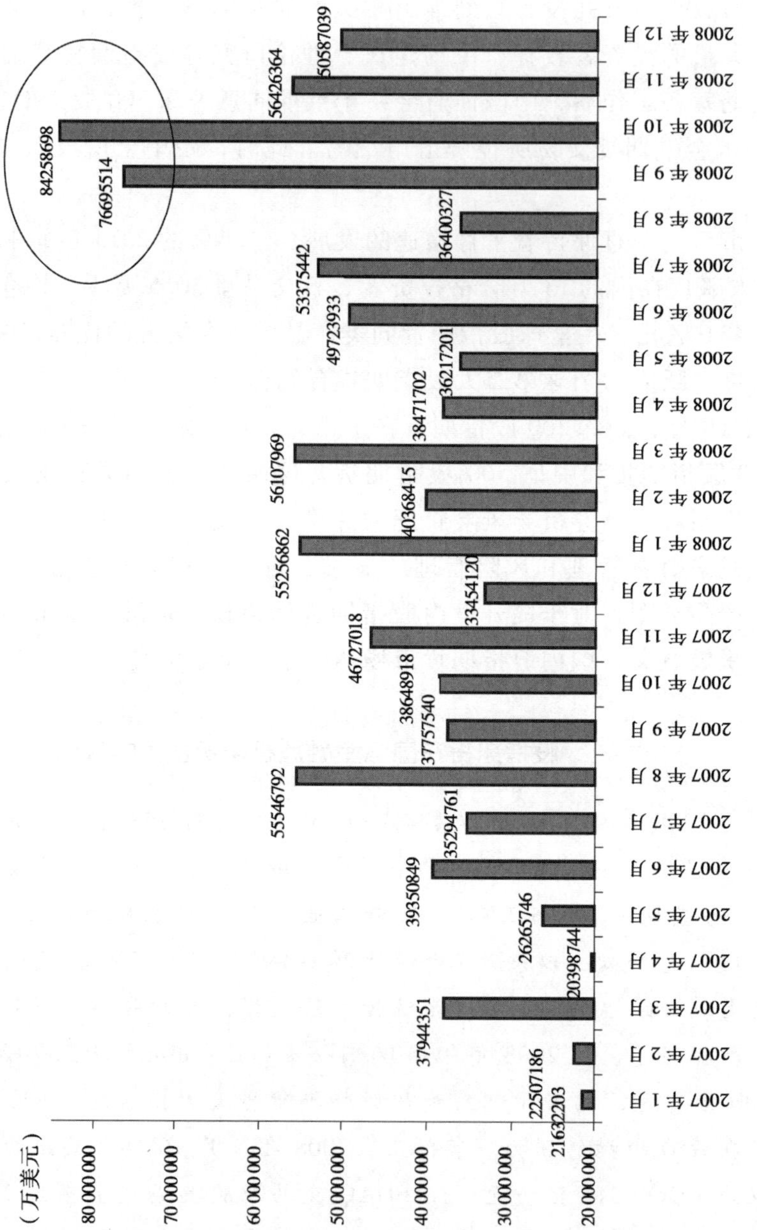


图 1-4 金融危机高潮期间 E-mini S&P 500 股指期货月度成交量

统计数据显示，此次金融危机中，美国、英国、韩国等22个已推出股指期货的国家和地区股市最大跌幅平均为46.9%，其中在新兴市场国家中，推出股指期货的国家股市平均跌幅为47.1%，而中国、越南等8个未推出股指期货国家股市最大跌幅平均为63.2%。中国A股市场跌幅高达70%。金融危机期间，美国标普500指数期货、英国富时100指数期货、日本日经225指数期货等全球主要股指期货产品表现出色，交易量和持仓量大幅增加1倍以上，不但避险功能得到有效发挥，而且较好地分流了市场抛压，成为金融风暴中的“避风港”。股指期货的市场稳定作用在此次金融危机中得到了充分体现。

事实上，历史上凡是遇到重大危机事件，无论是“9·11”事件还是本次金融危机，美国股指期货市场的成交量都超过了股票市场的成交量，双向交易的机制成为股票市场的均衡力量，修正了市场的非理性波动，使股票风险被有效转移，为市场提供了风险出口，将大波动化为小波动，减缓了危机对股票市场的冲击程度，对股市具有“减震器”的作用。那么，股指期货到底是如何发挥作用的呢？

第一，股指期货市场通过套期保值机制减轻股票市场的抛售压力和市场冲击。处于次贷危机漩涡中心的美国，其股市遭遇的打击之所以不是最大的，是因为其完善的市场机制，特别是拥有一个全球最发达的股指期货市场，对有效化解市场风险起了很大的作用。金融危机爆发后，一些大型基金和保险资金等机构投资者，通过在股指期货市场上的套期保值，有效规避了自己投资组合市值下跌的风险，也大大降低了大量抛售股票可能带来的冲击效应和“多杀多”局面的出现。结合美国股指期货市场的投资者结构特点，也能很好地说明这一点，见图1-5。

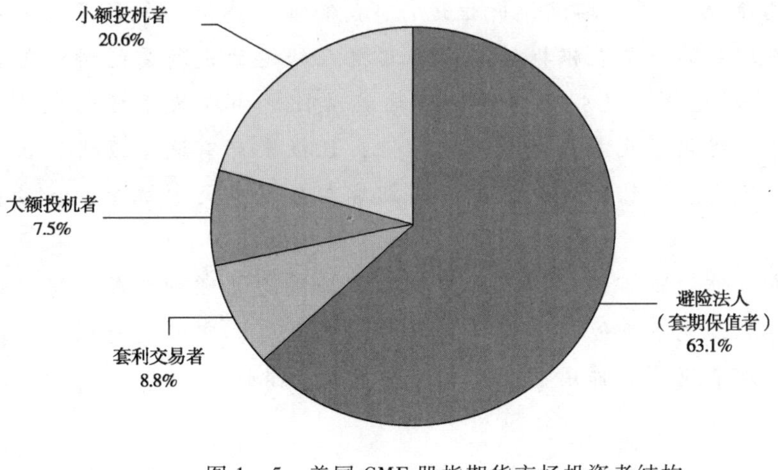


图1-5 美国CME股指期货市场投资者结构

2007年，美国CME市场上机构法人的避险交易占整个股指期货交易量的63.1%，非避险大额交易人占整个股指期货交易量的7.5%，小额交易人占整个股指期货交易量的 20.6%，价差交易占整个股指期货交易量的 8.8%。显然，美国 CME 市场上机构法人的避险交易占绝对优势。所以，金融危机时期，股指期货成交量暴增绝不是偶然的。在市场走势不确定的情况下，若投资者能利用股指期货进行避险，以取代到股票市场去卖出股票，不仅可降低持股风险，也可有效舒缓股票市场卖压，降低对股票市场的冲击，让股指期货市场成为股票市场的泄洪通道。

第二，股指期货市场通过套利机制平抑股票市场的波动幅度。套利机制可有效抑制股指期货价格对股票指数的过度偏离，使两者不致游离得过远、过久。例如，当股票市场或股指期货市场大幅上涨或下跌时，套利机制生效，必然引来大量套利资金的反向操作，即卖空被高估的资产，同时买入被低估的资产。由此减缓市场上涨或者下跌的力度，达到期货和现货市场新的平衡，从而降低市场的波动幅度。

第三，股指期货市场通过价格发现机制形成远期价格，扭转市场预期。金融市场在极端情况下会形成非理性上涨或非理性下跌，特别当市场处于非理性亢奋或者极端恐慌时，市场往往会走向极端。在雷曼兄弟公司申请破产这样的巨大外部因素冲击下，市场情绪完全笼罩在恐怖之中，此时，在非理性市场面前，如何让投资者在恐慌中看到希望，扭转市场预期至关重要。股指期货正好在这方面发挥了重要作用。

股指期货价格是对未来股价水平的理性预期。尤其是远期合约，可以更从容、理性地“思考”未来的股价走势，通过价格发现机制形成远期价格，一定程度上可稳定市场情绪。从 2008 年 9 月 15 日、16 日 CME 的 S&P 500 股指期货市场的交易情况看，有个特点很明显，就是远期合约价格相对坚挺，对重树投资者未来的投资信心有一定帮助。

第四，股指期货市场通过为市场提供流动性来减轻市场恐慌情绪。面对股市崩盘，美国前总统罗斯福在 1933 年就职演说时说过：“我们唯一恐惧的就是恐惧本身——一种莫名其妙、丧失理智的、毫无根据的恐惧，它把人转退为进所需的种种努力化为泡影。”事实上，当市场笼罩于恐惧之中时，缺乏流动性更会成为市场恐慌的推手。而股指期货正好为市场提供了几乎是无限的流动性，让投资者有避险或者退出市场的机会，从而减轻了市场恐慌情绪。这也正是股指期货在历次重大危机中放巨量稳定市场的内在根源。

当然，股指期货作为股市的延伸，只是股票市场风险管理的工具，不可能改变股市运行的基本面状况，也不可能改变股市运行的基本轨迹，它只是有助于减缓股市的崩盘式下跌。从这点来说，其作用也还是具有一定的局限性的。

## 四、股指期货具有哪些交易特性？

股指期货包括两方面的特性：一是股票特性；二是期货特性。

所谓股票特性，是指股指期货的价格与股票市场的联动性强。股票指数是股指期货的母体，对股指期货价格的变动具有很大影响。与此同时，股指期货是对股票指数未来价格的预期，因而对股票指数具有较强的引导作用，两者相辅相成。因此，股指期货承担着股市与期市的桥梁作用。

此外，股指期货毕竟属于期货范畴，它还具有强烈的期货特性，这使得股指期货在交易手段和交易方法上具有一些股票交易所不具备的独特之处。

### （一）杠杆效应（也称“以小博大”）

“期货能使你一夜暴富”的神话和“期货能令人一夜破产”的传闻都是源自于期货交易的杠杆效应。假设股指期货交易的保证金为15%，投资者只需支付合约价值15%的资金就可以进行交易。这样，投资者就可以控制约6.67倍于所投资金额的合约资产。“杠杆效应”使投资者交易金额被放大数倍的同时，也使投资者承担的风险同步放大了数倍。

**【案例1-5】**假设沪深300股指期货某合约价格为4000点，按照规定每点代表300元，则：

一手该期货合约的价值=4000点×300元=120万元/手

如果期货公司收取的交易保证金为15%，则：

所需保证金=120万元×15%=18万元/手

即18万元的保证金可交易价值达120万元的1手股指期货合约，杠杆效应是6.67倍。P假如一段时间后，该期货合约价格上涨了10%，达到4400点，不考虑手续费，则：

该投资者的收益=400点×300×1=12万元

即指数期货价格上涨10%，投资者投资收益率高达66.7%，盈利放大了6.67倍。

这种以小博大的高杠杆效应，吸引了众多投机者的加入。

但杠杆效应也相应放大了价格波动风险。假设一段时间后，该期货合约不是上涨，而是下跌了10%，跌至3600点，不考虑手续费，则：

该投资者的损失=-400×300×1=-12万元。价格只下跌了10%，而损失却达到了66.7%，亏损同样放大了6.67倍。

由此可见，投资者必须从正反两方面来充分认识保证金制度的杠杆效应。在投资过程中切勿重仓或满仓操作，尤其是满仓操作是股指期货投资的大忌。因为如果行情向不利的方向急剧变化，满仓投资者就可能短时间内亏光投资账户中所有的本钱，甚至倒欠期货公司钱。充分认识股指期货的风险性，做好资金管理才是一个理性投资者的所为。

### （二）双向操作

股指期货交易的最大特点之一是引入了做空机制。它既可以与做股票一样先买后卖（也称“做多”），还可以先卖后买（也称“做空”）。后者是当投资者预期未来价格会下跌时，选择先“卖出”股指期货，开立“空头”的仓位，待价格下跌后再选择“买进”股指期货，将之前卖出的仓位进行对冲平仓，即可获得下跌时价差的收益。这是期货特有的交易手法。

股指期货的做空机制使得投资者的投资策略从只能等待股票价格上升的单一盈利模式转变为双向投资模式，使资金在行情下跌中也能有所作为而非被动闲置。

此外，还有一个往往不被人注意的好处，即可以减小“变现损失”。如果基金要将集中持有的几个股票变现的话，就会因集中抛售而产生接盘压力，损失就会比较大，从而使其实际变现的价值要低于当前的市值。而通过股指期货交易可以快速锁定股票现货市值，以减轻因集中性抛售股票而对股票市场造成的恐慌性影响。

期货市场投资者都可自由选择“做多”或是“做空”，不受任何的限制。

### （三）T+0 交易

股指期货采取的是T+0交易。理论上，投资者当天可连续交易股指期货而不受时间或次数的限制。这种方式可提高短线交易者的投资回报率，增加日内交易无数的机会。更重要的是，T+0交易给了投资者随时终止亏损的机会，把投资风险控制在最小的范围之内。

需强调的一点是，T+0交易制度给予的是交易者能随时买或卖的权利，而不是鼓励其非要当天做几十回买卖交易。成功的投资人不应该为了放大交易而去买卖，因为没有必要每天都疯狂地来回交易却为期货公司打工。

### （四）到期交割

股指期货合约都有到期日，不能无限期持有。炒股的人都知道，股票一旦买入后，只要投资者愿意就可以一直持有，正常情况下股票数量是不会减少的。但股指期货设有固定的到期日，到期就要摘牌下市。因此，投资者不能像买卖股票一样，交易后就不管了，必须注意合约到期日，决定是提前了结仓位，还是将仓位转到后续合约上去，或是等待到期交割。

股指期货实行现金交割，即在合约到期需要交割时，由期货公司依照最后交割价计算出交割金额，通过交易账户的资金划转完成交割，如果赔钱，资金将从投资者的账户中划出；如果赚钱，投资者的账户将收到划入的资金。投资者完全不必一手交钱一手交股票来履行交割义务。

### （五）交易成本较低

相对股票交易，股指期货交易的成本是相当低的，同等交易金额大约仅为股票交易成本的1/10左右。

## 五、股指期货与股票交易有哪些不同点？

在进行股指期货交易时，很多股民很容易按照买卖股票的方式来操作。实际上，股指期货交易和股票交易有很大的不同，因此要把这些不同点一一搞明白，以防因为操作不当而在股指期货市场中交出巨额的学费。特别是对于不太熟悉股指期货投资的股民朋友来说，千万不要把期市当成股市。股指期货与股票相比，有以下非常鲜明的特点：

第一，股指期货交易采用保证金制度，保证金率一般为10%~15%，有较高的杠杆作用；而股票是全额的现金交易。

**【案例1-6】**

一位投资者投资股市购买了价值100万元的股票。当股票上涨10%后，则他获利10万元，收益率仅为10%。如果该投资者携相同资金同时进入股指期货市场，由于期货采用的是保证金交易，假如保证金率为10%，则杠杆比率为10，即他可用100万元购买价值达1000万元的股指期货合约。当期货合约上涨了10%，则该投资者获利100万元，收益率为100%。反过来，当股票下跌10%后，则投资者将亏损10万元，亏损率也仅为10%，并不会令其陷入困境。但如果在股指期货市场，当期货合约下跌了10%后，价值从1000万元跌到900万元，则投资者亏损了100万元，保证金损失殆尽，亏损率为100%。所以同样的钱拿来做股票与做期货，其获得的收益或承担的风险是大不相同的。

第二，在交易方式上，股指期货可先买后卖，也可先卖后买；而股票只能先买后卖。即股指期货可以进行卖空交易。当预期未来股市的总体趋势将呈下跌态势时，投资人可以主动出击而非被动等待股市见底，使投资人在下跌的行情中也能有所作为。

第三，在结算方式上，股指期货交易采用当日无负债划账结算的方式。如果当天投资者的账户保证金不足，那他就必须在下一个交易日开盘前补足资金，否则可能会被强行平仓。股票交易因是全额交易，无论亏损多大都并不需要投资者追加保证金，并且在卖出股票前，账面盈亏也不是每天划账结算，而是在卖掉股票后盈亏一次性划账清算。买了股票可以无限期"捂着"，或等待"解套"的那一天。而在股指期货市场，如果市场行情与投资者持仓反方向运行，造成持仓亏损，投资者不能奢望像买了股票那样可无限期“捂着”等待“解套”，有时是“捂”不住的，应果断止损。

第四，股指期货到期要交割，投资者不能无限期持有；而股票没有到期交割要求。

第五，两者交易制度有许多的不同。股指期货交易有强制减仓、强制平仓制度；而股票没有。

第六，买卖股指期货还有许多买卖个股股票所得不到的好处。个人投资者常常为选股困难而发愁，既没有内幕消息参考，又缺乏充分全面的技术分析和基本面分析，与机构投资者相比，在资金上也处于绝对的劣势。因此，能得到与大盘同步的平均利润是一种比较好的选择，其具体办法就是证券指数化投资。买卖股指期货就是一种证券指数化投资，收益与大盘走势同步。

## 六、股指期货与期权交易有哪些不同点?

目前，我国证券市场上有上证 50 ETF 期权交易，期货市场上有玉米、棉花、白糖、铜、豆粕、天然橡胶等商品期权交易，那么股指期货与上述期权交易相比，又有哪些区别呢?

期权是指一种合约，该合约赋予期权买方在规定期间内或特定到期日，有权按约定价格向期权卖方购买或出售标的证券或资产，或以现金结算方式收取结算差价的金融产品。

期权实质反映的是买方与卖方之间的一种契约关系。期权买方向期权卖方支付一定金额的权利金后，就从卖方那里获取了一种权利。这种权利使得买方可以在未来某一特定日期或特定期间内，以约定的价格向期权卖方购买/出售一定数量的资产。购买股票的期权称为“认购期权”，出售股票的期权称为“认沽期权”。认购期权等同商品期权当中的“看涨期权”，认沽期权等同于商品期权当中的“看跌期权”。期权买方获取的是一种权利而无履约义务，其有权决定是否履行契约，而期权卖方仅有履约的义务，因此为获得这项权利，买方需付出一定的代价（权利金）。

期权价值由两部分组成。一是内涵价值，即标的股票或资产与行权价格的差价；二是时间价值，代表持有者对未来资产价格波动带来的期望与机会。在其他条件相同的情况下，期权的存续期越长，其价格会越高。

由于期权也是实行 T+0 交易制度，使得很多投资者认为，期权与股指期货交易极其相似，其实不然，两者之间的差别还是很大的。

### （一）两者所面临的风险程度存在较大差异

首先，股指期货采用的是保证金制度，盈利和亏损的空间都是无限的。而期权买方只承担有限的风险，即使最大亏损也只是亏损掉全部权利金而已；但期权的卖方因担负着履约的义务，从理论上存在收益有限（就是收取的权利金），而亏损无限的风险，买卖双方的权益和风险是不对等的。

### （二）两者的涨跌幅计算方法不同

股指期货每日的价格涨跌幅度是按照一定的准则设定的，比如，沪深300股指期货每日价格最大波动限制在上一交易日结算价的±10%，最后交易日涨跌停板幅度为上一交易日结算价的±20%。而期权每日的涨跌幅度的计算公式常都较为复杂，公式中通常包含标的股票或资产的价格，这是因为期权的价格主要是由其标的股票的价格决定的。标的股票价格的小幅变化可能会造成期权价格的大比例变化，因此，期权盈亏幅度通常要比股票或股指期货大得多。

例如，上证50ETF期权合约涨跌停价格的计算公式如下：

期权合约涨跌停价格=期权合约前结算价格±最大涨跌幅

其中：认购期权最大涨幅=max｛合约标的前收盘价×0.5%，min［（2×合约标的前收盘价－行权价格），合约标的前收盘价］×10%｝

且，认购期权最大跌幅=合约标的前收盘价×10%

认沽期权最大涨幅=max｛行权价格×0.5%，min［（2×行权价格－合约标的前收盘价），合约标的前收盘价］×10%｝

且，认沽期权最大跌幅=合约标的前收盘价×10%

**【案例1－7】**

2019年5月6日，上证50指数当天收盘价为2805.04点，较前一交易日下跌140.20点，跌幅为4.76%；同一天，上证50股指期货9月合约IH1909当天收盘价为2780.2点，较前一交易日下跌149.0点，跌幅为5.09%；上证50ETF当天收盘价为2.787元，较前一交易日下跌0.141元，跌幅为4.82%。这三者的跌幅相差不大。但当天执行价为2.650元的上证50ETF9月认沽期权收盘价为0.0982元，虽然只比上一交易日上涨了0.0442元，涨幅却高达81.85%（请读者根据前面所述公式算一下）。可见，期权的涨跌幅度往往是股票、基金、股指期货等品种所无法比拟的。

**【案例1－8】**

2001年，美国“9·11”事件发生后的第二天即9月12日，韩国股价指数大跌11.96%，从前一日收盘价66.55点下跌到58.59点，相应的某即将到期的深度虚值看跌期权价格从0.01韩元上涨到5.05韩元，买方一夜之间获得504倍的利润。

### （三）两者到期时的交割方式不同

股指期货合约到期交割采用现金交割制度。而期权到期涉及股票实物交割行权或商品期货合约的交割。例如，上证 50ETF 期权的交割是买卖双方交割规定数量的上证 50ETF 份额，而像玉米等商品期权的行权则是买卖双方获得相应玉米期货的多头或空头合约，交割的双方都要事先在账户中存有保证金，再去做期货，比较麻烦。

到期交割时，期权买方可以选择行权，也可以选择放弃行权，当期权买方选择行权时，期权卖方有义务满足期权买方的行权要求。

## 七、股指期货与融资融券交易有哪些不同点?

“融资融券”业务是指融资和融券两种交易行为，又称“证券信用交易”，包括券商对投资者的融资、融券和金融机构对券商的融资、融券四种方式。简而言之，融资是借钱买证券；而融券是借证券来卖，然后再买回证券归还，即卖空；同时，都是根据借期的时间长短缴纳一定的利息费用。

股指期货与融资融券交易的区别是很大的。

### （一）股指期货与融资融券的交易对象不同

虽然两者同样存在卖空和买空交易机制，但股指期货针对的是股票指数，而融资融券针对的是满足交易所规定的基金、股票个股和债券，而且个股的涨跌往往也并不与指数完全同步，因此，融资融券业务的交易对象更加广泛。

### （二）股指期货与融资融券的交易方式不同

融资融券业务仍然属于实物性质的全额信用交易；而股指期货采用的是保证金信用交易。

### （三）股指期货与融资融券的参与主体不同

融资融券所需条件很高，客户向证券公司融入证券必须要与证券公司签订载入中国证券业协会规定的必备条款的融资融券合同，明确融资融券的额度、期限、利率（费率）、利息（费用）的计算方式、保证金比例、维持担保比例、可充抵保证金的证券的种类及折算率、担保债权范围等事项。由此可见，融券业务所产生的做空机制属于一种类似于利率回购的一对一场外交易模式。对一般中小散户，证券营业部是不会提供融资融券业务的，融资融券只是机构投资者的一种特权业务。而股指期货不同，股指期货投资者的交易对手统一是期货交易所，即交易所作为买方的卖方和卖方的买方。投资者面临的是相同的期货合约。从这个角度来看，股指期货交易要比融资融券效率更高。只要你资金达到交易保证金要求就可入市进行交易，因此参与主体更加广泛。

**（四）融资融券与股指期货业务的风险控制制度不同**

上海证券交易所在融资融券交易细则中规定，单只标的证券的融资或融券余量达到该证券上市可流通市值或流通量的25%时，交易所可以在次一交易日暂停其融券卖出，并向市场进行公布。而股指期货采取的是强行平仓制度、价格限制制度、限仓制度、大户报告制度、强制减仓制度等控制股指期货风险。

## 八、股指期货与ETF交易有哪些不同点？

ETF是Exchange Traded Fund的英文缩写，中文译为“交易型开放式指数基金”，又称“交易所交易基金”。ETF与现有开放式基金没什么本质的区别，只不过它有自己三个方面的鲜明个性：

一是它可以在交易所挂牌买卖，投资者可以像交易单个股票、封闭式基金那样在证券交易所直接买卖ETF份额。

二是ETF基本是指数型的开放式基金，但与现有的指数型开放式基金相比，其最大优势在于，它是在交易所挂牌的，交易非常便利。

三是ETF申购赎回也有自己的特色，投资者只能用与指数对应的一篮子股票申购或者赎回ETF，而不是像现有开放式基金那样以现金申购或赎回。

ETF的投资组合通常完全复制标的指数，其净值表现与盯住的特定指数高度一致。比如上证50ETF的净值表现就与上证50指数的涨跌高度一致。正因如此，市场投资者将其与股指期货联系起来。然而，它们是存在着很大差别的完全不同的投资工具。

第一，ETF没有保证金制度，不存在杠杆效应，因此不存在收益和风险的放大效应。

第二，两者入市门槛（最低交易金额）不同。每手股指期货合约最低保证金至少在几万元以上；而ETF的最小交易单位1手，对应的最低金额是100元左右。

第三，买卖股指期货没有包含指数成分股的红利；而持有ETF期间，标的指数成分股的红利归投资者所有。

第四，随着投资者对大盘的预期不同，股指期货走势不一定和指数完全一致，可能有一定范围的折价和溢价；而完全被动跟踪指数的ETF净值走势通常和指数保持较高的一致性。

第五，股指期货通常有确定的到期日，到期需交割；而ETF产品无到期日，可长期持有。

虽然，股指期货与 ETF 之间有很大的差别，但是同样是投资指数这一共同特点，使股指期货与 ETF 之间的相关操作成为可能，特别是利用股指期货对 ETF 套期保值和相关的套利操作。

## 九、股指期货与商品期货交易有哪些不同点？

最后，我们来谈谈股指期货与传统商品期货交易的区别。

股指期货是商品期货的延续，同属于期货交易的范畴，它们有着共同的交易模式、交易特点，都有保证金交易、双向交易和 T+0 等交易制度，在价格波动及交易方法上也极为类似。

第一，标的物不同，对外部因素的反应不同。股指期货交易的标的物是虚拟的指数；而商品期货交易的标的物是大宗现货商品。因此，股指期货对外部因素的反应比商品期货更为敏感，价格的波动更加频繁和剧烈，因此股指期货比商品期货具有更强的投机性。

第二，从期货特性上讲，股指期货同商品期货的主要区别在于到期日交割方法的不同。商品期货合约持有到期时必须进行实物交割，一方给付货款，另一方交付货物。考虑到股指“现货”——股票指数的特殊性，世界各国推出的股指期货均是采用现金交割的方式。

第三，结算价的规定不同。一是股指期货每日结算价为期货合约最后一小时成交量的加权平均价；而商品期货每日结算价为期货合约全天成交量的加权平均价。二是股指期货到期结算价为到期日最后两小时现货指数的算术平均价；而商品期货到期结算价（交割价）为最后 10 个交易日的平均结算价。

第四，价格判断难易程度不同。从价格判断来说，虽然商品期货对应的价值区间可从商品生产成本、运输成本、资金成本、交割成本并结合供求关系加以确定，但因现货市场一般没有权威和唯一的现货价作为参考，且现货价存在信息滞后和真实性问题，因此，商品期货投资者困惑的是，应以哪个地区的现货价作为分析基准价，才能更好地判断商品期货合理价格区间？商品期货价格理论上应参考所有地区现货价，但目前投资者难以做到。因此，可能出现部分地区的现货价因受局部因素影响而导致投资者根据该地区现货价做出错误判断。而股指期货的标的物是唯一的，且透明、公开、准确，不存在滞后问题，这使股指期货相对商品期货而言市场效率更高。

第五，受第四点因素的影响，两者的套利空间也不同。股指期货期现套利不仅机会较少，而且套利空间也较小。而商品期货因为现货价格滞后，以及现货买卖不便，期现套利机会相对较多，套利空间也较大，这是两者主要区别点之一。

第六，两者套期保值盘信息价值不同。商品期货套期保值盘是随机产生的，只要每天有生产经营活动，就可能产生套期保值盘，因此，商品期货套期保值盘的信息价值并不大。但股指期货套期保值盘具有较大信息价值，因为股指期货的套期保值盘不是随机产生的，机构投资者只有在行情发生趋势变化或出现重大利空时，才会进行套期保值。因此，股指期货套期保值盘具有趋势判断价值，跟踪股指期货套期保值盘的增减，能够实现与机构“共舞”，在机构作出战略性仓位调整时及时出逃。事实上，投资者发现，跟踪 QFII 股指期货持仓，确有判断指数趋势的作用。这也是股指期货与商品期货最重要的区别点。

## 十、中国金融期货交易所的作用是什么？

目前，我国四大期货交易所中有三个是商品期货市场。其中：郑州商品交易所和大连商品交易所从事的是农产品期货和工业品期货交易，而上海期货交易所从事的是基本金属、贵金属和能源品种期货交易。只有中国金融期货交易所是金融期货市场，股指期货就是在该交易所挂牌并交易。因此，我国股指期货市场结构的核心是中国金融期货交易所，它接受监管机构——中国证监会的监管和领导。

2006 年 9 月 8 日，中国金融期货交易所正式在上海成立，注册资本为 5 亿元人民币。这是我国内地成立的第 4 家期货交易所，也是中国内地成立的首家金融衍生品交易所。

中金所的主要任务就是确保包括股指期货在内的金融期货产品的平稳推出与稳妥运行。中金所本身不参加股指期货的交易，不干涉交易价格的形成，只是为期货交易提供设施和服务。其作用包括：

（1）统一制订期货合约，将期货合约的条款统一化和标准化，使期货市场具有高度流动性。交易所自身不拥有，也不能买卖期货合约，它仅提供买卖期货合约的场所。

（2）为股指期货交易制定规章制度和交易规则，并保证和监督这些制度、规则的实施，最大限度地规范交易行为。交易所不确定价格，价格以公开竞价交易方式形成。

（3）监督、管理交易所内进行的交易活动，调解交易纠纷，包括交易者之间的纠纷、客户与期货公司之间的纠纷等。

（4）为交易双方提供履约及财务方面的担保。期货交易中的买方和卖方都是以中金所为对手的，不必考虑真正的成交对手是谁。这是由于期货交易机制要求交易所作为“买方的卖方和卖方的买方”，承担最终履约责任，从而大大降低了期货交易中的信用风险。

（5）提供信息服务，及时把场内所形成的期货价格公布于众，以便让场外的交易者了解市场行情，增加市场的透明度和公开性。

（6）为期货交易提供各种方便多样的设施，如先进的通讯设备等。中金所采用电子化交易方式，不设交易大厅和出市代表。金融期货产品的交易均通过交易所计算机系统，按照价格优先、时间优先的原则自动撮合成交。采用电子化交易方式体现了中金所的高效、透明、国际化的发展思路。

（7）为期货交易提供结算、交割业务服务。结算业务是指交易所根据当天交易结果、公布的结算价格和交易所有关规定对交易双方的交易盈亏状况进行资金清算和划转的业务活动。期货交易的结算，由交易所统一组织进行。

## 十一、中金所会员是如何分类的？

中金所规定，只有金融机构，比如基金、券商、期货公司等才能申请成为中金所的会员。中金所会员又分为交易结算会员、全面结算会员、特别结算会员和交易会员四大类。前三类带有“结算”字眼的会员都具有与交易所进行结算的资格。不同的是：

交易结算会员只能为其本公司的客户办理结算、交割业务。

全面结算会员除可以为其本公司的客户办理结算、交割业务外，还可以和与其签订有结算协议的交易会员办理结算、交割业务。显然其业务范围更广些，实力更强些。

期货公司可根据自身实力和业务范围决定是申请交易结算会员还是全面结算会员。申请交易结算会员的公司注册资本金须在 5 000 万元人民币以上；申请全面结算会员的公司注册资本金须在人民币 1 亿元以上。

特别结算会员只能为与其签订有结算协议的交易会员办理结算、交割业务，通常由境内的中资国有商业银行担任。

最后一类交易会员，如基金公司等一些大的机构投资者，只可以从事经纪或者自营业务，不具有与交易所进行结算的资格，因此只能找全面结算会员或特别结算会员进行结算（见图 1 – 6）。

中金所施行的是分级结算模式。即：当日交易结束后，中金所按当日结算价对结算会员结算所有合约的盈亏、交易保证金及手续费、税金等费用，对应收应付的款项实行净额一次划转，相应增加或减少结算准备金。结算会员在中金所结算完成后，结算会员按照当日无负债结算原则对投资者和非结算会员（交易会员）进行结算；非结算会员按照同样原则对投资者进行结算。由此可见，中金所通过“投资者——交易会员——结算会员——交易所”这样分级、分层的架构层层分散、化解风险，强化金融期货市场的整体抗风险能力。

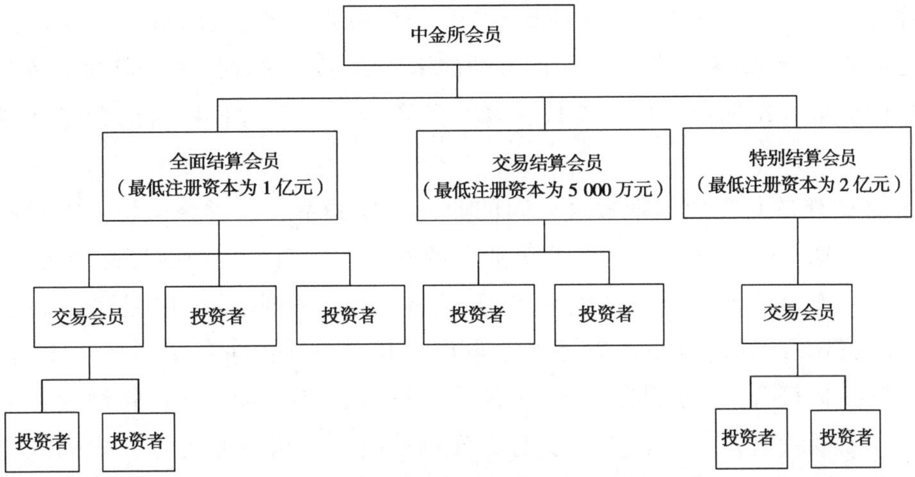


图1－6　中国金融期货交易所会员结构关系图

引入分级结算制度，是为了强化中金所的整体抗风险能力。在分级结算制度下，资金实力雄厚、管理经验丰富的机构才能成为结算会员，而其他不具备结算会员资格的非结算会员必须通过结算会员进行结算，从而形成多层次的风险管理体系。分级结算有助于市场逐级控制和吸收风险，有利于形成多元化、多层次的金字塔式风险控制体系，使很多局部风险在结算会员层面就得到化解，确保金融期货市场的平稳运行。

## 十二、什么是股指期货IB业务？

IB是英文Introducing Broker的缩写，中文名为“介绍经纪商”。介绍经纪商是指为期货公司介绍投资者、协助期货公司办理投资者开户和下单，并收取一定费用的机构。由于股指期货的很多投资者都来自股票投资者，因此在我国股指期货市场中，介绍经纪商主要由证券公司营业部担任，其拥有大量的投资者资源。由于政策规定证券公司所属营业部本身不能直接从事股指期货经纪业务，因此只能作为IB来参与，受期货公司委托，为投资者从事股指期货交易提供以下中间服务：

（1）招揽股指期货投资者；

（2）协助办理有关开户手续；

（3）为投资者下单交易提供便利设施；

（4）协助期货公司向投资者发送追加保证金通知书和结算单；

（5）中国证监会规定的其他业务。

但作为IB，证券公司所属营业部不得办理期货保证金业务，不承担期货交易的代理、结算和风险控制等职责（这些职责都由与其相关联的期货公司来承担）。也就是说，作为股指期货 IB 的证券公司是将自己的客户介绍给期货公司，成为期货公司的客户，并从中收取介绍佣金，但不能接触客户的资金，也不对投资者的股指期货交易进行结算。

IB 业务搭建的是券商与期货公司间的业务合作关系。期货公司将占据对券商的业务主动权。为期货公司提供中间介绍等业务的券商，应当取得中国证监会批准的 IB 业务资格。不是所有的证券公司都能取得 IB 业务资格，都能从事 IB 业务。目前，要申请 IB 业务资格，证券公司必须满足多项条件，其中包括：净资本不低于 12 亿元；各项风险控制指标符合规定标准；已建立客户交易结算资金第三方存管制度；全资拥有或者控股一家期货公司，或者与一家期货公司被同一机构控制等等。根据规定，证券公司只能接受其全资拥有，或者控股的，或者被同一机构控制的期货公司的委托从事介绍业务，不能接受其他期货公司的委托从事介绍业务。因此，目前 IB 业务呈现“一对一”的格局。

IB 的存在，为在证券公司营业部既交易股票又交易股指期货的投资者带来了极大的方便。证券公司往往实力雄厚，营业网点众多，将为相应期货公司提供强大的客户资源支持。

为防范代理风险，股票投资者一定要问清楚所在证券营业部所属证券公司是否全资拥有或者控股了一家期货公司，是否取得了中国证监会批准的 IB 业务资格；或登录中国证监会网站（www. csrc. gov. cn）的“行政许可”栏目查询，否则是不能在该营业部做股指期货的，而应选择期货公司或其他具备 IB 业务资格的证券公司营业部开立期货账户，进行股指期货交易。

## 十三、股指期货投资者都有哪几种类型？

期货投资者是期货市场的主体。如果按照投资者的身份划分可以分为个人投资者和机构投资者等。但在期货交易中，一般是按照参与期货交易的目的不同将投资者分为套期保值者和投机者，后者还包括套利者。

套期保值者是通过股指期货交易来规避股票系统风险的交易者，它们是股指期货市场的主要参与者。股指期货的套期保值者主要包括证券发行商、基金管理公司、保险公司、证券公司以及股票投资者个人等证券市场的投资者。

投机者是指在期货市场上以获取价差收益为目的的期货交易者，既有个人也有大中型机构。由于期货交易实行保证金制度，投机者可以用少量的资金进行数倍于其资金的交易，因此，有机会获得高额利润。投机者是期货市场重要的参与主体，他们的参与增加了市场交易量，提高了流动性，承担了套期保值者所希望转嫁的价格风险。

套利交易者也是投机者，但和纯粹的投机者相比，投机方式有所区别。套利交易者针对市场上两个相同或相关资产暂时出现的不合理价差同时进行买低卖高，其利润和亏损都不会像纯粹的投机者那么大。

# 第二章　股指期货交易规则

## 本章要点

> 股指期货合约及其交易规则，是对股指期货概念的具体化。首先，需要了解股指期货的交易标的物——股票指数的编纂方法。其次，对股指期货合约内容，特别是在合约乘数、合约月份、交易时间、合约到期日、交割方式等方面要重点掌握。其中，重点是学会计算股指期货合约的价值大小，这对从事股指期货交易有很大帮助。在交易规则和风险管理制度方面，明确股指期货交易规则的制定是以市场风险控制为主要目的。其中，保证金制度、强行平仓制度和强制减仓制度是一系列风险控制制度最根本也是最重要的组成部分。强行平仓或强制减仓是控制期货交易风险的最后防线，提醒投资者避免在交易中因各种原因被强行平仓从而遭受不应有的损失。

考汽车驾照首先考的是交通规则，然后再是路考。同样，做股指期货前要熟悉股指期货交易规则和交易流程，然后才能走向“考场”，否则“挂了”了都不知道是怎么回事。

比起股票来，股指期货交易规则要略显复杂些，但并不晦涩难懂。我们先从交易的对象——股指期货合约说起。

## 一、股指期货合约都包含哪些内容？

股指期货合约是交易所统一制定的一种标准化合约，是股指期货交易的对象。股指期货合约的内容需要在交易前事先明确。

2010 年 4 月，中国金融期货交易所上市了国内首个金融期货品种——沪深 300 股指期货合约，随后又在 2015 年 4 月推出了上证 50 和中证 500 两个股指期货品种。表 2－1是目前三个股指期货合约表，内容包括合约标的、合约大小与乘数、报价单位、最小波动价位、合约月份、交易时间、最后交易日、保证金要求、每日价格波动限幅、交割方式等。

**表 2－1　　中国金融期货交易所股票指数期货合约表**

| 内容 | 沪深 300 股指期货 | 上证 50 股指期货 | 中证 500 股指期货 |
|---|---|---|---|
| 合约标的 | 沪深 300 指数 | 上证 50 指数 | 中证 500 指数 |
| 合约乘数 | 每点 300 元 | | 每点 200 元 |
| 报价单位 | 指数点 | | |
| 最小变动价位 | 0.2 点 | | |
| 合约月份 | 当月、下月及随后两个季月 | | |
| 交易时间 | 上午：9：30～11：30，下午：13：00～15：00 | | |
| 每日价格最大波动限制 | 上一个交易日结算价的 ±10% | | |
| 最低交易保证金 | 合约价值的 8% | | |
| 最后交易日 | 合约到期月份的第三个周五，遇国家法定假日顺延 | | |
| 交割日期 | 同最后交易日 | | |
| 交割方式 | 现金交割 | | |
| 交易代码 | IF | IH | IC |

世界上其他主要股指期货品种合约的内容条款也基本上大同小异。表 2－2 是美国成交量最大与最具指标意义的股票指数期货——S&P 500 股指期货合约的简单介绍。

**表 2－2　　S&P 500 股指期货合约表**

| 内容 | S&P 500 股指期货 |
|---|---|
| 合约标的 | S&P 500 股票指数 |
| 合约乘数 | 每点 250 美元 |
| 报价单位 | 指数点 |
| 最小变动价位 | 0.1 点（每张合约最小变动价值 25 美元） |
| 合约月份 | 3 月、6 月、9 月、12 月 |

续表

| 内容 | S&P 500 股指期货 |
| --- | --- |
| 交易时间 | 上午 8：30～下午 15：15（美国芝加哥时间） |
| 每日价格最大波动限制 | 与证券市场挂牌的相关股票的交易中止相协调 |
| 初始交易保证金 | 采取随市场变动而调整的固定数值 |
| 最后交易日 | 最终结算价格确定日的前一个工作日 |
| 交割日期 | 合约月份的第三个星期五 |
| 交割方式 | 按最终结算价格以现金结算。此最终结算价由合约月份的第三个星期五的 S&P 500 股票价格指数的构成股票市场开盘价所决定 |
| 交易场所 | 芝加哥商品交易所（CME） |

## 二、股指期货合约标的——股票指数是如何编制的？

### （一）股票指数分类

股票指数即股票价格指数，简称“股指”，用于描述和衡量股票市场总的价格水平变化的指标。它是由证券交易所或金融机构运用统计学中的指数方法编制而成的。不同股票市场有不同的股票指数，同一股票市场也可以有多个股票指数。按照编制股票指数时纳入指数计算范围的股票样本数量，可以将股票指数划分为全部上市股票指数和成分股指数。

全部上市股票指数——是指将指数所反映出的价格走势涉及的全部股票都纳入指数计算范围。如上海证券交易所发布的上证综合指数，就是把在上海证券交易所上市的全部股票的价格变化都纳入计算范围；而上证工业股价格指数、商业股价格指数等，则是分别把在上海证券交易所上市的全部工业类上市股票和商业类上市股票纳入各自的指数计算范围。

该类指数能够全面准确反映股市整体状况，体现公平原则，但由于股票数量的增减变化导致指数前后的可比性较差。

成分股指数——是指从指数所涵盖的全部股票中选取一部分较有代表性的股票作为指数样本，称为指数的成分股，计算时只把所选取的成分股纳入指数计算范围。例如，深圳证券交易所发布的成分股指数，就是从深圳证券交易所全部上市股票中选取500 种股票计算得出的一个综合性成分股指数。通过这个指数，可以近似地反映出全部上市股票的价格走势。成分股指数又分为两种类型：一是样本数量不固定；另一种是样本数量固定。前者的前后可比性较差；而后者的前后可比性较好，适合作为股指期货合约标的。全球许多著名的股票指数都属于固定样本指数，如 S&P 500 股票指数、日经 225 股票指数、沪深 300 股票指数等。

在编制成分股指数时，为了保证所选样本具有充分的代表性，国际上惯用的做法是，综合考虑样本股的市价总值及成交量在全部上市股票中所占的比重，并要充分考虑到所选样本股公司的行业代表性。

### （二）不同股票指数的主要区别

（1）所代表的市场板块可能不同；

（2）具体编制方法可能不同，即具体的抽样和计算方法不同。

### （三）编制作为股指期货标的指数应满足的一般性原则

（1）代表性：代表市场大势或某一行业股票价格变化趋势；

（2）可比性：不同时间的前后指数具有可比性；

（3）连续性：指数的计算是连续性的；

（4）稳定性：要求指数的编制技术是科学严谨的，样本的选择和调整是由严格的技术规范约束的。

### （四）股票指数的编制方法

1. 第一步：抽样。首先从所有上市股票中选取一定数量具有代表性的样本股票。样本股票必须具有典型性、普遍性。为此，选择样本对应综合考虑其行业分布、市场影响力、股票等级、适当数量等因素。

2. 第二步：在确定了样本股票之后，还要选择一种价格计算简便、易于修正并能保持统计口径一致和连续的计算方法作为指数编制的工具。通常的计算方法有三种：算术平均法、几何平均法和加权平均法。

（1）算术平均法。

• 简单股票价格算术平均指数。该方法是先选定具有代表性的样本股票，然后以某年某月某日为基期，基期的股票价格平均数定为 100，最后计算某一样本股票的价格平均数，将该平均数与基期平均价格相比，即得出该日的股票价格平均指数，计算公式如下：

P 平均 = 样本股票每股价格之和/样本股票数

简单算术平均价格指数 = P 平均/P 基期

• 修正的简单股票价格算术平均指数。股票市场上企业常常有增资和拆股行为，使得股票股数迅速增加，股票价格也会相应降低。因此，有必要对简单算术平均数指数进行修正，主要是对分母进行处理。具体做法是：用增资或拆股后的各种股票价格的总和除以增资或拆股前一天的平均价格作为新分母，即：

新分母 = 增资或拆股后各种股票的价格总和/增资或拆股前一天的价格平均数

（2）几何平均法。

世界上有一部分较有影响的股票指数是采用几何平均法编制的。其中以伦敦金融时报指数和美国价值线指数为代表。在几何平均法中，报告期和基期的股票平均价是样本股票价格的几何平均数。

（3）加权平均法。

在股票市场上，不同的股票受到关注的程度不同，对股票市场的影响也不尽相同。简单算术平均法忽略了不同股票的不同影响，有时难以准确地反映股票市场的变动情况。加权平均法按样本股票在市场上不同地位赋予其不同的权数，地位重要的权数大一些，地位次要的权数要小一些。将各种各样股票的价格与其权数相乘后求和，再除以总权数，得到的就是加权平均后的股票价格指数。这里的权数，可以是股票的交易额，也可以是它的发行量。

与前两类方法相比，加权平均股价指数能更真实地反映整体经济形势。因此，加权平均价格指数更适合于开发为股票指数期货合约的标的指数。在世界最著名的股票指数中，道琼斯工业平均指数与日经 225 股价指数的编制采用算术平均法；而其他指数，如国内沪深 300 股票指数等都采用加权平均法编制。

总之，计算方法应具有高度的适应性，能对不断变化的股市行情做出相应的调整或修正，使股票指数或平均数有较好的敏感性。计算依据的口径也必须统一，一般情况下均以收盘价为计算依据。但随着计算频率的增加，有的指数也以每小时价格甚至更短的时间价格为基础来计算。

3. 第三步：选定基期并计算基期平均价。基期的选定应有较好的均衡性和代表性。通常以历史上某一天或某一时期的股价为基期，以这一时期的股票平均价为 1000，用以后各时期的股票价格和基期价格进行比较，计算出涨跌的百分比，就可计算出该时期的股票指数。

**（五）以沪深 300 指数的编制为例进行说明**

沪深 300 股票指数诞生于 2005 年 4 月 8 日，由沪、深证券交易所正式向市场发布。以 2004 年 12 月 31 日为基期，基点为 1000 点。而当天的上证综合指数收盘为 1266.5 点。

1. 选样。沪深 300 股票指数的成分股选取程序是很严格的：

（1）选样标准：选取规模大、流动性好的股票作为样本股。

（2）选择指数成分股的数量：300 只。

（3）选样条件：

a. 对于非创业板股票，上市交易时间超过一个季度，除非该股票自上市以来的日均A股总市值在全部沪深A股中排在前30位；对于创业板股票，上市时间超过3年。

b. 非ST、＊ST股票，非暂停上市股票。

c. 公司经营状况良好，无重大违法违规事件，财务报告无重大问题。

d. 股票价格无明显的异常波动或市场操纵。

（4）选样方法：对符合选样条件的股票在最近一年（新股为上市第四个交易日以来）的日均成交金额由高到低排名，剔除排名后50%的股票，然后对剩余股票按照日均总市值由高到低进行排名，选取排名在前300名的股票作为样本股。

2. 进行指数计算。指数的计算是以股本为权重，采用派许加权综合价格指数公式进行计算：

指数 = 成分股的调整市值/除数 × 1000

成分股的调整市值 = Σ（股价 × 样本股调整股本数）

公式中的“样本股调整股本数”是根据分级靠档方法获得的，这样可以使在样本公司股本发生微小变动时，保持用于指数计算的股本数的稳定性，降低因股本频繁变动带来的跟踪投资成本，便于投资者进行跟踪投资。分级靠档方法如表2－3所示：

表2－3　　沪深300股指成分股权重分级靠档表

| 流通比例(%) | ≤15 | (15,20] | (20,30] | (30,40] | (40,50] | (50,60] | (60,70] | (70,80] | >80 |
|---|---|---|---|---|---|---|---|---|---|
| 加权比例(%) | 上调至最接近的整数值 | 20 | 30 | 40 | 50 | 60 | 70 | 80 | 100 |

**【案例2－1】**

有A、B、C三只沪深300指数成分股股票，其各自的总股本、非自由流通股股本数量，以及这三只成分股的加权比例和加权股本数量的计算结果见表2－4。

表2－4　　沪深300指数成分股权重计算

| 股票 | 股票A | 股票B | 股票C |
|---|---|---|---|
| A股总股本 | 100 000 | 8 000 | 5 000 |
| 非自由流通股本 | 91 000 | 4 500 | 900 |
| 自由流通量 = A股总股本 − 非自由流通股本 | 9 000 | 3 500 | 4 100 |
| 自由流通比例 = $\frac{\text{自由流通量}}{\text{A股总股本}} \times 100\%$ | 9.0% | 43.8% | 82.0% |
| 加权比例 | 9% | 50% | 100% |
| 加权股本 | 9 000 | 4 000 | 5 000 |

3. 指数修正。沪深300指数采用“除数修正法”进行修正。当样本股名单、股本结构发生变化或样本股的调整市值出现非交易因素的变动时，采用“除数修正法”修正原固定除数，以保证指数的连续性。修正公式为：

修正前的调整市值/原除数 = 修正后的调整市值/新除数

修正后的调整市值 = 修正前的调整市值 + 新增（减）调整市值

由此公式得出新除数（即修正后的除数），并据此计算以后的指数。

指数需要修正的情况包括：

（1）当样本公司发生可能影响股票价格变动的公司事件时：

a. 除息：凡有样本股除息（分红派息），沪深 300 指数不予修正，任其自然回落。

b. 除权：凡有样本股送股、配股、拆股或缩股时，在样本股的除权基准日前修正指数，按照新的股本与价格计算样本股调整市值。

修正后调整市值 = 除权报价 × 除权后的调整股本数 + 修正前调整市值（不含除权股票）

（2）当样本公司发生引起股本变动的其他公司事件时：

a. 当样本股股本发生由其他公司事件（如增发、债转股、期权行权等）引起的股本变动累计达到或超过 5% 时，对其进行临时调整，在样本股的股本变动日前修正指数。

修正后调整市值 = 收盘价 × 变动后的调整股本数

b. 当样本股股本发生由其他公司事件引起的股本变动累计不及 5% 时，对其进行定期调整，在定期调整生效日前修正指数。

（3）当样本股调整时：

当指数样本股定期调整或临时调整生效时，在调整生效日前修正指数。

4. 指数定期调样

（1）指数成分股原则上每半年审核并调整一次，一般为 6 月初和 12 月的第二个星期五的下一交易日实施调整。

（2）每次调整的比例不超过 10%。样本调整设置缓冲区，排名在 240 名内的新样本优先进入，排名在 360 名之前的老样本优先保留。

（3）最近一次财务报告亏损的股票原则上不进入新选样本，除非该股票影响指数的代表性。

5. 指数临时调样

在有特殊事件发生，包括有新上市股票，上市公司出现收购、合并、分立、重组、破产，样本股停牌、暂停在 A 股上市或退市等重大事项，以致影响指数的代表性和可投资性时，中证指数有限公司将对沪深 300 指数样本股做出必要的临时调整。详细内容可登录中证指数有限公司网站（http：//www.csindex.com.cn）查阅《沪深 300 指数编制方案》。

由于新股不断上市和个股股本不断变化，沪深 300 指数的主要成分股也处于不断变化之中。投资者可通过各种股票行情软件，输入沪深 300 指数代码后（上海证券交易所行情代码 000300，深圳证券交易所行情代码 399300），按 F10 键便能及时查询最新沪深 300 指数主要成分股的组成；或登录“中证指数有限公司网站”（http://www.csindex.com.cn）中“沪深 300 指数权重”栏目查询。

有关上证 50 指数与中证 500 指数的编制和调整方法与沪深 300 指数的编制和调整方法大同小异，有兴趣的读者可登录“中证指数有限公司”网站查阅，在此不再累牍。

**沪深 300 选秀夺冠经历**

究竟选择哪个指数作为首个股指期货的标的物，当时的股指期货筹备组颇费了一番周折。首先，标的指数选择的主要原则是：应属于投资性指数的一种，并且有较好的套保与套利效果，具备较强的流动性和市场防操纵能力；而且凡进入参选测评的指数，在当时必须是已经进入市场运行阶段的指数。于是，符合以上原则和特点并进入产品开发小组专家测评视野的有：上证 180 指数、上证 50 指数、深证 100 指数、沪深 300 指数、巨潮 100 指数、道中 88 指数、新华富时 A200 指数及中信标普 300 指数。产品开发小组先通过计算机模拟交易，对现有的部分指数产品进行大量系统化测试。

经过严格的测评，沪深 300 指数最终胜出。如果追溯沪深 300 指数的历史，实际上早在 2001 年底，上证所和深交所便已初步完成了设计工作。从 2002 年起，该指数就已经开始在上证所内部运行，2006 年 4 月 8 日正式上市。沪深 300 指数不仅有着较长的实际运行时间，还具有“交易指数”必要的特征优势。更为重要的是，其联合两家交易所真正完成了市场的统一，并能较好地体现市场未来和现在的实际状况。

在标的指数的测评阶段，有这样一段插曲：市场内当时普遍流传中证 100 指数可能位列首发，即使不能首发也很可能和沪深 300 指数同时挂牌交易，但只是因为“还在研发阶段”这样一个借口就夭折了。实际上，中证 100 指数由于覆盖的股票数量少，在流动性和交易性上确实优于沪深 300 指数，但是监管层考虑到衍生品市场的巨大风险以及交易指数要有较强抗操纵性能等因素，才正式将中证 100 淘汰出局。最终，沪深 300 指数荣幸地成为中国期货市场上第一只可以交易的股票指数期货产品。

## 三、世界其他国家都有哪些主要的股票指数及相应的股指期货品种？

对于国内投资者来说，最熟悉的股票指数就是沪、深两市的上证指数和深证成指，以及作为股指期货标的的沪深 300 指数、上证 50 指数，以及中证 500 指数；除此之外还有板块指数，如中小板指数、创业板指数等。

国际上，在全球上百家证券交易所中，最著名的包括纽约证券交易所、东京证券交易所、伦敦证券交易所等，当然还有法国、德国、印度、韩国、中国香港等知名股票交易所。每家交易所都有其具有代表性的股票指数，比如投资者经常关注的美国三大股指、欧洲三大股指、日经225股指等，这些著名的股票指数均有相对应的股指期货品种。

1. 道·琼斯股票指数（DJIA）

道·琼斯股票指数全称为“股票价格平均指数”，是世界上历史最悠久的股票指数，由道·琼斯公司的创始人查理斯·道于1884年开始编制。其最初是根据11种具有代表性的铁路公司的股票，采用算术平均法进行计算编制而成，发表在查理斯·道自己编辑出版的《每日通讯》上。其计算公式为：

股票价格平均数=入选股票的价格之和/入选股票的数量

道·琼斯股票价格平均指数因能比较充分地反映整个股票市场的动态，常被用作观察世界市场变化的晴雨表。目前，道·琼斯股票指数共分四组：第一类是工业平均指数，由30种具有代表性的大工业公司的股票组成；第二组是运输业20家铁路公司的股票价格平均指数；第三组是15家公用事业公司的股票平均指数；第四组为综合平均指数，是用前三组的65种股票加总计算得出的指数。

人们常说的道·琼斯股票指数通常是指第一组，即道·琼斯工业平均指数。道·琼斯工业平均指数是根据美国股票市场上30种可靠而且重要的蓝筹股的加权平均数计算出来的。这30种股票来自不同的领域，目前包括美国运通、迪士尼、维萨、3M、苹果、微软、英特尔、IBM、思科、威瑞森、埃克森美孚、雪佛龙、陶氏杜邦、家得宝、沃尔玛、耐克、宝洁、强生、波音、卡特彼勒、可口可乐、麦当劳、辉瑞、默克制药、高盛、摩根大通、旅行者保险、联合健康保险、联合技术、沃尔格林联合博姿集团等30家大型企业。

1997年10月6日，美国芝加哥期货交易所（CBOT）正式上市交易以道·琼斯工业平均指数（DJIA）为标的的期货品种。目前，CBOT交易的道·琼斯工业平均指数期货合约按合约乘数大小不同来划分，包括小型道指期货（合约乘数5美元）、中型道指期货（合约乘数10美元）和大型道指期货（合约乘数25美元）三个品种，构成了一个完整的产品体系。中型合约即是最早推出的道·琼斯工业平均指数期货合约，之后为了满足不同交易者的需求，分别于2002年4月5日及2006年3月20日推出了小型合约和大型合约。从交易的活跃度看，以小型（也即我们常说的迷你合约）最活跃。这些产品为各类投资者提供了选择，以使投资组合多样化。

2. 标准·普尔股票价格指数（S&P 500）

标准·普尔股票价格指数是美国最大的证券研究机构即标准·普尔公司编制的股

票价格指数。该公司于1923年开始编制发表股票价格指数。最初采选了230种股票，编制两种股票价格指数。到1957年，这一股票价格指数的范围扩大到500种股票，分成95种组合。其中最重要的四种组合是工业股票组、铁路股票组、公用事业股票组和500种股票混合组。从1976年7月1日开始，改为400种工业股票、20种运输业股票、40种公用事业股票和40种金融业股票。几十年来，虽然有股票更迭，但始终保持为500种。

标准·普尔公司股票价格指数以1941年至1943年抽样股票的平均市价为基期，以上市股票数为权数，按基期进行加权计算，其基点数为10。以目前股票市场价格乘以股票市场上发行的股票数量为分子，用基期的股票市场价格乘以基期股票数为分母，相除之数再乘以10就是股票价格指数。

1982年4月21日，芝加哥商品交易所（CME）推出了S&P 500股指期货合约。与道·琼斯工业平均股票指数相比，S&P 500指数具有采样面广、代表性强、精确度高、连续性好等特点，被普遍认为是一种理想的股票指数期货合约的标的。S&P 500指数期货是以S&P 500指数为标的物的期货合约，但由于其合约面值比较高，1998年9月9日，芝加哥商品交易所又推出了一个相关性非常高的E - mini S&P 500指数期货，进一步增加了S&P 500合约的普遍性。E - mini S&P 500指数期货仍是以S&P 500指数为标的物，但合约乘数已由原先250美元下降为50美元，并且E - mini S&P 500指数期货在G10BEX电子系统上一天24小时进行交易。E - mini S&P 500指数期货一经推出后深受投资者的欢迎，很快就发展成为芝加哥商品交易所增长最快的产品之一，也是目前全球成交量最大的合约之一。

3. 纳斯达克综合指数（Nasdaq Composite Index）

纳斯达克综合指数是反映纳斯达克证券市场变化的股票价格平均指数，基本指数为100。纳斯达克的上市公司涵盖所有新技术行业，包括软件和计算机、电信、生物技术、零售和批发贸易等，主要由美国的数百家发展最快的先进技术、电信和生物公司组成，包括微软、英特尔、美国在线、雅虎这些家喻户晓的高科技公司，因而成为美国“新经济”的代名词。世人瞩目的微软公司便是通过纳斯达克上市并获得成功的。纳斯达克综合指数是代表各工业门类的市场价值变化的晴雨表。因此，纳斯达克综合指数相比S&P 500指数、道·琼斯工业指数更具有综合性。目前，纳斯达克综合指数包括5 000多家公司，超过其他任何单一证券市场。因为它有如此广泛的基础，已成为最有影响力的证券市场指数之一。由该指数最大的前100家企业组成的纳斯达克100指数作为纳斯达克的主要指数，是美国科技股的代表。纳斯达克100指数里的这些高成长性股票都具有良好业绩，是各自内生性的高成长带来的，特别是创新业务，而非例如资产注入等外延式的增长。从纳斯达克100指数十大权重成分股来看，他们主要为高科技企业，其中计算机行业的公司居多，权重最大的为苹果电脑（Apple），另外包括微软（Microsoft）、谷歌（Google）、思科（Cisco）、英特尔（Intel）等诸多知名公司。

CME 于 1996 年开始上市 NASDAQ－100 指数期货和期权合约交易。1999 年，CME 又推出了 E－mini NASDAQ－100 指数期货合约，该期货合约价值仅为原 NASDAQ－100 指数期货合约价值的 1/5。

4. 英国富时 100 指数（FTSE 100）

英国富时 100 指数（FTSE 100），又称“伦敦金融时报 100 指数”，由世界级的指数计算金融机构 FTSE（富时集团）所编制，自 1984 年起，涵盖在伦敦证券交易所交易的上市而市值最大的 100 种股票，为世界投资人欢迎的金融商品之一，和法国的 CAC－40 指数、德国的法兰克福指数并称为欧洲三大股票指数，是当前全球投资人观察欧股动向最重要的指标之一。这一指数覆盖伦敦证券交易所大约 80% 市值，具有一定的代表性，是反映伦敦证券市场股票行情变化的重要尺度。二是因为它通过伦敦股票市场自动报价电脑系统，可随时得出股票市价，并实时计算，因此能迅速反映股市行情的每一变动，自公布以来就受到广泛重视。三是综合精算股票指数。该指数从伦敦股市上精选 700 多种股票作为样本股加以计算。这一指数的特点是统计面宽、范围广，能较为全面地反映整个股市状况。

1984 年 5 月 3 日，伦敦国际金融期货交易所推出 FTSE 100 股指期货交易。

5. 法国 CAC－40 指数

法国 CAC－40 指数是法国股价指数，由 40 种法国股票构成。由巴黎证券交易所（PSE）以其前 40 大上市公司的股价来编制的，基期为 1987 年底。该指数从 1988 年 6 月 5 日开始发布，反映法国证券市场的价格波动。

1988 年 6 月，法国期货交易所（MATIF）推出 CAC－40 股指期货。

6. 德国 DAX 30 指数

德国 DAX 指数是德国重要的股票指数，是由德意志交易所集团推出的一个蓝筹股指数，德国 DAX 30 与美国 S&P 500、法国 CAC－40 股指及英国伦敦金融时报 100 指数一样，都是以市值加权的股价平均指数，而不是简单平均的股价平均指数。

与其他指数不同的是，DAX 30 指数试图反映德国股市的总收益情况，而其他指数则只反映市场价格的变化。DAX 30 指数考虑到股息收入，名义上将所有股息收入（按成分股的比重）再投资在股票上。如此，即便德国股票价格没有变动，DAX 30 指数仍可能因股息收入而上涨。1990 年 11 月 23 日起，DAX 30 指数期货和期权合约均在德国的欧洲期货期权交易所（EUREX）挂牌买卖。

7. 日经 225 指数

日经指数是日本的股票指数，是日本股市或资本市场的晴雨表，也是反映日元价值的因素之一，因此会对日元在外汇市场上的汇率造成影响。日元目前是七大工业国的货币，也是外汇市场上交投最活跃的外汇之一，而日经指数升跌的影响可谓举足轻重。

日经指数系由日本经济新闻社编制并公布的反映日本股票市场价格变动的股票价格平均指数。该指数从 1950 年 9 月开始编制，最初根据东京证券交易所第一市场上市的 225 家公司的股票算出修正平均股价，当时称为“东证修正平均股价”。1975 年 5 月 1 日，日本经济新闻社向道·琼斯公司买进商标，采用美国道·琼斯公司的修正法计算，这种股票指数也就改称“日经道·琼斯平均股价”。1985 年 5 月 1 日在合同期满 10 年时，经两家商议，将名称改为“日经平均股价”。

日经 225 是以成交量最活跃、市场流通性最高的 225 只股票的股指为基础。日经 225 指数选取的股票虽只占东京证券交易所第一类股中 20% 的股数，但该股票指数却代表第一类股中近 60% 的交易量，以及近 50% 的总市值。具体而言，是从行业分类中，选择技术、金融、运输、公共、资本及其他消费等公司中，具高流通性的股票。现有构成股票包括松下电工、日产汽车、丰田汽车、野村证券、资生堂、花王等知名企业。日经指数因延续时间较长，具有很好的可比性，成为考察日本股票市场股价长期演变及最新变动最常用和最可靠的指标，传媒日常引用的日经指数就是指日经 225。

值得注意的是，日本股市虽然在当地也是早上 9 点开盘，但由于日本时间比北京时间要早，所以日本开盘比中国要早 1 小时。当全球宏观经济和宏观政策出现突发时，通常日本股市的走势会对中国股市有借鉴意义，这也是很多国内投资者在 A 股开盘前会先看日股走势的原因。

有意思的是，最早推出日经 225 股指期货的并不是日本的期货交易所，而是 1986 年 9 月，由新加坡金融期货交易所（SIMEX）推出挂牌交易并获得成功。尽管日本于 20 世纪 80 年代初期即已开放了其证券市场，允许境外投资者投资境内股市，但是，日本当时的证券交易法规定，证券投资者被禁止从事期货交易。所以，当时的日本证券市场并不具备推出股指期货交易的法律条件。而且，按照当时的证券交易法，日本国内的基金也被禁止投资 SIMEX 的日经 225 指数，只有美国和欧洲的机构投资者利用 SIMEX 的日经 225 股指期货合约对其投资于日本的股票进行套期保值，如此一来使得日本本国的机构投资者明显处于不利地位。鉴于此，1987 年 6 月 9 日，日本推出了第一只股票指数期货合约——50 种股票期货合约。受当时证券交易法禁止现金交割的限制，50 种股票期货合约采取现货交割方式，以股票指数所代表的一揽子股票作为交割标的。1988 年 9 月，大阪证券交易所（OSE）推出国内的日经 225 股指期货交易。1990 年，美国的芝加哥商品交易所（CME）也推出日经 225 指数期货交易，形成三家共同挂牌交易日经 225 指数的局面。而在竞争中，由于新加坡推出较早已形成一定优势，因此一直保持领先地位。直到 1995 年初英国皇家巴林银行期货交易员尼克里森因在投机日经 225 指数中的违规操作而导致巴林银行倒闭事件发生后，市场对 SIMEX 的日经 225 指数产生了信心危机，资金才又开始回流日本市场，OSE 也趁机夺回了主导权。从某种意义上说，巴林事件的发生也是 OSE 与 SIMEX 市场竞争的结果。为了争夺 OSE 的市场份额，SIMEX 不惜放松对市场的监控，在巴林银行持仓已明显偏高的情况下，不及时处理，直接导致巴林银行巨额亏损。如果 SIMEX 采取有效办法展开市场竞争，并充分利用自己的优势，那么新加坡完全有可能在日经 225 指数期货市场一直占据主导地位。但是总的来说，日本在本土推进日经 225 股指期货交易时长期处于尴尬地位。

8. 香港恒生指数

香港恒生指数是香港股票市场上历史最久、影响最大的股票价格指数，由香港恒生银行于 1969 年 11 月 24 日开始编制，用以反映香港股市行情。该指数的成分股由在香港上市的较有代表性的 33 家公司的股票构成，其中金融业 4 种、公用事业 6 种、地产业 9 种、其他行业 14 种。恒生指数最初以 1964 年 7 月 31 日为基期，基期指数为 100，以成分股的发行股数为权数，采用加权平均法计算。后由于技术原因改为以 1984 年 1 月 13 日为基期，基期指数定为 975.47。恒生指数现已成为反映我国香港特区政治、经济和社会状况的主要风向标。

1986 年 5 月 6 日，香港期货交易所推出恒生指数期货交易，随后于 1993 年 3 月又推出恒生指数期权合约。1997 年，恒生指数期货的成交量达世界第六位。恒生指数期货合约乘数为 50 元港币。

9. 富时中国 A50 指数

新华富时中国 A50 指数于 2010 年更名为“富时中国 A50 指数”，是由全球四大指数公司之一的富时指数有限公司（现名为“富时罗素指数公司”）为满足中国国内投资者以及合格境外机构投资者需求所推出的实时可交易指数。富时中国 A50 指数是沪、深证券交易所市值排名前 50 的 A 股公司的实时可交易指数，其总市值占 A 股总市值的 33%，是最能代表中国 A 股市场的指数，是投资中国内地 A 股市场的一个基准，是富时中国指数系列的旗舰指数。

2006 年 9 月 5 日，新加坡交易所推出了富时中国 A50 指数期货合约。值得一提的是，富时中国 A50 指数期货交易时间为早上 9 点到下午 4 点 30 分，并且还有晚间交易，时间为下午 5 点至次日早上 4 点 45 分。也就是说，在国内 A 股收市后，富时中国 A50 指数期货仍在交易，这个时间内的交易变动能够反映投资者的情绪，也能反映出第二天 A 股的走势，是次日 A 股走势的风向标。所以很多投资者在 A 股收盘后会继续关注富时中国 A50 指数期货的交易情况和实时行情变动。

10. 韩国 KOSPI 200 指数

1990 年 1 月，韩国证券交易所编制了由 200 种大企业的股票组成的 KOSPI 200 指数（Korean Stock Price Index 200）。1996 年 5 月 3 日，韩国证券交易所正式开始 KOSPI 200指数期货交易，次年 6 月又推出了 KOSPI 200 指数期权交易。1999 年 2 月，韩国期货交易所（KOFEX）在釜山正式成立，在经历了一番股指期货、期权合约到底应放在证券交易所还是期货交易所的争论之后，KOSPI 200 指数期货、期权交易终于从证券交易所转移到期货交易所。2000 年，凭借着 KOSPI 200 期货、期权合约 142% 的年交易量增长率，韩国期货交易所首次挤入全球前五强。也因为这个品种一直蝉联交易量第一名，使得韩国期货交易所在全球交易所排名中也连续四年位居首位。

KOSPI 200 指数期货、期权成功的关键，一是其合约金额比较小。2011 年 10 月份 1 手 KOSPI 200 期货合约的价值为 4 250 万韩元，按当时的汇率计算，折合 34 000 美元，与 E－mini S&P 500 指数合约的大小相等，而 KOSPI 200 指数的期权合约更小，只有其期货合约的 1/5。韩国期货市场的优势是当地的个人投资者广泛参与，个人投资者占了 KOSPI 200 合约总成交量的 2/3。外国投资者在韩国期货期权市场上参与的份额增加的速度很快，大约占到 7%，而 1999 年仅占 2%。韩国期货市场参与者中还有一部分是当地的机构投资者，主要是证券公司和信托投资公司（ITC）。证券公司有其专营的期货期权交易部门，占期权市场 25% 的份额，信托投资公司占了整个市场 5% 的份额，主要交易 KOSPI 200 的期货合约。二是网上交易发达，韩国 KOSPI 200 期货、期权交易获得成功的深层原因可以推究到互联网已延伸到韩国千百万普通家庭，韩国网上交易自 1999 年以来得以快速发展。1997 年韩国的上网人数为 160 万，1999 年为 1 090万，2001 年为 2 440 万，而且这个数字还在增长。网上交易占整个证券交易的比例同步增长，1998 年网上交易占 1.9%，1999 年占 19%，2000 年占 46.6%，2001 年占 52.3%。这个数据说明韩国在网上交易方面处于世界领先地位。韩国网上交易蓬勃发展的原因之一是网上交易的费用低廉。对于网上期权交易来说，经纪商收取的佣金最低只有 3 个基点；而按照传统的交易方式，经纪商收取的佣金在 15～50 个基点（根据每个账户的成交量不同而有所变化）。对外国投资者而言，期权交易的成本在 15～50 个基点，期货交易的成本在 1～3 个基点。三是交易爱好。韩国人对期货、期权交易的兴趣和爱好是世界上绝无仅有的。在韩国期货、期权交易成为现代文化的一部分。韩国对期货、期权的基本原理进行了广泛的宣传推广，无论白天黑夜，电视上都有有关期货、期权的交易策略和技术分析报告，交易金融期货成为韩国人每日生活的一部分。韩国公众认为，衍生品市场是个高回报的市场；而债券市场提供固定回报，投资者兴趣不大。另外，2000 年投资者在股票现货市场遭到了重大损失，因此随后投资者转向股票衍生品市场。在韩国，许多个人投资者喜欢做虚值期权的当天交易，而且很自然地做多头部位。他们这种频繁进出的当日交易，使得市场的流通性很好，提供了市场套利的机会。2011 年上半年成交的 6.9 万亿美元当中，95% 是来自于 KOSPI 200 期权交易，大部分的期权成交量集中在当前月份，当前月份的期权成交量占整个期权成交量的95%，而且大部分成交量集中在敲定价离市价10%左右的虚值期权上。证券公司通常是期权的卖方，这种激进的交易策略促使其积极抛售压低价格，同时也会做一些保值盘。由于市场波动性很大，在期权接近到期日时，证券公司暴露的风险相当高。信托投资公司主要集中于KOSPI 200期货交易，针对他们的现货股票投资组合进行套期保值，同时也做投机交易。

韩国的衍生品市场已经吸引了国外投资者很大的兴趣，特别是KOSPI 200指数期权市场为期权做市商和套利交易者提供了机会，巨大的成交量使得市场的流通性风险很低。同时，散户占主导加上市场的波动性很大，给期权交易提供了很好的环境，特别是价格波动的延续性和扭曲带来了很多套利机会。

## 四、什么是股指期货合约乘数?

股票指数每一个点代表一定的货币金额，这个固定金额就是“合约乘数”。合约乘数是交易所规定的，每种股指期货的合约乘数规定值都不同。例如，美国S&P 500股指期货的合约乘数是每点代表250美元，香港恒指期货规定的合约乘数是每点50港元。根据中金所的规定，沪深300股指期货合约和上证50股指期货合约的合约乘数定为每点代表300元人民币，而中证500股指期货合约的合约乘数定为每点代表200元人民币。

合约乘数大小决定了股指期货合约的价值大小。一张股指期货合约的价值为该指数期货报价点位乘以合约乘数。例如：假如沪深300股指期货合约的报价现为4100点，那么一张（手）该合约的价值为：4100点×300元/点=123万元。

如果将合约价值再乘以保证金率就得到交易1手合约所需资金。因此，合约乘数大小还决定了股指期货合约入市“门槛”的高低。一般来说，合约的价值越大，则投资者参与的门槛就越高，合约交易的活跃性会降低。同一个股价指数可以设置不同合约乘数，从而形成多个股指期货产品，如恒生指数期货就有标准合约和迷你合约两个产品。标准合约的合约乘数是50港元/点，而迷你合约的合约乘数只有25港元/点。一般来讲，小合约交易活跃、流动性好，适合中小投资者参与；而大合约则更适合机构投资者参与。

目前国内股指期货合约乘数都比较大，显示了管理层对股指期货风险控制的审慎态度，体现了股指期货产品主要服务于机构投资者的风险管理需要。通过设置较大的合约乘数，几乎将资金实力不济的中小散户挡在了股指期货交易的门槛外，而能够参与的投资者均有一定的风险承受资金实力。表2－5列出了全球主要股指期货合约乘数。

表 2－5　　全球主要股指期货合约乘数

| 股指期货名称 | 挂牌交易所 | 合约乘数 |
|---|---|---|
| 标准普尔 500 指数期货 | 美国芝加哥商品交易所 | 250 美元/点 |
| DAX 指数期货 | 欧洲期货交易所 | 25 欧元/点 |
| 沪深 300 指数期货 | 中国金融期货交易所 | 300 元/点 |
| 上证 50 指数期货 | 中国金融期货交易所 | 300 元/点 |
| 中证 500 指数期货 | 中国金融期货交易所 | 200 元/点 |
| 恒生指数期货 | 中国香港交易所 | 50 港元/点 |
| 日经 225 指数期货 | 日本大阪证券交易所 | 1 000 日元/点 |
| 道・琼斯工业平均指数期货 | 美国芝加哥期货交易所 | 5 美元/点 |
| SFE 标准普尔 200 指数期货 | 澳大利亚悉尼期货交易所 | 25 澳元/点 |
| KOSPI 200 指数期货 | 韩国交易所 | 500 000 韩元/点 |
| 金融时报 100 指数期货 | 英国伦敦国际金融期货期权交易所 | 10 英镑/点 |
| CAC－40 指数期货 | 英国伦敦国际金融期货期权交易所 | 10 欧元/点 |
| 台证加权指数期货 | 中国台湾期货交易所 | 200 新台币/点 |
| Bovespa 股指期货 | 巴西期货交易所 | 3 雷亚尔/点 |
| 标准普尔 CNX Nifty 指数期货 | 印度国家证券交易所 | 100 卢比/点 |

## 五、国内股指期货合约的最小变动价位是多少?

国内股指期货合约均以指数点报价，最小变动单位为 0.2 个指数点。交易时所报价格必须是 0.2 的整数倍才能报出。对于上证 50 股指期货和沪深 300 股指期货来说，按每点 300 元计算，最小价格变动点数相当于合约价值变动 60 元（0.2 点 ×300 元/点）；而对于中证 500 股指期货来说，按每点 200 元计算，则最小价格变动点数相当于合约价值变动 40 元（0.2 点 ×200 元/点）。假设当前沪深 300 指数期货成交价格为 4000 点，则交易者在报价时只能按 4000 点、4000.2 点、3999.8 点、3999.6 点等来报价，这与证券市场上股票指数的最小变动单位是 0.01 点是有区别的。

为什么选择 0.2 个点为最小变动价位呢？一般来讲，最小变动价位设置过小不利于成交的活跃。但是如果设置过大，又难以精细地刻画市场行情变化，同时还会使期货价格与现货价格差距拉大，影响套期保值效果。股指期货合约 0.2 点的变动价位，和国际通常的最小价位设置水平相当。

## 六、国内股指期货每天有多少个合约可交易?

国内股指期货每天同时挂牌4个月份合约供投资者进行交易，分别是当月、下月及随后的两个季月月份合约。季月是指3月、6月、9月、12月这四个月份。假如现在是2019年7月2日（星期二），则此时在国内股指期货市场上，当月月份合约为7月，下月合约则为8月，季月合约则为9月与12月。以沪深300股指期货为例，其表示方式为IF1907、IF1908、IF1909、IF1912。其中，“IF”为合约代码，“19”表示2019年，最后两位数表示是几月份的合约。如果IF1907到期摘牌了，则下一交易日，大家看到的就是IF1908、IF1909、IF1912、IF2003这四个合约在交易，即新增了一个IF2003；如果IF1908又到期摘牌了，则下一交易日，大家看到的就是IF1909、IF1910、IF1912、IF2003这四个合约在交易，即新增了一个IF1910。这样设置可以防止期货价格和现货价格长期偏离，提高套期保值的效率，也较容易推算股指期货的合理价格。

近月合约由于临近交割，合约价格有向现货指数价格收敛的趋势，所以大量投资者在近月合约上做短期投机或套利交易，使得近月合约成为需求很大的合约，也是功能发挥最充分的合约，波动幅度相对远月合约会小些。同时，稍远一点的季月合约比较适合中长期投资者的投资方式，也能够满足机构投资者为股票持仓进行长期保值的要求，减少在套期保值过程中因期货合约期限太短而频繁转仓的不便。这种兼顾远近的设计方式能够较好地满足市场各类投资者的参与需求。

## 七、国内股指期货的交易时间与股票市场的交易时间同步吗?

股指期货市场交易时间在普通交易日是早上9点30分开盘，与股票市场开盘同步。下午收盘为3点整，也是与股票市场同步。

## 八、国内股指期货的最后交易日是不是交割日?

最后交易日，是指股指期货合约在到期月份进行交易的最后一天。在最后交易日收盘后，所有未平仓合约都应进入交割。一提到股指期货合约的最后交易日，有些投资者往往想当然地认为是在月末的那一天。其实不然。中金所交易规则规定，股指期货最后交易日为每个合约到期月份的第三个星期五，遇法定节假日顺延。如 IF1812 合约，该合约最后交易日为 2018 年 12 月 21 日，因为 21 日这一天是 12 月份的第三个星期五。最后交易日也是交割日。

既然股指期货合约的最后交易日不是月末，新合约月份开始交易的日期自然也就不是月初第一个交易日，而是到期合约交割结束后的下一个交易日。因此，投资者切记，股指期货合约的最后交易日不一定在月末。

## 九、国内股指期货的交割方式是怎样的？

股指期货的交割是合约双方均按照最后清算价格实行现金交割，然后该合约便被摘牌。由于交割结算价格涉及合约双方利益，所以其确定方式十分重要。国内股指期货合约的最后交割结算价格是最后交易日那一天股市（现货市场）上的相应股票指数在最后 2 小时的算术平均数，这样可以规避人为操纵收盘价做最后结算价的情况。

## 十、国内股指期货的交易单位和交易代码是如何规定的？

股指期货合约的交易单位为“手”或“张”。期货交易须以交易单位的整数倍进行。沪深 300 股指期货合约的交易代码为英文字母“IF”，是英文 Index Future（指数期货）的缩写；而上证 50 股指期货合约的交易代码为英文字母“IH”，“I”表示股指期货，“H”是“沪”的拼音第一个字母；同样，中证 500 股指期货合约的交易代码为“IC”，“I”表示股指期货，C 是“China”的第一个字母。

关于对股指期货交易保证金要求，以及每日价格波动限幅的规定，我们将在以下交易制度的解读中重点论述。

## 十一、股指期货交易制度有哪些？

为了规范股指期货交易行为，维护期货市场秩序，防范市场风险，确保股指期货的安全运作，遵循公开、公平、公正和诚实信用的原则，杜绝欺诈、内幕交易和操纵期货交易价格等违法行为，中国金融期货交易所建立、健全了一系列严格的交易规则和风险管理制度，这些制度包括：

- 保证金制度；
- 当日无负债结算制度；
- 强行平仓制度；
- 涨跌停板制度；
- 持仓限额制度；
- 大户持仓报告制度；
- 强制减仓制度；
- 风险警示制度；
- 国务院期货监督管理机构规定的其他风险管理制度。

## 十二、如何根据保证金制度计算交易需要的保证金？

期货交易实行保证金制度，这是期货交易特点之一。凡参与股指期货交易，无论买方还是卖方，在进行交易时均需按交易所的规定缴纳交易保证金，并视价格变动情况确定是否追加保证金。保证金是投资者履行合约的财力保证，证明买方或卖方的诚意，有助于防止违约。客户的保证金通过期货公司指定的专业银行存入银行账户，与期货公司的自有资金区分开来。然后，由期货公司统一将保证金划入交易所指定的专业银行账户。

当买卖双方成交后，交易所按持仓合约价值的一定比例向双方收取交易保证金。因此，交易保证金是已被合约占用的资金。

买卖期货合约所要求的保证金不尽相同。一般而言，期货合约的价格波动越大，所要求的保证金就越多。按照中金所制定的交易规则，国内股指期货合约最低交易保证金率定为合约价值的8%。

需要提醒的是，期货公司为了更严格地控制客户风险，一般会在中金所规定的保证金比例基础上再上浮0～3个百分点，因此在正常情况下，沪深300股指期货合约的最低交易保证金率应在8%～11%范围内。

根据保证金率投资者就可以算出买卖1手股指期货所需保证金，从而科学地分配和管理资金，控制交易风险。

**【案例2-2】**假如沪深300指数期货12月合约的报价为4100点，期货公司收取的交易保证金为15%，那么：

一手（张）该期货合约价值＝4100点×300元/点＝123万元

买卖一手（张）该沪深300指数期货合约所需保证金＝123×15%＝18.45万元

如果投资者账户资金 <18.45 万元，他就无法交易，因为他连买卖 1 手合约的保证金都不够。因此，保证金率的高低实际上又设定了期货交易的资金门槛。保证金率较低，有资金能力参与股指期货交易的人就越多。如果保证金率设置得较高，因资金实力不济而使得参与股指期货交易的人就少，从而使得期货市场风险降低。

此外，在以下四种市场风险较大的特殊情况下，中金所会根据市场风险情况对交易保证金率进行上调：

1. 期货交易连续出现涨跌停板、单边无连续报价的单边市情形

首先要明白什么是单边市？中金所对单边市的概念作了明确规定：单边市，是指某一合约收市前 5 分钟内出现只有停板价格的买入（卖出）申报，没有停板价格的卖出（买入）申报，或者一有卖出（买入）申报就成交、但未打开停板价格的情形。说得更明白点，就是涨（跌）停板被封死了。

判断单边市十分重要，它关系到中金所后续是不是会采取一系列风控措施。下面让我们在股指期货交易的实例中来认识单边市。

**【案例 2-3】** 某交易日，上证 50 股指期货 6 月合约收盘前 5 分钟价格至涨停板，而且没有被打开。根据中金所的定义，这天该合约出现了单边市的情况（见图 2-1）。

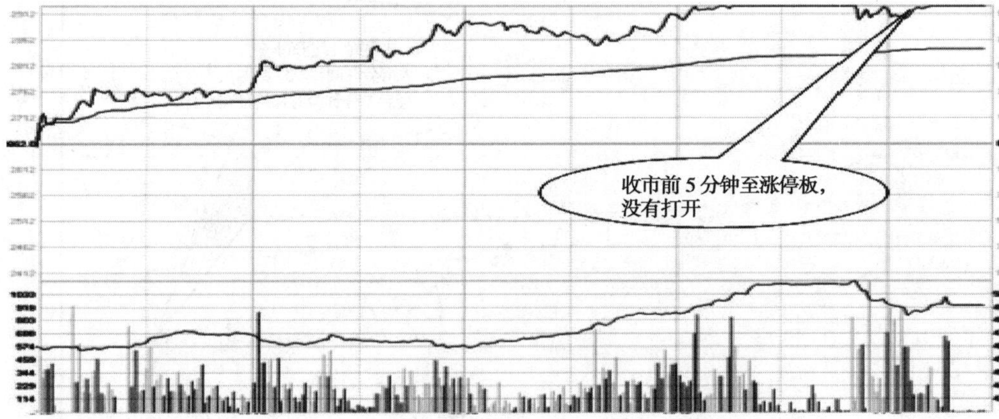


图 2-1　某交易日上证 50 股指期货 6 月合约分时走势图

而在某个交易日，6 月合约最后 5 分钟至跌停，但没有连续在最后 5 分钟保持住在跌停价格上，当中被打开过，因此，根据中金所的定义，当日该合约不能定义为单边市（见图 2-2）。

另外一个交易日，6 月合约下午大部分时间至跌停价格上没被打开过，但最后 5 分钟却被打开过，没有保持住，因此，根据中金所的定义，当日该合约也不能定义为单边市（见图 2-3）。

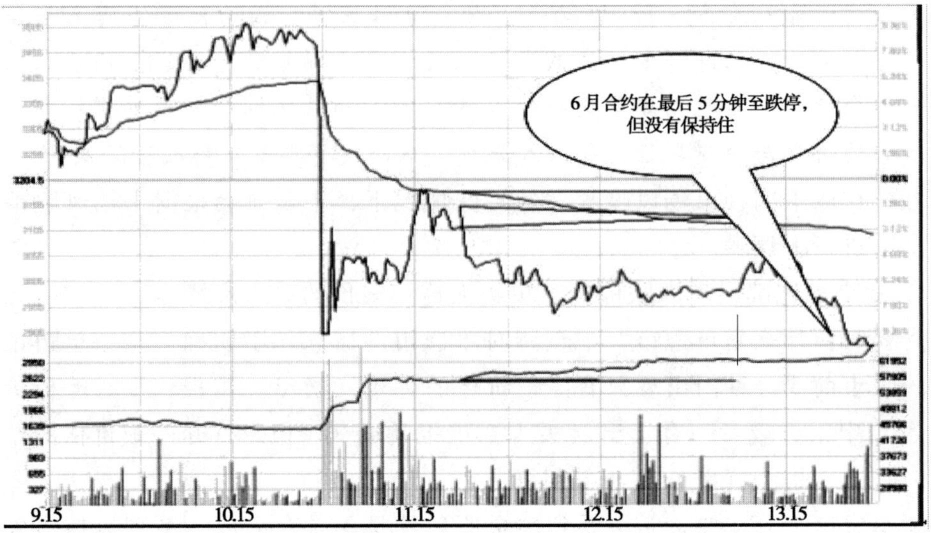


图2-2　某交易日上证50股指期货6月合约分时走势图

图2-3　另一个交易日上证50股指期货6月合约分时走势图

在期货市场中，受各种因素影响和作用，在涨跌停板的制度下，会发生连续多日的涨停或跌停而无法打开停板的单边市。一旦连续涨停和跌停发生，方向做反的一方根本没有止损出局的机会，不仅个人有爆仓的风险，也会给所在期货公司带来极大的甚至致命的风险，进而引发整个期货市场体系的连带性风险。

正因如此，一旦市场出现单边市后，中金所将根据具体情况，有权采取一种或多种风险控制措施，包括：提高交易保证金标准、限制开仓、限制出金、限期平仓、强行平仓、暂停交易、调整涨跌停板幅度、强制减仓或者其他。其中，提高交易保证金标准、限制出金是从资金角度保证仓单的履约；限制开仓、强行平仓、强制减仓是从限制持仓量角度控制市场整体风险；暂停交易、调整涨跌停板幅度是起到警示和稳定市场人心的作用。要特别注意的是，交易所是有权采取上述措施，而不是一定要采取，而且交易所可以同时采用多种措施。

2. 遇国家法定长假

**【案例2-4】** 某年9月23日，考虑到国庆长假（休市9天）即将来临，中金所向各期货公司发出通知，自9月25日（星期四）结算时起，10月和11月两期货合约的交易保证金标准由12%调整至15%，12月和来年3月两期合约的交易保证金标准由15%调整至20%，以规避长假期间由于国内股市休市而国外股市继续开市，一旦出现重大基本面事件会造成节后开市产生单边市的风险。这种风险已在商品期货市场中屡见不鲜，而且风险极大。例如，某年国庆长假后沪铜12月合约日K线走势（见图2-4）。

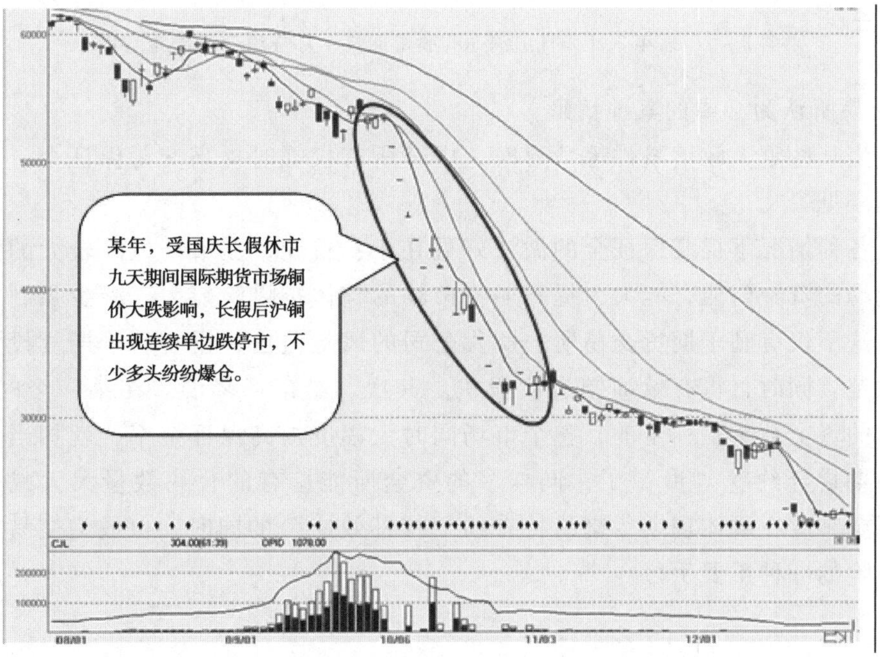


图2-4 某年国庆长假后沪铜12月期货合约日K线走势图

3. 交易所认为市场风险明显增大时

**【案例2-5】** 某年3月1日，中金所向各期货公司发出通知称，由于市场价格波动加大，为防范市场风险，中金所决定自3月2日结算时起，沪深300股指期货4月合约交易保证金标准由12%提高至15%（见图2－5）。

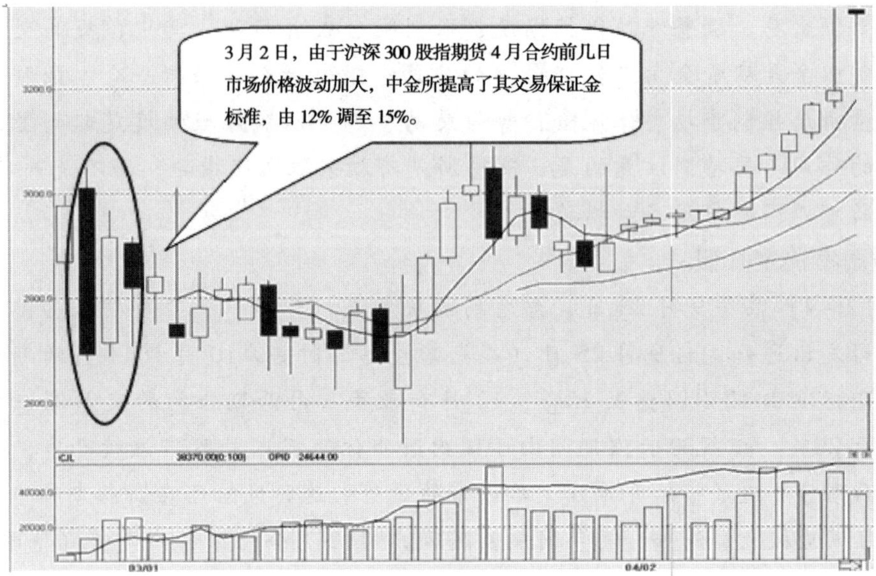


图2－5　某年3月2日沪深300股指期货4月合约日K线走势图

4. 交易所认为必要的其他情形

当发生某些重大政治事件等情形时，中金所有权临时提高交易保证金。不过这种情形不太多见。

以上各种情况下提高保证金的做法好处在于：首先，在市场风险较大的情形下提高期货交易的资金门槛，能大大提高期货市场的整体抗风险能力，减少强制平仓的发生概率。这不仅有利于期货交易所、期货公司的风险监控，也有利于期货投资者的自我风险防范。同时，将有效抑制过度投机。其次，给市场降温。在某一个时间阶段，进入期市的资金数量是一定的，整个市场同时大幅度提高保证金率，就相当于突然之间买卖的期货合约变“贵”了，同样多的资金所能持有的合约数量大大减少了。因此，保证金制度在既体现期货交易特有的“杠杆效应”的同时，也成为交易所控制期货交易风险的一种重要手段。

## 十三、什么是当日无负债结算制度？

大部分股票投资者可能没有天天关注自己股票的习惯。与股票市场不同，在进行股指期货交易时，投资者一定要每天关注自己持仓的盈亏情况。因为股票结算模式与股指期货结算模式完全不同。

股票交易结算过程包括清算和交收两个步骤。通过清算，确认交易双方应收应付资金和证券数额；通过交收，完成资金和证券的实际收付。也就是说，股票交易的结算对持有股票的浮动盈亏是不进行结算的，在持有股票没有卖出之前的盈亏都是账面浮动盈亏，无关紧要。

与股票结算不同的是，股指期货实行当日无负债结算制度，也称“逐日盯市”制度。用通俗的话说就是每天都要算一次账。其做法是在每日交易结束后，期货公司结算部门电脑按当日结算价对投资者结算所有合约的盈亏、交易保证金及手续费，对应收应付的款项实行净额一次划转，相应增加或减少保证金。一旦投资者的保证金余额低于规定的标准时，将会收到追加保证金的通知，要求投资者在规定时间内补足账户内的保证金；否则将面临被强行平仓乃至爆仓的巨大风险。因此，期货账单上每天的“浮动盈亏”很重要，它关系到投资者的持仓能否继续保留。所以要“逐日盯市”，计算每日盈亏。这就要求投资者合理配置和管理自己的资金，也是期货投资者生存和盈利的基本要求。

期货结算方式有两种：一种是采取“逐笔对冲”方式结算；另一种是采取“逐日盯市”方式结算。第一种方法计算的科目中包含“浮动盈亏”与“逐笔平仓盈亏”，是一种静态盈亏的计算方法；第二种方法计算的科目中包含“盯市平仓盈亏”和“持仓盯市盈亏”两项，是一种动态盈亏的计算方法。目前交易所和期货公司均采用第二种“逐日盯市”方式结算，而淘汰了“逐笔对冲”结算方式。

“盯市”的目的是为了紧跟市场变化。“盯市盈亏”简单来说就是每天结算盈亏，使得市场价格变化的同时，持仓的盈亏随市场变动而波动。如果是当天开的仓，那么持仓价指的就是开仓价，持有买入头寸的“盯市盈亏”就是当天结算价和开仓价之差，持有卖出头寸的“盯市盈亏”就是开仓价与当天结算价之差。如果是以前交易日开的仓，那么持仓价指的就是结算日前一交易日的结算价，“盯市盈亏”就只与两天的结算价有关，而跟当初开仓时的价位无关了，持有买入头寸的“盯市盈亏”是当天结算价和前一交易日结算价之差，持有卖出头寸的“盯市盈亏”是前一交易日结算价与当天结算价之差。

下面举例说明盯市盈亏和浮动盈亏的区别（为简化计算，不考虑手续费）。

**【案例 2-6】**

假设某客户开户资金 50 万元，某日开仓买入股指期货 IF1612 合约 5 手，开仓价位是 3150，收盘时未平仓，结算价为 3135。

（1）第一天收市后：

浮动盈亏 =(3135 - 3150) × 300 × 5 = -2.25（万元）

当天余额 =50 - 2.25 =47.75（万元）

盯市盈亏 =(3135 - 3150) × 300 × 5 = -2.25（万元）

期初客户权益为 50 万元，期末客户权益 = 50 - 2.25 = 47.75（万元）

（2）若次日仍未平仓，结算价为 3170，则第二天收市后：

浮动盈亏 =（3170 - 3150）×300×5 = +3（万元）

当天账面余额 = 50 + 3 = 53（万元）

盯市盈亏 =（3170 - 3135）×300×5 = +5.25（万元）

前一交易日末客户权益 = 47.75（万元）

今日期末账面客户权益 = 47.75 + 5.25 = 53（万元）

由此可知，若只考虑一手合约（以多单为例）的情况，则浮动盈亏的计算方法为："当日结算价 - 开仓价"，而盯市盈亏的计算方法为："当日结算价 - 前日结算价"。

对结算价及结算过程的理解，本书在后面章节将详细论述。

## 十四、对强行平仓制度的理解——什么情况下会导致被强行平仓？

强行平仓制度是交易所或期货公司按有关规定对投资者持仓实行强行平仓的一种强制性风险控制措施。强行平仓制度的实行，能及时制止风险的扩大和蔓延，是一种迫不得已的纪律性控制风险的最后手段。

哪些情况会导致被强行平仓呢？

当投资者出现下列情形之一的，交易所或期货公司有权对其持仓实行强行平仓：

1. 投资者的交易保证金出现不足，且未能在规定时限内补足；
2. 客户、从事自营业务的交易会员持仓超出持仓限额标准，且未能在规定时限内平仓；
3. 因违规、违约受到交易所强行平仓处罚；
4. 根据交易所的紧急措施应予强行平仓；
5. 其他应予强行平仓的情形。

对于普通客户而言，涉及强行平仓，绝大多数发生于第一种情况，即账户上的剩余可用资金 <0，表明投资者已经开始透支了。这时候期货公司会要求客户追加保证金，否则将对客户的持仓进行全部或部分强制平仓，直到客户账户上的剩余可用资金 ≥0 为止。

**【案例 2-7】**

某客户账户原始交易资金 100 万元，第一天，买进 10 手沪深 300 指数期货合约 IF1612，保证金占用了 90 万元，此时账户上资金余额还剩 10 万元。随后价格下跌，每手合约亏损 10 个点。

（1）第一天收市后当日结算：

共亏损资金 =10 手 ×10 点 ×300 =3 （万元）

账户资金余额 =10 -3 =7 （万元）

会被强平吗？不会！因为账户上的剩余可用资金 >0。

(2) 第二天，价格继续下跌，每手合约又亏损了 23 个点。

收市后再次当日结算：

共亏损资金 =10 手 ×23 点 ×300 =6.9 （万元）

账户资金余额 =7 -6.9 =0.1 （万元）

会强平吗？不会！因为账户上的剩余可用资金仍然≥0。但是很显然，强平的风险很大了！

(3) 第三天，价格还跌，每手合约又亏损了 50 个点。

收市后再次当日结算：

共亏损资金 =10 手 ×50 点 ×300 =15 （万元）

账户资金余额 =0.1 -15 = -14.9 （万元）

账户上的剩余可用资金已经 <0 了。根据风险控制制度，期货公司将会在最短时间通知客户，要求投资者在第二天开盘前补足账户内的保证金。如果直到开市，客户需补足的资金仍没有到账，则期货公司将立即实行强行平仓措施。

那么需平掉多少仓呢？全平不合理，因为只要回笼 15 万元资金，使得账户上的剩余可用资金≥0 就行了。按 1 手合约占用约 9 万元资金计算，只需强平 2 手合约，就可回笼约 18 万元的资金，从而确保账户上的剩余可用资金≥0。

但也许客户会认为账户上还有价值约 90 万元的期货合约，当天总的资金权益还有大约 90 -14.9≈75 万元。能不能不追加保证金或强平？

如果投资者心存侥幸，指望下个交易日期价涨回来，而不让期货公司强行平仓，将会发生什么后果呢？

(4) 如果第四天，开盘大跌（这种情况在期货市场上常见），甚至跌停。投资者每手合约又亏损了 300 个点。

收市后再次当日结算：

共亏损资金 =10 手 ×300 点 ×300 =90 （万元）

客户账户资金余额 = -14.9 -90 = -104.9 （万元）

扣除 10 手期货合约 90 万元保证金，客户总资金权益 = -14.9 （万元）

也就是说，该客户不仅把自己原有的 100 万元资金全部亏光了，他还倒欠期货公司 14.9 万元。这是多么大的风险事故呀！这种现象称之为“爆仓”或称为“穿仓”。

更严重的问题是，跌停后当天再想平仓都平不出去了。随后的交易日，亏损可能还会继续扩大，万一再连续大跌怎么办？连期货公司的损失都不可想象！可见，强行平仓制度是多么重要。

强行平仓不等于爆仓，因为客户的权益资金还是正值，只是这个资金不够满足客户再开仓交易而已，但多少还剩点。而爆仓则是权益为负数，意味着保证金不仅全部亏空，而且还倒欠期货公司一笔钱。投资者需要将亏空补足，否则会面临法律追索。这一点与股票市场不一样。在股票市场上投资者可以在某种程度上放着股票不管，投资者的亏损上限就是他的初始投入资金。而在股指期货市场上，投资者的亏损与盈利一样是没有上下限的，在行情与投资者预期相反而且差距拉大的情况下，不仅初始资金血本无归，而且要用其他资产填补缺口。所以在股指期货的投资中，投资者一定要警惕自己的期货头寸爆仓风险。爆仓一般是投资者资金管理不当造成的。为避免这种情况发生，投资者需要特别控制好持仓数量，合理进行资金管理，切忌像股票交易中可能出现的满仓操作。与股票交易不同，投资者必须对股指期货行情进行及时跟踪，在仓位较重时别麻痹大意，并且要保持与期货公司的联系畅通，谨防股指期货交易风险的放大。

强行平仓先由期货公司在开市后第一节交易时间内执行。如果投资者持有多个期货合约的头寸，而又需要强行平仓，由期货公司按照其在上一交易日结算后合约总持仓量由大到小顺序，优先选择持仓量大的合约作为强行平仓的合约。

强行平仓的价格通过市场交易形成。通常采取市价委托方式平仓。因价格涨跌停板限制或者其他市场原因，无法在规定时限内完成全部强行平仓的，其剩余强行平仓数量可以顺延至下一交易日继续强行平仓。

由期货公司执行的强行平仓产生的盈利或亏损均归投资者自己承担。

## 十五、股指期货的涨跌停板制度与股票的涨跌停板制度有什么不同？

股票市场和商品期货市场均实行涨跌停板制度。“涨停板”和“跌停板”的说法起源于国外交易所拍卖时，用木板敲击桌面来表示成交或停止买卖。股票市场设立涨跌停板制度是为了防止交易价格的暴涨暴跌，抑制过度投机现象，从而对每只股票当天价格的涨跌幅度予以适当限制，即规定交易价格在一个交易日中的最大波动幅度为前一交易日收盘价上下的百分之几，超过后停止交易。目前，在发达国家或地区的成熟股票市场，如美国和中国香港是没有涨跌停限制的，只有当股票市场发生巨大波动时，个别股票的涨跌停板限制才启动。发达国家或地区的期货市场，一般都是有涨跌停限制的，只有少数国家如英国的伦敦金属交易所（LME）没有涨跌停限制。

在涨跌停板制度方面，股票市场和期货市场也是有区别的。虽然两者涨跌停板幅度都是±10%，但期货市场的涨跌停板幅度的计算基准与股票涨跌停板的计算基准不同。股票市场涨跌停幅度是上一交易日收盘价的±10%，股指期货合约的每日涨跌停幅度为上一交易日结算价的±10%。收盘价是一个时点价格，股指期货的结算价是收市前一小时的加权平均价，同一个交易日的收盘价与结算价一般是不同的，具体计算方法见图2-6。

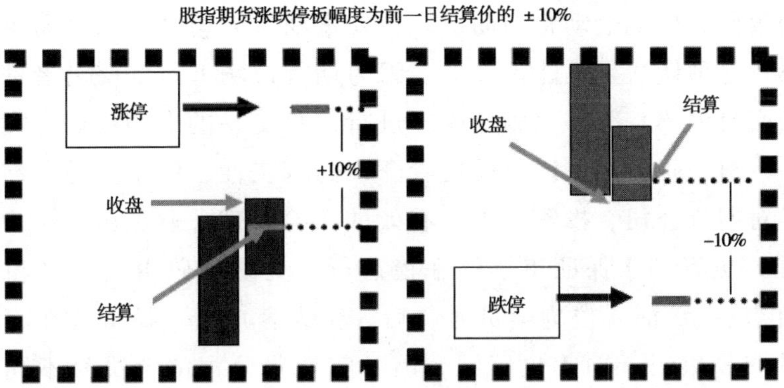


图2-6　股指期货涨跌停板价位计算示意图

此外，股指期货在涨跌停板制度方面还有其特殊的规定。根据中金所交易规则，正常情况下，股指期货涨跌停板幅度规定为上一交易日结算价的±10%，季月合约上市首日涨跌停板幅度为挂盘基准价的±20%。在最后交易日，为了使股指期货合约价格波动有足够的自由空间，此时的涨跌停板幅度将调整为正常情况下的两倍，即20%。这一点与商品期货不同。

## 十六、为什么要制定持仓限额制度、大户持仓报告制度和风险警示制度?

持仓限额制度是交易所为了防止市场风险过度集中于少数交易者，以及为了防范操纵市场行为，对投资者的持仓量进行限制的制度。持仓限额条款也可以防止市场风险过度集中；否则，一旦市场出现剧烈波动而少数大户无法承受巨额损失，将引发大面积交割违约风险，并使风险蔓延到整个市场，引发市场崩溃。

持仓限额，是指交易所规定期货公司或者客户可以持有的、按照单边计算的某一合约持仓的最大数量。

交易所对期货公司和客户的股指期货合约持仓限额具体规定如下：

1. 对每一客户号中某一合约单边持仓实行绝对数额限仓，持仓限额为100手；

2. 对单边总持仓量超过 10 万张的某一合约，交易所会员的该合约单边持仓量不得超过该合约单边总持仓量的 25%。

但获批套期保值额度的交易所会员或者客户的持仓不受上述条款限制。

当投资者持仓达到或者超过持仓限额的，不得再同方向开仓交易增加新的持仓，并要按照中金所制定的大户持仓报告制度和强行平仓制度及时处理超过持仓限额的头寸。

有的大机构投资者可能会动歪脑筋，多在几家期货公司开户做交易不就能突破上述持仓限额了吗？这种做法是不能得逞的。因为期货市场上每个交易者都被交易所授予了唯一对应的交易编码。交易编码是客户进行期货交易的专用代码，类似股票市场上的股东代码。一户一码制度保证了投资者开户的真实性，便于交易所掌握投资者交易及持仓状况，对期货公司、投资者进行有效的风险管理，避免出现一户多码、分仓操纵的混乱状况，更有利于保证市场的平稳运行。交易编码由会员号和客户号两部分组成，共 12 位数字。前 4 位为会员号，后 8 位为客户号，投资者在不同的期货公司开户时得到的交易编码，前 4 位不同，因各家期货公司的会员号不同，但后 8 位相同，因此，后 8 位相同的同一个编码的客户不论在哪家期货公司进行股指期货交易，其在某一合约的持仓总量一旦超出 100 手持仓限额规定，则多余的头寸无法成交。

**【案例 2－8】** 某投资者在上海甲期货公司开户后，甲期货公司将其开户资料录入中国期货保证金监控中心有限责任公司的客户统一开户系统中，向期货交易所申请交易编码。假如他获得的股指期货交易编码为：002500001535。不久，他又去武汉的乙期货公司开户，乙期货公司又将其开户资料录入中国期货保证金监控中心有限责任公司的客户统一开户系统中，向期货交易所申请交易编码，则他又获得一个交易编码：000800001535。注意，两个编码前 4 位不同而后 8 位相同。某日，该投资者通过网上交易，在甲公司买入了股指期货 IF1206 合约 80 手，随后，又准备在乙公司买入同一合约 30 手。结果“买入 30 手”的交易指令输入后无法成交。因为交易所的交易系统软件设置有 100 手的最高限额程序，并自动跟寻对应到该投资者的交易编码，在发现该编码上超出了 100 手的最高限额后，拒绝其交易指令。

通过实施大户持仓报告制度，中金所可以对持仓量较大的投资者进行重点监控，了解其持仓动向、意图，对于有效防范市场风险有积极作用。

风险警示制度，是指中金所认为必要时，可以分别或同时采取要求期货公司及机构投资者报告情况、谈话提醒、书面警示、公开谴责、发布风险警示公告等措施中的一种或多种，以警示和化解风险。这一制度主要是针对期货公司及机构投资者的不良交易行为。

对中小散户来说，因资金实力所限，无须担心持仓数量会触到限额。持仓限额制度、大户持仓报告制度和风险警示制度显然都是针对机构大客户的，对中小散户具有保护作用。

## 十七、强制减仓制度与强行平仓制度有何区别？

强制减仓与强制平仓是两个不同的概念。

强制平仓制度针对的是单个投资者或期货公司的持仓违规或保证金不足而采取的个案处理方式；而强制减仓制度针对的是持有合理持仓头寸、不存在违规或保证金不足的市场全体投资者的风险控制手段。

强制减仓制度，是指当市场出现连续两个交易日的同方向涨（跌）停板单边市况等特别重大的风险时，中金所为迅速、有效化解市场风险，防止会员大量违约而采取的紧急措施。

具体到国内股指期货，强制减仓的做法是：在连续的同方向涨（跌）停的第二个交易日收市后，按当天交易日的涨跌停板价格，将已在交易系统中以涨（跌）停板价申报的未成交平仓报单，以当日涨跌停板价格与该合约净持仓盈利客户按照持仓比例自动撮合成交。要强调的是，强制减仓的执行是在当日收市后，价格是涨跌停板的价格。同一客户双向持仓的，其净持仓部分的平仓报单参与强制减仓计算，其余平仓报单与其反向持仓自动对冲平仓。因此，对于亏损客户而言，强减的前提是要报单，没有报单就不会有强制减仓的资格，也就无法有平仓的机会以减小风险。

**【案例2-9】**某年1月15日、16日（周一、周二），沪深300股指期货2月合约、3月合约、6月合约出现连续两天涨停，情况严重。按照规定，中金所在1月16日收市之后首次启动了强制减仓制度，减少了市场持仓总量1478手。

1月17日，一位盈利排名靠前的交易客户打开电脑发现，他持有的20手2月合约多单已经按照16日的涨停板价格被强制平掉了，虽然他并不想平仓。而同样，被套牢的另一位客户发现，他持有的20手2月合约空单也按照涨停板价被强制平仓了。这位客户正为价格被封死在涨停板，他的空单无法止损而焦急，此次被平仓有种“获得解放”的意外之喜。这是中金所首次执行了强制减仓制度，他们分别成为第一批被迫“止盈”和被帮的“止损”者（见图2-7）。

该项制度具有较强的“保护弱者”“劫富济贫”的特征。它通过减少盈利较多的投资者的收益，来减轻因涨（跌）停板而无法平仓的投资者的损失。由于任何一个持有盈利头寸的投资者都不愿意在交易出现涨（跌）停板的时候被平仓而减少收益，于是，交易所将严格公正地按照盈利者的顺序和持仓比例来分配减仓数量。

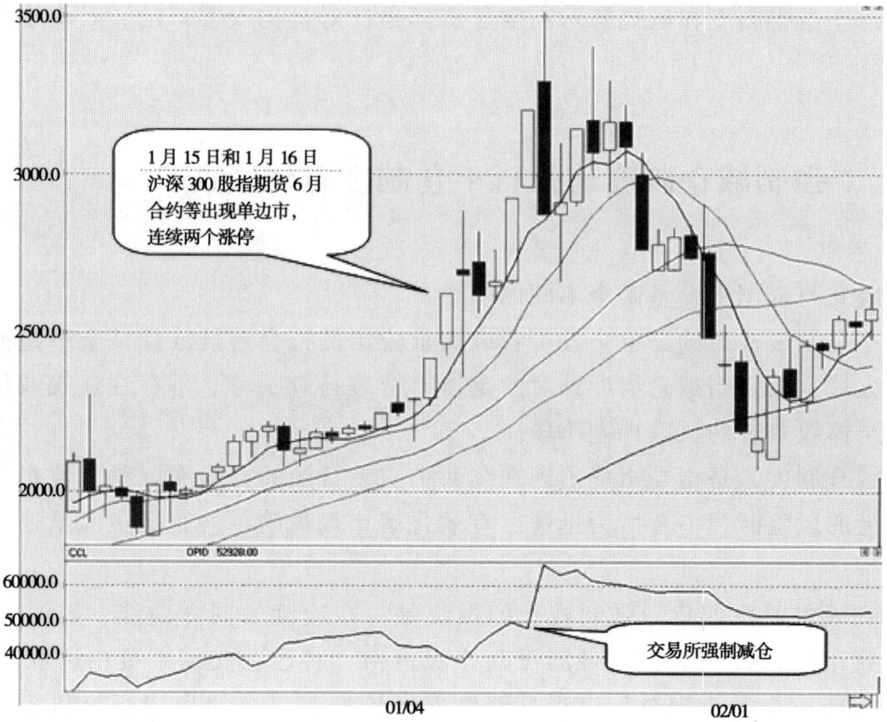


图2－7　沪深300股指期货6月合约日K线走势图

## 十八、套期保值者如何向交易所申请套保额度？

交易所实行套期保值额度审批制度。客户申请套期保值额度的，应当向其所开户的机构会员处进行申报，会员处对申报材料进行审核后向交易所办理申请手续。会员申请套期保值额度的，直接向交易所办理申请手续。

具体申请手续是：申请套期保值额度的会员或者客户，应当填写“中国金融期货交易所套期保值额度申请（审批）表”（见表2－6），并向交易所提交下列申请材料：

（1）自然人客户应当提交本人身份证复印件，会员或者法人客户应当提交营业执照副本复印件、组织机构代码证复印件以及近2年经审计的财务报告；

（2）近6个月的现货交易情况；

（3）申请人的套期保值交易方案；

（4）申请人历史套期保值交易情况说明；

（5）会员对申请人材料真实性的核实声明；

（6）交易所规定的其他材料。

**表 2-6　　中国金融期货交易所套期保值额度申请（审批）表**

<table>
<tr><td colspan="4">一、申请人基本情况</td></tr>
<tr><td>会员名称</td><td></td><td>会员号</td><td></td></tr>
<tr><td>联系人</td><td></td><td>电话</td><td></td></tr>
<tr><td>申请人名称</td><td></td><td>申请人客户号</td><td></td></tr>
<tr><td>联系人</td><td></td><td>电话</td><td></td></tr>
<tr><td colspan="4">二、套期保值申请情况</td></tr>
<tr><td>产品</td><td>买/卖</td><td>申请数量</td><td>申请日期</td></tr>
<tr><td></td><td></td><td></td><td></td></tr>
<tr><td></td><td></td><td></td><td></td></tr>
<tr><td></td><td></td><td></td><td></td></tr>
<tr><td colspan="4">三、报送材料（另附）</td></tr>
<tr><td colspan="4">1. 自然人客户应当提交本人身份证复印件，会员或者法人客户应当提交营业执照副本复印件、组织机构代码证复印件以及近 2 年经过审计的财务报告；<br>2. 客户需要保值的现货资产持有状况的证明；<br>3. 近 6 个月的现货交易情况；<br>4. 套期保值交易方案；<br>5. 历史套期保值交易情况说明；<br>6. 交易所规定的其他材料。</td></tr>
<tr><td colspan="4">四、申请人声明事项</td></tr>
<tr><td colspan="4">1. 提供的文件内容完整并且真实；<br>2. 将依据内部稽核与内部控制程序从事期货交易；<br>3. 遵守期货交易相关法律法规从事期货交易，绝不以不正当手段干扰期货与相关现货市场运作，并且了解中国金融期货交易所在执行监管时对发现的异常情况有权依据《中国金融期货交易所交易规则》及其实施细则相关规定采取相应措施以维护市场秩序；<br>4. 同意中国金融期货交易所在申请人从事期货交易期间，可以依据相关规定要求申请人就有关事项限期提出书面说明或者补充文件，申请人不会规避或者拒绝。</td></tr>
<tr><td colspan="4">五、申请人签章</td></tr>
<tr><td colspan="4">申请人（负责人）签章：<br><br>申请人盖章：</td></tr>
<tr><td colspan="4">六、会员对申请人材料真实性的声明事项</td></tr>
<tr><td colspan="4">我公司保证申请人向贵所提供的各项证明材料均属实，并在运作中按照中国金融期货交易所的有关规定执行。</td></tr>
</table>

续表

| 七、会员签章 |
|---|
| 会员负责人签章：<br><br>会员盖章： |
| 八、交易所审批 |
| 交易所审批意见： |

交易所在受理套期保值额度申请后5个交易日内完成审批，并按照下列情形分别处理：

（1）符合套期保值条件的，通知其准予办理；

（2）不符合套期保值条件的，通知其不予办理；

（3）相关申请材料不足的，通知申请人补充申请材料。

套期保值额度自获批之日起6个月内有效，有效期内可以重复使用。获批套期保值额度可以在多个月份合约使用，各合约同一方向套期保值持仓合计不得超过该方向获批的套期保值额度。

在某一合约最后10个交易日内获批的新增套期保值额度不得在该合约上使用。

申请人需要调整套期保值额度时，应当及时向交易所提出书面变更申请。

会员或者客户应当在不迟于套期保值额度有效期到期前5个交易日向交易所申请新的套期保值额度；逾期未申请的，会员或者客户应当在套期保值额度有效期到期前对套期保值持仓进行平仓；逾期不平仓的，交易所有权对其采取限制开仓、限期平仓、强行平仓等措施。

获批套期保值额度的会员或者客户在套期保值额度内频繁进行开平仓交易的，交易所有权对其采取谈话提醒、书面警示、调整或者取消其套期保值额度、限制开仓、限期平仓、强行平仓等措施。

会员或者客户在进行套期保值申请和交易时，存在欺诈或者违反交易所规定的其他行为的，交易所有权不受理其套期保值申请、调整或者取消其套期保值额度，将其已建立的相关套期保值持仓予以部分或者全部强行平仓，并按照《中国金融期货交易所违规违约处理办法》的有关规定处理。

## 十九、信息披露制度包含哪些内容?

为规范信息的发布、经营、传播和使用，保障客户充分、及时、有效地获得信息，中金所将及时提供交易日常信息。这些信息包括：即时、延时、每日、每周、每月交易信息，各类统计信息以及合约历史数据等。

1. 即时信息，是指与集中交易所显示的行情基本同步且连续的市场行情信息，即实时行情。

实时行情：合约名称、合约月份、最新价、涨跌、成交量、持仓量、申买价、申卖价、申买量、申卖量、结算价、开盘价、收盘价、最高价、最低价、前结算价。

2. 每日信息，是指每个交易日结束后发布的有关当日的交易信息，包括下列主要内容：

（1）每日行情：合约名称、合约月份、开盘价、最高价、最低价、收盘价、前结算价、结算价、涨跌、成交量、持仓量、持仓量变化、成交额。

（2）单边持仓达到 1 万手以上（含）的合约和当月合约前 20 名结算会员的成交量、持仓量。

其中，第 2 条信息对投资者及时发现并跟踪机构投资者的交易动向具有一定的参考借鉴作用。

3. 每周信息，是指每周最后一个交易日结束后发布的有关本周的交易信息。

每周行情主要内容有：合约名称、合约月份、周开盘价、最高价、最低价、周收盘价、涨跌（本周收盘价与上周末结算价之差）、持仓量、持仓量变化（本周末持仓量与上周末持仓量之差）、周末结算价、成交量、成交额。

4. 每月信息，是指每月最后一个交易日结束后发布的有关本月的交易信息。

每月行情主要内容有：合约名称、合约月份、月开盘价、最高价、最低价、涨跌（本月末收盘价与上月末结算价之差）、持仓量、持仓量变化（本月末持仓量与上月末持仓量之差）、月末结算价、成交量、成交额。

5. 交易所通过交易所系统、互联网站、会员席位等方式发布信息，并通过经交易所授权的信息服务机构、公共媒体等机构传播信息。

# 第三章　股指期货交易流程

## 本章要点

本章是了解股指期货交易的全过程。股指期货的整个交易流程包括开户、交易、结算和交割四个步骤。在上述四个流程中，投资者往往对交易这个环节最为关注而忽视了其他几个环节，这是有失偏颇的。从实际情况看，很多纠纷的产生往往是因为投资者在开户时未能仔细阅读包括股指期货交易风险说明书等开户文件、交易前没有充分意识到期货交易中存在的各类风险造成的。因此，开户时要多听期货公司人员的说明，仔细阅读开户文件，审慎办理开户手续，包括确定资金调拨人、交易下单人，设置各类密码等事项都至关重要。在交易过程中，特别是下单时一定要仔细，以免事与愿违。此外，每天收市后都要仔细阅读自己的结算账单，发现问题要及时咨询期货公司相关部门。

## 一、哪些人不宜办理股指期货开户手续？

所谓期货开户，是指在期货公司开立专门用于期货交易的保证金账户（也称“交易账户”或“资金账户”）。开立账户实质上是投资者与期货公司之间建立的一种法律关系。期货开户完全免费。

按照中国证监会的现有规定，有下列情况之一的，不得成为期货公司客户从事股指期货交易：

（1）国家机关和事业单位；

（2）中国证监会及其派出机构、期货交易所、期货保证金安全存管监控机构和期货业协会的工作人员；

（3）证券、期货市场禁止进入者；

（4）未能提供开户证明文件的单位；

（5）中国证监会规定不得从事期货交易的其他单位和个人。如：期货公司及期货从业人员是不能开期货账户的，但证券从业人员可以。

有的股民会问，不是有的证券公司有 IB 资格吗，而我正好就在这家证券公司营业部炒股，那我能不能就用该证券公司的股票账户来直接做股指期货？回答是否定的！股民不能在原有的股票账户上进行股指期货的交易，只有通过期货公司的期货账户操作。因此需要到期货公司或在有 IB 资格的证券公司营业部重新开设一个专门用于炒期货的期货账户。

股指期货的开户包括寻找合适的期货公司、办理开户手续和交易资金入账三个阶段。

## 二、如何选择期货公司？

投资者在进行股指期货交易之前，应首先选择一家具备合法代理资格、信誉好、资金安全、运作规范和收费比较合理的期货公司。

选择合适的期货公司，首先必须关注的是其合法身份问题。合法的期货公司应该有中国证监会颁发的期货经纪业务许可证、金融期货经纪业务许可证以及国家工商总局颁发的营业执照。期货公司在异地开设的合法营业部也应该挂出中国证监会颁发的期货公司营业部经营许可证以及当地工商局颁发的营业执照。注意，无论是许可证还是营业执照，上面都标明了有效期限。其次，在满足了合法性条件之外，期货公司的商业信誉如何，能否确保客户的资金安全也是必须考虑的重要条件。再次，硬件和软件也应该考虑。比如，该公司是否开通电话报单？是否开通网上交易，交易速度怎么样？最后，可以考察的是期货公司或营业部的咨询服务及其他服务怎么样，手续费的收取标准是否合理等等。

对于投资者来说，有两种渠道可以找到合适的期货公司。一种是通过具有 IB 业务资格的证券公司可以找到相关联的期货公司；另一种是自己直接找期货公司。但注意，不是所有的期货公司都具有股指期货代理资格。投资者可以到中金所网站上列出的会员名单及联系方式中寻找合适的期货公司。

## 三、办理金融期货开户的具体程序如何？

按照中金所《金融期货投资者适当性制度实施办法》中的有关规定，办理金融期货开户的具体程序如下：

1. 首先明确开户类型。目前国内金融期货交易账户分为自然人账户、一般单位账户和特殊单位账户三种。自然人账户是指以个人名义开立的用于股指期货交易的账户，而其他两类账户是以有独立法人资格的机构或公司开立的用于股指期货交易的账户。单位机构投资者开户时必须选择单位账户，不得以自然人名义开户。同理，个人投资者开户时必须选择自然人账户，不得开立单位账户。

2. 实名制要求。为了确保期货经纪合同的真实性和有效性，以及保障合同真实持有人的切身利益，根据《期货市场客户开户管理规定》，开户人必须以真实的、合法的身份办理开户手续。

个人客户本人应当携带身份证等有效证明文件亲自办理开户手续，签署开户资料，不得委托代理人代为办理开户手续。个人客户目前采取手机网上开户的方式进行。

单位客户应当携带组织机构代码证和营业执照等有效身份证明文件办理开户手续，单位客户代理人应出具单位客户的授权委托书、代理人的身份证和其他开户证件。通常，合同的签订是在期货公司营业场所进行的。遇有特殊情况，期货公司也可派人到客户处，与投资者当面签署期货经纪合同。

3. 鉴于目前期货交易资金划转均采用的是银期转账模式，因此开户前投资者还应先到工、农、中、建、交行中的任意一家银行（也称“期货保证金存管银行”），免费办理一个个人银行结算账户或公司银行结算账户（以下简称“期货结算账户”），或选择将在上述银行开立了的银行结算账户重新登记为期货结算账户。因为在办理期货开户手续时，需要有期货结算账户。以后若变更期货结算账户，应当到期货公司办理变更登记。

办理期货结算账户的目的，是因为投资者必须通过该账户以转账结算方式而不能以现金方式向期货公司存入保证金，或期货公司必须通过该账户以转账结算方式向投资者划出保证金，而不得通过现金收付或期货公司内部划转的方式办理出入金。如：客户甲要划转资金给客户乙，不得从期货公司内部直接划转，而必须先由客户甲办理出金手续后重新办理入金手续，指明转给客户乙。这样做的目的，一是保证客户资金安全；二是防洗钱。

期货交易开户的具体流程见图 3－1。

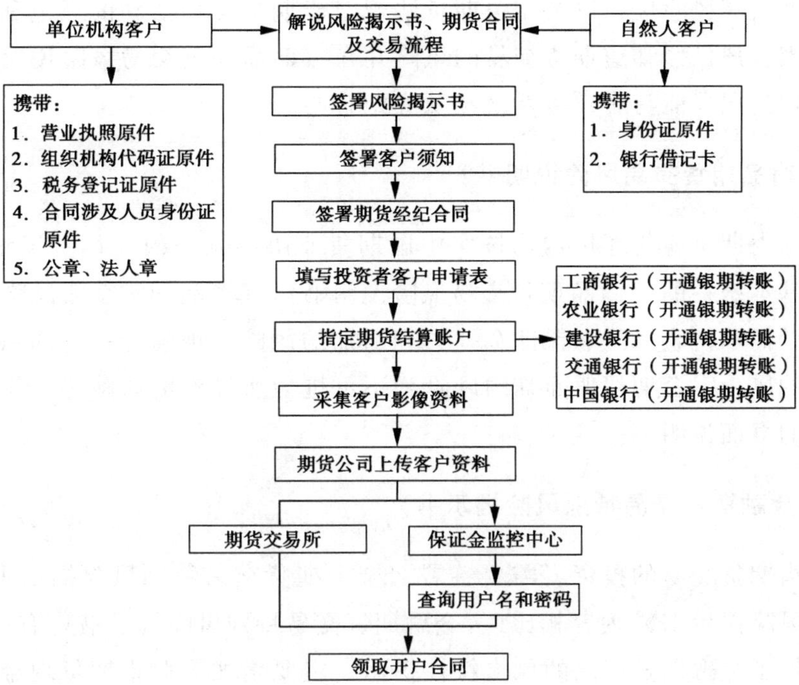


图 3－1 开户流程图

### 全国期货统一开户系统

2009 年 8 月 31 日，中国证监会正式发布《期货市场客户开户管理规定》，并自 9 月 1 日起施行。该规定明确，中国期货市场监控中心建立和维护期货市场客户统一开户系统，为每一个客户设立统一开户编码，并建立统一开户编码与客户在各期货交易所交易编码的对应关系。根据期货市场统一开户实施推广工作部署，至 2009 年 11 月底，全国期货统一开户顺利完成。

统一开户的实现，使期货市场客户开户实名制得到了严格彻底的落实。统一开户系统在阻止虚假客户开户、防止名字与证件号码不符、利用单位名称和营业执照号码不对应多次开户、开户资料不全、重复开户等问题上发挥了不可替代的作用。

## 四、签署开户合同文本时应注意哪些问题？

期货公司与客户之间期货经纪关系的建立，是以《商品期货交易风险说明书》和《期货经纪合同》签署生效为标志的。期货公司与投资者双方各自的权利和义务在《期货经纪合同》中均有明确约定，该合同是双方解决纷争、明确责任的关键依据。

鉴于期货投资的高风险性，以及相关期货法规对于期货交易活动的规范和限制，按照规定，只有当客户已经知道期货交易的风险并在《商品期货交易风险说明书》上签字确认后，期货公司才能与客户签署《期货经纪合同》。

### (一)《商品期货交易风险说明书》

目前，国内期货各代理机构均按照中国期货业协会颁布的《期货经纪合同指引》制定内容上基本统一的《商品期货交易风险说明书》。《商品期货交易风险说明书》的主要内容包括揭示持仓风险、保证金损失和追加的风险、被强行平仓的风险、交易指令不能成交的风险、套期保值面临的风险和不可抗力所导致的风险等，作为提醒投资者警示风险的书面说明。

### (二)《金融期货交易特别风险揭示书》

从事股指期货交易的投资者需要签署《金融期货交易特别风险揭示书》。与《商品期货交易风险揭示书》内容相比，《金融期货交易特别风险揭示书》有三点变化：

一是增加了金融期货产品的风险特性揭示，主要增加了股指期货现金交割，与股票市场联动等新特点、新内容，其中特别突出了股指期货合约标的较大、可能造成较大亏损的特点。

二是提示投资者应当满足投资者适当性标准的规定，综合评价自身经济实力、专业知识、风险控制能力和身体及心理承受能力，审慎决定是否参与股指期货交易；同时，告知投资者适当性制度对投资者的各项要求，以及依据制度对投资者进行的评价，不构成对投资者的投资建议，不构成对投资者的获利保证。

三是增加投资者申明自愿承担风险的内容，遵循“买者自负卖者有责”的金融市场原则，不得以不符合适当性标准为由拒绝承担股指期货交易履约责任。

因此，开户时客户应仔细阅读《金融期货交易风险说明书》，确认已经阅读并完全理解、无异议后，方可签署后续合同文本。

按照中国证监会的统一要求，《金融期货交易风险说明书》所附的《客户须知》与金融期货交易风险说明书具有同等重要的作用。客户除了要在《金融期货交易风险说明书》上签字确认外，还要在《客户须知》上签字确认，期货经纪公司才能与客户签署《期货经纪合同》。

### (三)《期货经纪合同》

签完上述两个文件，接下来要签最重要的《期货经纪合同》。签署《期货经纪合同》时应注意以下事项：

首先，在内容方面，《期货经纪合同》对合同约定双方的权利和义务作出了明确的约定。由于合同书具有法律效应，受到法律保护，双方必须按照合同书的约定履行自己的权利和义务。合同书通常有下列内容："一、委托""二、保证金""三、强行平仓""四、通知事项""五、指定事项""六、指令的下达""七、报告和确认""八、现货月份平仓和交割""九、保证金账户管理""十、信息、培训和咨询""十一、费用""十二、免责条款""十三、合同生效和修改""十四、账户的清算""十五、纠纷处理""十六、其他事宜。"

在这些条款中，投资者应该特别关注"三、强行平仓"到"七、报告和确认"的内容。其中，"三、强行平仓"是有关风险度量方法及在一些情况下期货公司可以采取的相应措施的表述。"四、通知事项"是有关双方约定期货公司如何尽通知义务及怎样认定期货公司已经尽了通知义务的表述。"五、指定事项"是指"指定指令下达人""指定资金调拨人"及"指定联系方式"。注意，如果"指令下达人"和"资金调拨人"不是投资者本人，意味着已经对他人进行了授权，投资者必须对被授权人的行为负责。"六、指令的下达"的内容围绕指令下达的方式展开。如果交易投资者选择电子化交易方式，还需签署相应的补充协议。七、报告和对结算报告的确认或发生异议时如何解决作了约定。

其次，在签署《期货经纪合同》之前还应注意如何商定好选择事项或特殊事项。

《期货经纪合同》包含了期货经纪业务中的最基本内容，通常是一种格式化文本。其中有些内容具有可选择性，或有待客户与期货公司商定。比如，交易方式的选择。新的交易主要通过电脑进行，可能会因计算机系统或通讯传输系统出现问题产生一些额外的风险。因而客户如果选择电子化交易方式，期货公司会要求客户在签署《期货经纪合同》的同时，签署电脑自助委托交易补充协议、网上期货交易风险揭示书、网上期货交易补充协议等相应的协议。再如，手续费的高低也有待双方协商后确定。最后，如果客户有一些格式化合同之外的特殊要求，也可以通过双方协商确定。所有这些，都是必须在签署合同时确定的事项。

签署完《期货经纪合同》后，客户还应该填写"期货交易登记表"。期货交易登记表分自然人客户开户登记表和法人客户开户登记表两种。不同类别的客户填写不同的期货交易登记表。

这些表格将由期货公司录入中国期货市场监控中心全国统一开户服务系统中，为客户申请相关期货交易专用的交易编码。不同的交易所生成的客户交易编码，由期货公司随后告知客户。

所有开户合同文本签署完后，客户会获得期货公司分配的一个专用的资金账户（也称"保证金账户"或"交易账户"）。资金账户相应设置有初始密码（通常为客户身份证后六位数字或营业执照号后六位）。投资者在将交易资金打入账户前，应及时修改初始密码，并防止密码遗失或泄露给他人。

**【案例3-1】疏于对投资者资格进行审查，导致合同无效**

甲公司上海办事处负责人李某经人介绍，以办事处的名义与某期货公司签订了《期货经纪合同》，并办理了相应的开户手续。随后，李某让甲公司客户乙（也为一家公司）将应支付的货款120万元直接汇入李某以甲公司名义在期货经纪公司开立的资金账户作为保证金，并利用该保证金进行期货交易。由于李某对行情判断失误且操作不当，交易亏损90万元（包括支付期货经纪公司交易佣金21万元）。甲公司得知情况后，认为甲公司上海办事处未经工商注册登记，不具有民事主体资格，且李某以甲公司上海办事处的名义与期货经纪公司签订期货经纪合同并进行期货交易的行为，并未得到甲公司的授权，甲公司对此不予认可。为此，甲公司起诉到法院，请求期货公司赔偿全部损失。该案后经法院调解结案，期货公司赔偿甲公司30万元。

该案虽已调解结案，法院并没有直接判定合同效力及责任大小归属。甲公司上海办事处未经工商登记，不具有民事主体资格，显然也就不具有相应的民事权利能力和民事行为能力，因此以其名义所签订的期货经纪合同当然应属无效，不具有法律约束力。依据《最高人民法院关于审理期货纠纷案件若干问题的规定》及相关法律规定，期货经纪合同无效给投资者造成经济损失的，应当根据无效行为与损失之间的因果关系确定责任的承担。正是由于期货公司在为甲公司上海办事处办理开户手续时，未本着审慎的原则对投资者的资格条件进行审查，确定投资者是否具有法律规定的进行期货投资交易的资格和能力，才产生了这一法律风险。

## 五、如何办理入金、出金手续?

对投资者来说，将自己银行结算账户资金划转到自己期货公司的交易账户中，称为“入金”。客户资金到账后，即可进行期货交易。将自己期货公司交易账户内的可用资金划转到自己银行结算账户上称为“出金”。

个人户办理出/入金时，原则上均采用银期转账形式出/入金。

未开通银期转账的客户（现在这种情况已非常少见），可通过结算账户登记表上的指定账户出/入金。具体办理流程如下：入金应在当地银行办理电汇直接汇入自己在期货公司的交易账户，在电汇单备注栏注明期货开户名及资金账号，并将银行回单传真至期货公司财务部，待财务部确认资金到账后，入客户交易账户。出金应填写取款凭单，期货公司财务部通过网上银行按客户要求出金，收款人姓名必须与期货开户名称一致。

需强调两点：

（1）不允许将现金直接存入自己的期货公司保证金账户。

（2）不允许将个人“非银行结算账户”内的资金转入自己的期货公司保证金账户。

上述两种入金无效，期货公司也不允许接受上述方式的入金。

### 银期转账

银期转账是为期货投资者专业打造的资金汇划系统，帮助个人期货投资者在指定的保证金账户和人民币借记卡个人主卡之间进行全国范围内的定向、异地和实时划转。个人客户可通过电话银行、网上银行系统、柜台交易或期货自助委托交易系统方便快捷地完成其期货保证金和银行结算账户之间资金的划拨。银期转账系统具有当地开卡、操作简便、全国划转、即时到账、费用低廉、资金安全的服务特点。

使用银期转账最大的优越性在于足不出户实现瞬间到账，不用再到期货公司存取现金，只要一个电话或网上的一个指令，投资者就可以方便地将资金在期货保证金账户和本人银行卡之间自由调度。银期转账系统使客户在期货公司的保证金账户与个人投资者本人的银行储蓄账户在出/入金时一一对应成为可能，从而大大提高了投资者出/入金时的安全性，保护了投资者的利益。这种安全性首先表现为投资者出/入金时无须再接触大量的现金。其次，期货公司的财务人员无须在投资者出入/金时核对资金调拨人笔迹。银期转账系统采用客户密码、资金密码、储蓄密码等多级安全系统使投资者出/入金的安全性得到保障。

目前，针对单位客户办理出/入金，已经有些结算银行开通了银期转账功能。开通银期转账业务的单位客户可以采取银期转账方式出/入金。

对未开通银期转账业务的单位客户，入金可以通过转账支票、电汇、汇票、网上银行等形式转入期货公司保证金账户，并将银行回单传真至期货公司财务部，待财务部确认资金到账后，将资金划入客户保证金账户。

单位客户的出金方式为：填写取款凭单，期货公司财务部根据客户要求通过转账支票、电汇、汇票、网上银行等形式出金。

这里需强调的一点是：入金时，资金汇款单位名称一定要与在期货公司开户的单位名相同，才能入金到开户单位的名下保证金账户；否则必须由汇款单位向期货公司出具资金证明。客户在汇款时最好在“资金用途”一栏中填写“入某某的保证金账户”。出金时，付款单位名称、账号必须与开户名、指定银行结算账户相符。

## 六、如何查询自己交易账户中的资金账目和交易结算单?

为更好地保护期货投资者的资金安全，中国证监会于 2006 年 5 月 18 日成立了中国期货市场监控中心有限责任公司（以下简称“监控中心”）。该监控中心网站上提供了投资者查询服务系统（以下简称“查询系统”），通过该系统期货投资者可以查询自身资金账目或交易结算报告等信息，防止期货公司可能发生的欺诈行为。

投资者开户时可以从所在期货公司获取自身访问查询系统的用户名和初始密码，然后通过互联网访问监控中心官方网站（www. cfmmc. com 或 www. cfmmc. cn），并点击“投资者查询”链接进入查询系统。查询系统提供“资料维护”“基本信息”“投资者交易结算报告”“操作记录”“保证金账户”“公告牌”“术语说明”“操作指南”等页面，可点击这些页面的标题进入相应页面。投资者如果在第二天开盘前不提出疑义，则视作已在账单上签字。因此，投资者必须主动关心自己的交易账户，如有疑问要及时向期货公司提出，以维护自己的合法权益。

## 七、如何办理销户手续?

当投资者因故不再从事期货业务时，可以通过撤销账户的方式（办理销户手续），与期货公司终止期货委托关系。销户前，投资者保证金账户中应没有期货持仓。

有关销户手续如下：

（1）销户人必须持以下证件或文件到期货公司现场办理销户手续：①本人身份证原件；②投资者所留存的期货经纪合同书；③如果是法人户，还要带上单位公章。

（2）客户需填写客户销户申请表（法人户加盖单位公章），并将该表交期货公司审核盖章并存档。

（3）客户签署最后一次发生交易的结算单和最近一个月的结算月报，在期货公司交易部相关人员审核无误后，收回存档。

（4）客户将所留存的期货经纪合同书交由交易部收回存档。

（5）客户填写支款凭证出金。撤户资金将会自动转入支款凭证上客户指定的、在结算银行开设的专用结算账户中。

（6）期货公司交易部相关人员关闭该投资者保证金账户的交易结算功能。

至此，双方代理关系结束。

## 八、如何看懂股指期货行情表?

投资者在完成开户手续及存入保证金后，便进入交易环节。完整的期货交易环节分为看盘、下单、竞价、成交确认四步。

目前各期货公司免费提供以下期货行情分析系统：博易大师、富远行情、文华财经等软件。投资者可在各期货公司网站上免费下载安装相关软件。

期货行情表揭示了当天期货的开盘价、最高价、最低价、最后成交价、涨跌幅度、成交量、未平仓合约变化。当天行情的动态、人气强弱、高低起伏都显示在行情表上。详看期货行情表，不仅可以了解当天市场的多空力量，更重要的是可以通过未平仓合约的增减动态进一步判断未来行情的走势。

以沪深 300 股指期货为例，股指期货行情表中常常包含以下信息（见图 3－2）。

系统 页面 板块 图表 新闻 长江期货咨询 手机行情 交易 工具 帮助

| 名称 | 最新 | 现手 | 买价 | 卖价 | 买量 | 卖量 | 成交量 | 涨跌 | 持仓量 | 仓差 | 结算价 | 开盘 | 最高 | 最低 | 昨结算 | 幅度% | 代码 |
|---|---|---|---|---|---|---|---|---|---|---|---|---|---|---|---|---|---|
| 沪深300 | 2302.61 | 0 | --- | --- | 0 | 0 | 0 | -24.15 | 0 | 0 | --- | 2326.76 | 2326.76 | 2275.67 | 2326.76 | -1.04 | 000300 |
| 当月连续 | 2245.0 | 3 | 2245.0 | 2245.6 | 5 | 3 | 2742 | -13.4 | 11648 | 66 | --- | 2253.4 | 2258.8 | 2223.0 | 2258.4 | -0.59 | 040020 |
| 下月连续 | 2300.2 | 1 | 2300.0 | 2301.0 | 2 | 7 | 2713 | -36.6 | 35932 | -569 | --- | 2344.8 | 2344.8 | 2265.0 | 2336.8 | -1.57 | 040021 |
| 下季连续 | 2742.0 | 45 | 2735.0 | 2738.0 | 1 | 1 | 7944 | -30.0 | 45286 | 666 | --- | 2680.0 | 2746.0 | 2666.0 | 2772.0 | -1.08 | 040022 |
| 隔季连续 | 3515.0 | 9 | 3512.6 | 3515.0 | 2 | 1 | 5832 | 44.4 | 36142 | 418 | --- | 3480.0 | 3533.0 | 3407.0 | 3470.6 | 1.28 | 040023 |
| IF 1001 | --- | 0 | --- | --- | 0 | 0 | 0 | --- | 12488 | 0 | --- | --- | --- | --- | --- | --- | 040001 |
| IF 0902 | 2245.0 | 3 | 2245.0 | 2245.6 | 5 | 3 | 2742 | -13.4 | 11648 | 66 | --- | 2253.4 | 2258.8 | 2223.0 | 2258.4 | -0.59 | 040002 |
| IF 0903 | 2300.2 | 1 | 2300.0 | 2301.0 | 2 | 7 | 2713 | -36.6 | 35932 | -569 | --- | 2344.8 | 2344.8 | 2265.0 | 2336.8 | -1.57 | 040003 |
| IF 0904 | --- | 0 | --- | --- | 0 | 0 | 0 | --- | 0 | 0 | --- | --- | --- | --- | --- | --- | 040004 |
| IF 0905 | --- | 0 | --- | --- | 0 | 0 | 0 | --- | 0 | 0 | --- | --- | --- | --- | --- | --- | 040005 |
| IF 0906 | 2742.0 | 45 | 2735.0 | 2738.0 | 1 | 1 | 7944 | -30.0 | 45286 | 666 | --- | 2680.0 | 2746.0 | 2666.0 | 2772.0 | -1.08 | 040006 |
| IF 0907 | --- | 0 | --- | --- | 0 | 0 | 0 | --- | 21342 | 0 | --- | --- | --- | --- | --- | --- | 040007 |
| IF 0908 | --- | 0 | --- | --- | 0 | 0 | 0 | --- | 19967 | 0 | --- | --- | --- | --- | --- | --- | 040008 |
| IF 0909 | 3515.0 | 9 | 3512.6 | 3515.0 | 2 | 1 | 5832 | 44.4 | 36142 | 418 | --- | 3480.0 | 3533.0 | 3407.0 | 3470.6 | 1.28 | 040009 |
| IF 0910 | --- | 0 | --- | --- | 0 | 0 | 0 | --- | 23254 | 0 | --- | --- | --- | --- | --- | --- | 040010 |
| IF 0911 | --- | 0 | --- | --- | 0 | 0 | 0 | --- | 19471 | 0 | --- | --- | --- | --- | --- | --- | 040011 |
| IF 0912 | --- | 0 | --- | --- | 0 | 0 | 0 | --- | 45061 | 0 | --- | --- | --- | --- | --- | --- | 040012 |

图 3－2 期货交易软件显示的行情报价界面

最上一行的“沪深 300”就是股票市场上的沪深 300 现货指数。后面的 IF1001 至 IF0912 就是我们所说的股指期货各月份合约代码。报价表上的信息表明，目前只有 4 个合约在交易，即 IF0902、IF0903、IF0906 和 IF0909。那么，中间 4 行的“当月连续”“下月连续”“下季连续”“隔季连续”是什么意思，是交易品种吗?

对投资者来说，有时需要用长期图来研究市场的中长期趋势，而股指期货合约在到期前，通常最长的有 8 个月的交易寿命，最短的只有 1 个月的交易寿命。在摘牌后期货合约和随后挂牌的期货合约的衔接点处，因时间间隔较长会出现巨大的价格跳空缺口，有点类似股票大比例送配股后的除权缺口（见图 3 – 3）。

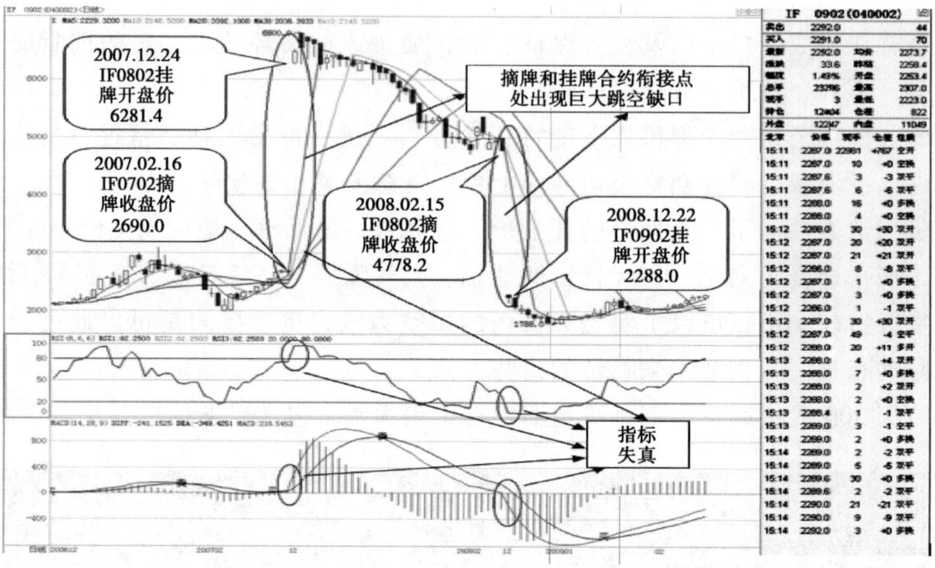


图 3 – 3　摘牌后的期货合约和随后挂牌的期货合约衔接处出现巨大的价格跳空缺口

为了消除因缺口而造成的图形变形和指标失真，保证期货价格的连续，需要构造期货连续长期图。解决的方法是：当月到期的合约，其连续图始终采用最近到期合约的价格资料，采取的是简单连接方式，当然缺口还是不可避免的，只是不太明显罢了。

我们以“当月连续”长期图的具体构造方法为例：2 月 15 日（周五），“当月合约”2 月合约到期要交割了，这一天是其最后一个交易日，收盘价为 4778.2 点（见图 3 – 4）。到了下周一（2 月 18 日），2 月合约已经摘牌停止交易了，而此前作为“下月合约”的 3 月合约则变为了“当月合约”。它当天的开盘价为 5230.0 点。于是 3 月合约就在这一天接着 2 月合约在“当月合约”连续图上继续显示它的日 K 线，一直延续到它也到交割那一天为止。随后，4 月合约又接 3 月合约的班，在“当月合约”连续图上继续显示它的日 K 线，一直延续到它也到交割那一天为止，随后是 5 月合约……

同理，“下月连续”“下季连续”“隔季连续”的期货连续图构成也是用一样的方法。

下面对行情表中其他各列信息进行介绍。

• 开盘价，是指某一期货合约开市前 5 分钟内经集合竞价产生的成交价格。集合竞价未产生成交价格的，以集合竞价后第一笔成交价为开盘价。如果当日该合约全天

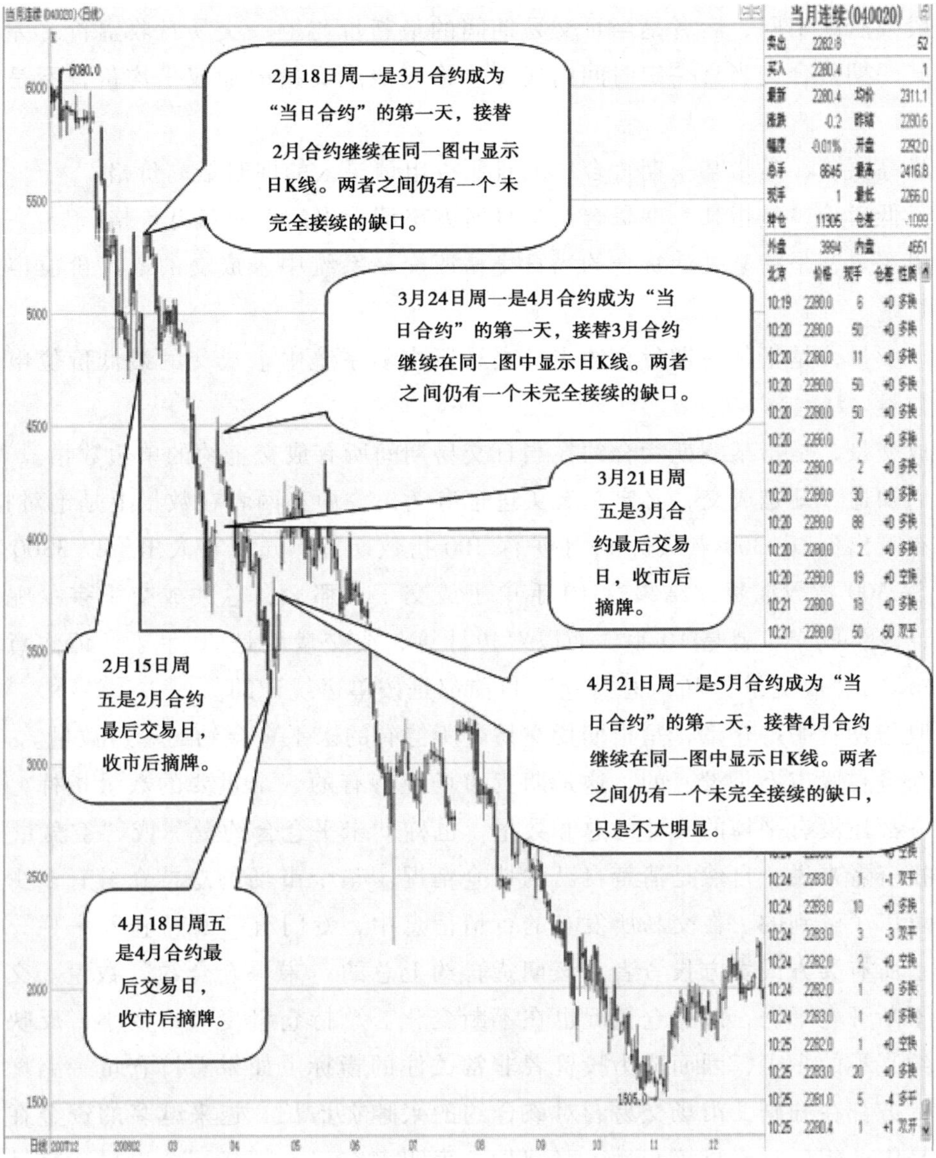


图 3－4　“当月连续”长期图的具体构造方法图解

无成交，以昨日结算价作为当日开盘价。

• 股指期货收盘价，定为合约当日交易的最后一笔成交价格。如果当日该合约全天无成交，则以昨日结算价作为当日收盘价。

• 最高价，是指一定时间内某一期货合约成交价中的最高成交价格。

• 最低价，是指一定时间内某一期货合约成交价中的最低成交价格。

• 最新价，是指某一期货合约在当日交易期间的即时成交价格。

• 涨跌，是指某一期货合约在当日交易期间的最新价与上一交易日结算价之差。这点与股票涨跌不同，后者是当日交易期间的最新价与上一交易日收盘价之差。结算价是指某一期货合约当日一定时间内成交价格按照成交量的加权平均价，不是某一点的价格。

• 最高买价，是指某一期货合约当日买方申请买入的即时最高价格。

• 最低卖价，是指某一期货合约当日卖方申请卖出的即时最低价格。

• 申买量，是指某一期货合约当日交易所交易系统中未成交的最高价位申请买入的下单数量。

• 申卖量，是指某一期货合约当日交易所交易系统中未成交的最低价位申请卖出的下单数量。

• 成交量，是指某一期货合约在当日交易期间所有成交合约的单边数量。

我们知道，凡是成交，必定是有买进也有卖出，而且两者在数量上是绝对相等的。比如，有人出价以 3300 点买进 10 手沪深 300 指数期货，同时有人出价以 3300 点卖出 10 手沪深 300 指数期货，结果这 10 手单子成交了。那么，总共成交了多少呢？如果以单边计算，成交量就是 10 手，而以双边计算，成交量就是 20 手了。请注意，在境内期货市场，“成交量”和“总持仓”目前都是按单边统计的。

• 股指期货的持仓量，是指期货交易者所持有的未平仓合约的单边数量。

持仓量在股市上是没有的，这是期货市场上特有的一个重要的数量指标，是指买和卖双方都还没有平掉的头寸的总和数量，也称“未平仓合约量”或“空盘量”。

对投资者来说，自然是清楚自己的持仓情况。整个市场的总持仓量有多少，实际上也是可以了解到的。在交易所发布的行情信息中，专门有“总持仓”一栏，含义就是市场上所有买方或卖方投资者在该期货合约上总的“未平仓合约”数量。交易者在交易时不断开仓平仓，总持仓情况也在不断变化。总持仓量变大或变小，反映了市场对该合约兴趣的多少，因而成为投资者非常关注的指标。如果总持仓量一路增长，表明多空双方都在开仓，市场交易者对该合约的兴趣在增长，越来越多的资金在涌入该合约交易中；相反，当总持仓量一路减少，表明多空双方都在平仓出局，交易者对该合约的兴趣在减退。还有一种情况是当交易量增长时，总持仓却变化不大，这表明市场以换手交易为主。这与股票有很大的不同。

持仓量的变化是对行情影响较大的指标。如买卖双方均为新开仓，则按单边计，总持仓量增加了 1 个合约量；如其中一方为新开仓，另一方为平仓，则总持仓量不变；如买卖双方均为平仓，总持仓量减少 1 个合约量。当下次开仓数与平仓数相等时，总持仓量也不变。例如，假设市场中原有 110 手未平仓合约，紧接着市场交易出现如下变化：在交易时，交易者甲买进开仓 20 手股指期货 9 月合约的同时，交易者乙买进开仓 40 手股指期货 9 月合约，交易者丙卖出平仓 20 手股指期货 9 月合约。此刻该期货合约的总成交量变化 Δ 为：

Δ 总成交量变化 = 20 手（甲）+ 40 手（乙）+ 20 手（丙）= 80 手

此刻该期货合约总的持仓量变化为：

Δ 总未平仓合约变化 = 原有仓位 + 新仓 − 平仓 = 110 +（20 + 40）− 20 = 150 手

由于总持仓量是计算从该期货合约开始交易起到该总持仓量止这段时间内尚未对冲结算的合约数量。总持仓量越大，该合约到期前平仓交易量和交割量的总和就越大，成交量也就越大。因此，分析未平仓合约量的变化可推测资金在期货市场的流向。未平仓合约量增加，表明资金流入期货市场；反之，则说明资金正流出期货市场。

此外，在股指期货交易行情系统中显示的“双开仓”是指多头开仓时正好碰到交易对手空头此时也在开仓。“双平仓”道理一样。

在股指期货交易行情系统中经常显示“多头换手”和“空头换手”。当原来持有多头的交易者卖出平仓，但新的多头又开仓买进时称为“多头换手”，即“老多头”把手里的仓位给了“新多头”。“空头换手”是指原来持有空头的交易者在买进平仓，但新的空头在开仓卖出。

下面举例说明多空双方开仓平仓与成交量，及对应持仓量的变化关系。

**【案例 3−2】** 假定某股指期货合约统计之初的总成交量为 5 000 手，同时总持仓量为 80 000 手，则多空双方开/平仓与成交量及对应持仓量变化关系说明详见表 3−1。

**表 3−1　多空双方开仓平仓与成交量及对应持仓量的变化关系**　单位：手

| 序号 | 成交量 | 买方成交 | 卖方成交 | 总成交量 | 总持仓量 | 说明 |
|---|---|---|---|---|---|---|
| 原始 | | | | 5 000 | 80 000 | |
| 1 | 50 | 50 多头开仓 | 50 空头开仓 | 5 050 | 80 050 | 双开仓持仓增加 |
| 2 | 100 | 100 空头平仓 | 100 多头平仓 | 5 150 | 79 950 | 双平仓持仓减少 |
| 3 | 150 | 150 多头开仓 | 150 多头平仓 | 5 300 | 79 950 | 多头换手持仓不变 |
| 4 | 75 | 75 空头平仓 | 75 空头开仓 | 5 375 | 79 950 | 空头换手持仓不变 |
| 合计 | 375 | 375 | 375 | | | |

从中可以看出，多头共开仓 200 手（50 + 150），共平仓 250 手（100 + 150）；而空头开仓 125 手（50 + 75），平仓 175 手（100 + 75）；双方共开仓 325 手，共平仓 425 手，市场以平仓为主，故总持仓减少了 50 手（按单边计）。

## 九、如何进行股指期货的下单操作？

所谓下单，是指客户通过某种方式下达的交易指令，包括期货合约品种、合约月份、数量、交易方向（买入或卖出）、价格、开仓/平仓、投机/保值等。

下单包括下单指令和下单方式两方面的问题。

（1）下单指令。按中金所交易细则的有关规定，现阶段股指期货下单时的交易指令分为市价指令、限价指令两种。交易指令的报价只能在合约价格限制范围内（即涨跌停板范围内），超过价格限制范围的报价视为无效。交易指令每次最小下单数量为 1 手。

①市价指令，是指不限定价格的、按照当时市场上可执行的最优报价成交的指令。市价指令的未成交部分自动撤销。市价指令只能和限价指令撮合成交，成交价格就是对手即时挂出的价格，因此使用市价指令时不必输入委托价格，点键就行。开盘前的集合竞价期间不接受市价指令。

有些投资者误认为以市价指令下单，能够以最快的速度和最满意的价格成交，实际并非如此。市价指令以第一时间成交为目的，故而往往难以兼顾价格的最优性。因此，提请投资者注意，在股指期货交易中，市价指令只能以最快速度成交，但得到的可能是很差的成交价格，而且一旦指令下达后不可更改或撤销。因此，在价格剧烈波动时，若选择市价指令，投资者可能会面临较大的价格风险。

**【案例 3－3】**

某投资者在期货公司进行股指期货交易。他在交易软件上看到除了下“限价”指令外，还有一个“市价指令”键，如果选择市价指令键，就不用输入价格，他觉得非常方便，于是很想尝试使用市价指令。结果在当天交易过程中，由于 IF0902 合约行情剧烈波动，当时的盘面上买价为 1448.6，卖价为 1450.0。该投资者想在 1450.0 买入开仓 10 手，但在他发出市价指令后，成交价竟然是 1537.0，他顿时愣住了，一查回报，发现 1450.0 成交了 1 手，1500.0 成交了 2 手，其余成交的 7 手价均为 1537.0。随后又有人在 1450.0 挂出了卖单。如果不使用市价指令的话，该投资者肯定能在 1450.0 买到 10 手。可见，市价指令虽然成交速度快，但也会付出不必要的资金代价（委托下单情况见图 3－5）。

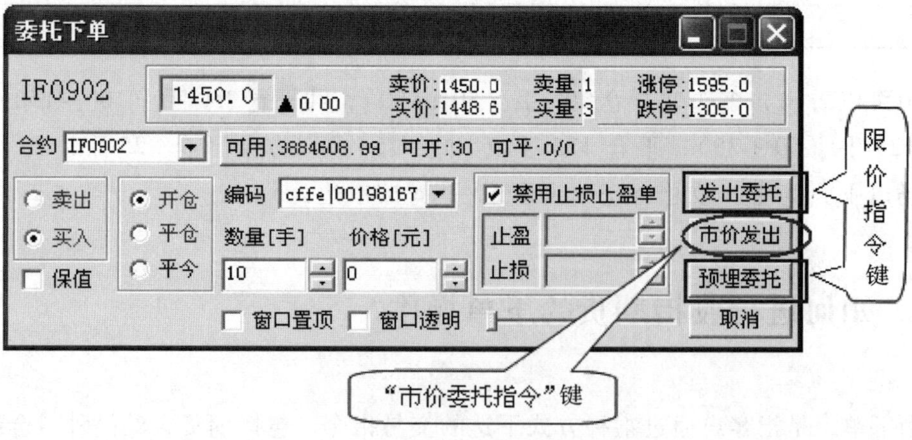


图 3－5　股指期货交易软件下单界面

②限价指令，是指按照限定价格或者更优价格成交的指令。下达限价指令时，客户必须指明具体的价位。它的特点是可以按客户的预期价格成交，成交速度相对较慢，有时无法成交。限价指令在买进时，必须在其限价或比限价更低的价格成交；在卖出时，必须在其限价或比限价更高的价格成交。限价指令当日有效，未成交部分可以撤销。

③指令的取消。在限价指令下达后，没有成交或只有部分成交，此时交易者有权取消指令。客户通过交易系统可将以前下达的指令取消，使原来下达的限价指令失效或部分失效。如你下达限价指令“卖出限价为3188.0的股指期货IF1812合约10手”后，只成交了5手，这时，你下达撤单指令后，原来下达的限价指令就部分失效了，剩下的5手就不会成交。

（2）下单方式。客户可以通过以下几种下单方式下达交易指令：

①书面下单。客户亲自填写交易单，填好后签字交期货公司下单员，再由期货公司下单员通过电脑输入指令进入中金所主机撮合成交。此种下单方式已非常少见，多为现场交易者在特殊情况下偶尔采用。

②电话下单。客户通过电话直接将指令下达给期货公司下单员或自己的期货代理人（下单电话号码见期货公司开户资料），再由期货公司下单员或自己的期货代理人通过电脑下单。期货公司须将客户的指令予以录音，以备查证。此种下单方式多为手头无电脑的客户采用，或是在网上交易的客户在网络出现问题时，通过期货公司进行电话下单。进行电话下单须报电话下单密码以及交易账号。

③网上下单。客户通过在期货公司网站下载的网上交易软件（下单系统往往嵌入交易软件中），将交易指令通过互联网下达到期货交易所场内，进入交易所主机撮合成交。网上交易不受地域限制，具有成交及回报快、准确性高、成本低等优点，故深受交易者和期货公司欢迎。网上下单也是目前应用最多的一种交易方式。

A. 网上交易时，委托单有下列状态：

a. 待撤：撤单指令还未报到场内。

b. 正撤：撤单指令已送达公司，正在等待处理，此时不能确定是否已进场。

c. 部撤：下单指令中的一部分数量已被撤销。

d. 已撤：委托指令全部被撤销。

e. 未报：下单指令还未送入数据处理。

f. 待报：下单指令还未被数据处理报到场内。

g. 正报：下单指令已送达公司，正在等待处理，此时不能确定是否已进场。

h. 已报：已收到下单反馈。

i. 部成：下单指令部分成交。

j. 已成：下单指令全部成交。

k. 撤废：撤单废单，表示撤单指令失败，原因可能是被撤的下单指令已经成交了或场内无法找到这条下单记录。

l. 废单：交易所反馈的信息，表示该定单无效。

B. 在非交易时间下单时通常出现的情况有：

a. 报“废单”，此时集合竞价或开盘后需重新下单。

b. 报“未报”，此时“未报”单在集合竞价或开盘后即可进入交易。

在交易时间，如果客户单子出现待撤、正撤、待报、未报、正报、撤废、废单等情况，请及时与期货公司交易部联系查询。

由于股指期货交易委托系统除包含买卖方向、手数、价格外，还包含开仓或平仓方向、市价指令等期货特有的委托功能操作，投资者在进行交易委托操作即下单之前，要认真学习并熟练掌握交易下单系统的使用方法，尤其是在下单委托的过程中，要注意力集中，尽量避免出现人为错误，造成损失。要特别注意防止下单方向和交易性质的错误。所谓下单方向和交易性质，是指股指期货交易方向上可以做多和做空，交易性质上又有开仓和平仓的概念，这和股票单纯先买入后卖出有很大的差别。股指期货具有做空机制，所以无论下买单还是下卖单都可以成交。例如：投资者预期价格将要上涨，应该开仓买入期货指数合约，但如果下单时错把买单下成了卖单，或者把开仓弄成了平仓，都会带来操作上的风险。所以，对于机构投资者，尤其是没有从事过期货交易的机构投资者而言，首先要注意下单的方向和性质。如果出现人为操作失误，要立即采取相应补救措施，防止损失进一步扩大。

**【案例 3－4】**

2005 年 6 月 27 日，中国台湾富邦证券因交易员计算机操作失误，将客户美林证券公司下单买进的 80 万元错误地输成 80 亿元，成交的错账金额高达 77 亿元，造成盘中 238 种股票瞬间涨停，约 2 000 名投资人在涨停板上将股票抛出，富邦证券损失金额约为 5.5 亿元。

**【案例 3－5】**

2005 年 12 月 8 日，日本瑞穗金融集团旗下的瑞穗证券称，该公司当天在东京证券交易所嘉克姆（J－COM）公司股票的交易过程中，将“以 61 万日元价格抛出一股”的交易指令，错误地输成“以每股 1 日元的价格抛出 61 万股”，此交易使瑞穗证券损失高达 400 多亿日元（相当于 3.5 亿美元）。

## 十、国内股指期货的价格形成机制是怎样的？

股指期货合约的价格主要是通过开盘集合竞价、开市后的连续竞价交易和新上市合约的挂盘基准价由交易所确定这三种方式形成的。

（1）开盘集合竞价。开盘集合竞价是指在开盘前的规定时间内接受买卖申报一次性集中撮合的竞价方式。

在我国，股票交易开盘时也有集合竞价，但与股指期货开盘集合竞价是有差异的。比如从集合竞价时间上来看，上海股市每个交易日的9：15至9：25为开盘集合竞价时间，开市期间停牌并复牌的证券除外。深圳股市除上以外，在14：57至15：00为收盘集合竞价时间。

股指期货开盘集合竞价在交易日开市前5分钟内进行，也就是9：25～9：30。其中，前4分钟为买、卖指令申报时间，后1分钟为集合竞价撮合时间。集合竞价期间不接受市价指令申报。指令申报时间可以撤单，但撮合时间不能撤单。集合竞价产生的成交价格为开盘价。集合竞价未产生成交价格的，以集合竞价后第一笔成交价为开盘价。此时前一成交价为上一交易日结算价。开盘集合竞价采用最大成交量原则，即以此价格成交能够得到最大成交量。高于集合竞价产生的价格的买入申报全部成交；低于集合竞价产生的价格的卖出申报全部成交；等于集合竞价产生的价格的买入或卖出申报；根据买入申报量和卖出申报量的多少，按少的一方的申报量成交。

开盘集合竞价中未成交的限价指令自动参与开市后的连续竞价交易。

（2）开市后的连续竞价。股指期货连续竞价撮合成交的原则是：

①价格优先、时间优先；

②在停板价位时平仓优先、时间优先；

③先开先平。

对上述原则的完整解释是：买家出价高的优先；卖家出价低的优先；如果出价相同，则挂单时间最早的优先。

**【案例3-6】**

某交易者F卖出某月份沪深300指数期货10手，挂出价格为3400点；交易者甲挂出10手买单，报价为3398点；随后，交易者乙也想买10手，挂价为3399点。由于乙的价格比甲高，按照价格优先原则，乙的单子排在甲的前面。后来，丙也挂出10手买单，价格同样为3399点。由于挂价与乙相同，按照时间优先原则，丙只能排在乙的后面，但仍在甲之前。假如这时有一个交易者G以3397点卖出10手，买方优先成交者就是乙。

读者可能会想到，优先的买方出价是3399点，而卖方出价是3397点，那么，实际成交价究竟是多少呢？3397点、3398点、3399点似乎都可以。

对此，中金所计算机系统是如何确定成交价的呢？计算机在撮合时实际上是依据前一笔成交价而确定最新成交价的。如果前一笔成交价低于或等于卖出价，则最新成交价就是卖出价；如果前一笔成交价高于或等于买入价，则最新成交价就是买入价；

如果前一笔成交价在卖出价与买入价之间，则最新成交价就是前一笔的成交价。现在买方出价 3399 点，卖方出价是 3397 点。如果前一笔成交价为 3397 点或 3397 点以下，最新成交价就是 3397 点；如果前一笔成交价为 3399 点或 3399 点以上，则最新成交价就是 3399 点；如果前一笔成交价是 3398 点，则最新成交价就是 3398 点。这种撮合方法的好处是既显示了公平性，又使成交价格具有相对连续性，避免了不必要的无规律跳跃。

总结：撮合成交价等于买入价（bp）、卖出价（sp）和前一成交价（cp）三者中居中的一个价格。即：

当 $bp \geqslant sp \geqslant cp$ 时，最新成交价 = sp

当 $bp \geqslant cp \geqslant sp$ 时，最新成交价 = cp

当 $cp \geqslant bp \geqslant sp$ 时，最新成交价 = bp

（3）新上市合约的挂盘基准价的确定。新上市合约的挂盘基准价由交易所确定并提前公布。挂盘基准价是确定新合约上市首日交易价格限制的依据。股指期货合约最后交易日是该合约月份的第三个周五，因此，一般交易所会在第三个周五前一个交易日收市后在交易所网站公布下一交易日要新上市的合约挂盘基准价。如三个交易日无成交，交易所可对挂盘基准价作调整。

## 十一、如何确认成交回报？

使用网上下单方式的客户，可即时看到成交情况并予以确认核实。若有疑问立即咨询期货公司专业人员。

对使用书面下单方式的投资者，当指令成交后，期货公司报单员会将成交结果记录在交易单上并打上时间戳记，再交给客户签字确认。成交回报记录单应包括以下条目：成交价格、成交手数、成交回报时间等。客户如无异议，应在成交回报单上签字确认；如有异议，应于第二个交易日开市前向期货公司书面提出。

如果是电话下单，则期货公司下单员在接听电话时同步录音后再将指令下达至交易所主机。指令成交后，成交结果通过电话同步录音告知投资者。投资者应在当天收市后至下一交易日期间，对交易结算结果予以确认。

## 十二、如何看懂交易结算账单？

很多股民第一次做股指期货交易时经常搞不明白一个问题，就是买入股票后，只要不卖出，盈亏都是账面的，可以不管。但期货有持仓后没再做交易，怎么持仓的成本价每天都在变？这是因为期货每天都要结算盈亏，账面盈利可以提走，但账面亏损就要补保证金。计算盈亏或持仓成本的依据是每天的结算价。每天的结算价都是根据当天交易价格的变化而变化的，因此，即使持有期货仓位的投资者当天没做交易，持仓的成本价还是会每天变化。

结算是指期货公司在每个交易日交易结束后，对持有期货仓位的客户（不管他当天是否作了交易）当天的交易保证金、盈亏、手续费、交割货款和其他有关款项进行的计算、划拨行为。

期货公司对客户的每日结算工作主要包括以下内容：

（1）交易处理和持仓统计。每天交易后要统计进行了哪几笔交易，持仓是多少。

（2）结算管理。每天要对持仓和交易进行盈亏、保证金和费用等应收应付的资金项目实行净额一次划转，相应增加或减少客户权益。当日盈利划入客户账户；当日亏损从客户账户中扣划。当日结算时的交易保证金超过昨日结算时的交易保证金部分从客户账户中扣划；当日结算时的交易保证金低于昨日结算时的交易保证金部分划入会员客户账户。手续费从客户账户中直接扣划。

（3）风险管理。根据客户保证金占用情况评估风险。每天结算完毕后，当发现客户的可用资金余额低于0时，该结算结果即视为期货公司向客户发出的追加保证金通知，负数即为追加保证金金额。期货公司会向客户发出追加保证金通知。

客户每天都会得到期货公司传送的交易结算账单。完整的结算账单包括：资金状况表（含平仓盈亏）、成交记录表、持仓汇总表三个部分，有时还会附有追加保证金通知书。

①资金状况表（含平仓盈亏）记录了当天可用资金、出入金、浮动盈亏、风险度、手续费、客户权益、逐笔平仓盈亏、保证金占用等内容。

②成交记录表记录了当天所有成交明细，包括交易品种、买卖方向、成交价格、成交手数、开平仓、交易手续费等内容。

③持仓汇总表记录了到当天为止的持仓明细，包括交易品种、买卖方向、交割期、持仓均价、浮动盈亏、保证金占用等内容。

④当可用资金为负数时，即须追加保证金，则结算账单附有追加保证金通知书。

期货公司在每日结算完以后，还会及时将客户账户的所有信息，包括交易结算数据、追加保证金通知等以文件形式发送到中国期货市场保证金监控中心备案。

期货交易结算单实例见表3-2。

虽然结算工作由期货公司每天负责，电脑算好后将结算单自动传送给客户，但投资者应该弄懂“账”是怎么算出来的，这很重要，以便对账单有疑问时可及时提出来。

**表 3－2　　客户期货交易结算日报**

基本资料

| | | | |
|---|---|---|---|
| 客户期货期权内部资金账户 | 22 ***** 98 | 交易日期 | 20 ** －03－13 |
| 客户名称 | 张 ** | 查询时间 | 20 ** －03－13 |
| 期货公司名称 | ** 期货有限公司 | 客户证券现货内部资金账户 | |

期货期权账户资金状况

| | | | |
|---|---|---|---|
| 上日结存 | 278 691.57 | 客户权益 | －34 322.28 |
| 当日存取合计 | 0 | 实有货币资金 | －34 322.28 |
| 平仓盈亏 | 0 | 非货币充抵金额 | 0.00 |
| 保证金率 | 15% | 货币充抵金额 | 0.00 |
| 当日手续费 | 65.85 | 冻结资金 | 0.00 |
| 当日结存 | 263 325.72 | 保证金占用 | 297 648.00 |
| 浮动盈亏 | －15 300.00 | 可用资金 | －34 322.28 |
| 风险度 | 113.03% | 追加保证金 | 34 322.28 |

期货期权账户出入金明细（单位：人民币）

| 发生日期 | 入金 | 出金 | 方式 | 摘要 |
|---|---|---|---|---|
| 合计 | 0.00 | 0.00 | | |

其他资金明细

| 发生日期 | 交易所 | 类型 | 金额 | 备注 |
|---|---|---|---|---|
| 20 ** －03－13 | 中金所 | 交易手续费 | －65.85 | |
| 合计 | 中金所 | 交易手续费 | －65.85 | |

期货成交汇总

| 合约 | 买/卖 | 投机/套保 | 成交价 | 手数 | 成交额 | 开/平 | 手续费 | 平仓盈亏 |
|---|---|---|---|---|---|---|---|---|
| IH ** 04 | 买 | 投机 | 2 195.000 | 1 | 658 500.00 | 开 | 65.85 | — |
| 合计 | | | | 1 | 658 500.00 | | 65.85 | — |

期货持仓汇总

| 合约 | 买持仓 | 买均价 | 卖持仓 | 卖均价 | 昨结算价 | 今结算价 | 浮动盈亏 | 交易保证金 |
|---|---|---|---|---|---|---|---|---|
| IH ** 04 | 3 | 2 230.00 | 0 | | 2 235.20 | 2 204.80 | －15 300.00 | 297 648.00 |
| 合计 | 3 | | | | | | －15 300.00 | 297 648.00 |

追加保证金通知书

请在下一个交易日开市前，将应追加的保证金缴入本人期货账户中。如果所需保证金未能及时到达，我公司将根据《期货经纪合同》之规定，对您的持仓予以部分或全部平仓，同时保留市况急剧变化时，提前以我公司认为合适的方式对您的持仓予以部分或全部平仓的权利，并不再进一步通知。

本确认书旨在向您提供当日交易的具体信息，请妥善保管。如有质疑，请及时告知。若在下一个交易日开市前无回复，视作认可。

** 期货有限公司结算部（盖章）

制表日期：20 ** －03－13

期货交易的账户计算比股票交易要复杂。

首先，结算基础是当日结算价。那这个结算价是如何确定的?

按交易规定，股指期货当日结算价是指某一期货合约最后一小时成交价格按成交量的加权平均价。这样做的原因是：一是防止市场可能的操纵行为；二是避免日常结算价与期货收盘价、现货开盘价的偏差太大。

合约最后一小时无成交的，以前一小时成交价格按成交量的加权平均价作为当日结算价。该时段仍无成交的，则再往前推一小时，以此类推。合约当日最后一笔成交距开盘时间不足1小时的，则取全天成交量加权平均价作为当日结算价。合约当日无成交的，当日结算价计算公式为：

当日结算价=该合约上一交易日结算价+基准合约当日结算价-基准合约上一交易日结算价

其中，“基准合约”为当日有成交的离交割月最近的合约。对新上市合约，取其挂盘基准价为上一交易日结算价。基准合约为当日交割合约的，取其交割结算价为基准合约当日结算价。

如果根据上述公式计算出的当日结算价超出合约涨跌停板价格的，取涨跌停板价格作为当日结算价。采用上述方法仍无法确定当日结算价或者计算出的结算价明显不合理的，交易所有权决定当日结算价。

由此看来，股指期货当日结算价与当天收盘价存在明显差异。投资者切不可想当然地认为，股指期货的当日结算价就是收盘价。

其次，采用“盯市盈亏”计算方法，每个期货合约均以其当日结算价作为计算当日盈亏的依据。在期货交易账户计算中，盈亏计算、权益计算、持仓保证金计算、客户持仓风险度计算、可用资金余额计算是五项最基本的内容。

### （一）盈亏计算

按照开仓和平仓时间划分，盈亏计算可分为下列四种类型：今日开仓今日平仓、今日开仓后未平仓转为持仓、上一交易日持仓今日平仓、上一交易日持仓今日继续持仓。各种类型的计算方法如下：

1. 今日开仓今日平仓的，计算其买卖差额。

2. 今日开仓而未平仓转为持仓的，计算今日结算价与开仓价的差额。

3. 上一交易日持仓今日平仓的，计算平仓价与上一交易日结算价的差额。

4. 上一交易日持仓今日继续持仓的，计算今日结算价与上一交易日结算价的差额。

在进行差额计算时，注意不要搞错买卖的方向。具体计算公式为：

当日盈亏=平仓盈亏+持仓盈亏

平仓盈亏 = 平历史仓盈亏 + 平当日仓盈亏

持仓盈亏 = 历史持仓盈亏 + 当日开仓持仓盈亏

上述分项计算也可综合成一个公式，交给电脑处理：

当日盈亏 = {Σ[（卖出成交价 - 当日结算价）× 卖出量] + Σ[（当日结算价 - 买入成交价）× 买入量] +（上一交易日结算价 - 当日结算价）×（上一交易日卖出持仓量 - 上一交易日买入持仓量）} × 合约乘数

需要说明的是，在计算盈亏时，总是用卖价减去买价乘以手数再乘以合约乘数。

**【案例 3 - 7】**某投资者在前一交易日持有某月份的沪深 300 股指期货合约 10 手多头持仓，上一交易日该合约的结算价为 1500 点。当日该投资者以 1505 点的成交价买入该合约 8 手多头持仓，又以 1510 点的成交价卖出平仓 5 手，当日结算价为 1515 点，则当日盈亏具体计算如下：

当日盈亏 =（1510 - 1505）× 5 +（1515 - 1505）× 3 +（1500 - 1515）×（0 - 10）
= 205（点）

或：

当日盈亏 =（1510 - 1515）× 5 +（1515 - 1505）× 8 +（1500 - 1515）×（0 - 10）
= 205（点）

换算成资金：

当日盈亏 = 205 点 × 300 元/点 = 61 500（元）

### （二）计算股指期货合约当日权益、保证金变动及资金余额

资金余额又称“可用资金”，其计算公式为：

可用资金 = 客户权益 - 所持头寸占用的保证金总额

客户当日权益计算公式为：

客户权益 = 上日资金余额 ± 当日资金存取 ± 当日资金调整 ± 当日平仓盈亏 ± 实物交割款项 ± 当日浮动盈亏 - 当日交易手续费

**【案例 3 - 8】**某客户在某期货公司开户后存入保证金 500 万元，在 8 月 1 日开仓买进 9 月上证 50 指数期货合约 40 手，成交价为 1200 点；同一天该客户卖出平仓 20 手该指数期货合约，成交价为 1215 点；当日结算价为 1210 点。假设交易保证金率为 15%，手续费为单边每手 100 元，则客户的账户情况为（见表 3 - 3）：

当日平仓盈亏 =（1215 - 1200）× 20 × 300 = 90 000（元）

当日持仓盈亏 =（1210 - 1200）×（40 - 20）× 300 = 60 000（元）

当日盈亏 = 90 000 + 60 000 = 150 000（元）

手续费 =（40 + 20）× 100 = 6 000（元）

当日权益 = 5 000 000 + 150 000 - 6 000 = 5 144 000（元）

保证金占用 =1210×20×300×15% =1 089 000（元）

（注意：保证金按当日结算价而非开仓价计算）

资金余额（可继续开仓交易的资金）=5 144 000 - 1 089 000

=4 055 000（元）

表 3-3 资金项目情况表

| 资金项目 | 金额（元） |
|---|---|
| 存入保证金 | 5 000 000 |
| （+）平仓盈亏 | 90 000 |
| （+）持仓盈亏 | 60 000 |
| （-）手续费 | 6 000 |
| 当日权益 | 5 144 000 |
| （-）持仓占用保证金 | 1 089 000 |
| 资金余额 | 4 055 000 |

8 月 2 日该客户又买入 8 手该指数期货合约，成交价为 1230 点；随后又卖出平仓 28 手 9 月合约，成交价为 1245 点；后来又卖出 40 手 9 月合约，成交价为 1235 点。当日结算价为 1260 点，则其账户情况为（见表 3-4）：

当日平仓盈亏 =（1245 - 1230）×8×300 +（1245 - 1210）×20×300

=36 000 +210 000

=246 000（元）

当日持仓盈亏 =（1235 - 1260）×40×300 = -300 000（元）

当日盈亏 =246 000 - 300 000 = -54 000（元）

手续费 =100×76 =7 600（元）

当日权益 =5 144 000 - 54 000 - 7 600 =5 082 400（元）

保证金占用 =1 260×40×300×15% =2 268 000（元）

资金余额（可继续开仓交易的资金）=5 082 400 - 2 268 000

=2 814 400（元）

表 3-4 资金项目情况表

| 资金项目 | 金额（元） |
|---|---|
| 存入保证金 | 5 144 000 |
| （+）平仓盈亏 | 246 000 |
| （+）持仓盈亏 | -300 000 |
| （-）手续费 | 7 600 |
| 当日权益 | 5 082 400 |
| （-）持仓占用保证金 | 2 268 000 |
| 资金余额 | 2 814 400 |

8月3日，该客户又买进平仓30手，成交价为1250点；后来又买进开仓9月合约30手，成交价为1270点；当日结算价为1270点。其账户情况为（见表3-5）：

平仓盈亏＝(1260－1250)×30×300＝90 000（元）

历史持仓盈亏＝(1260－1270)×10×300＝－30 000（元）

（注意：持仓合约成本价已不是实际开仓价1235点，而是上日结算价1260点）

当日开仓持仓盈亏＝(1270－1270)×30×300＝0

当日盈亏＝90 000－30 000＋0＝60 000（元）

手续费＝100×60＝6 000（元）

当日权益＝5 082 400＋60 000－6 000＝5 136 400（元）

保证金占用＝1270×40×300×15%＝2 286 000（元）

资金余额（可开仓交易资金）＝5 136 400－2 286 000

＝2 850 400（元）

表3－5　资金项目情况表

| 资金项目 | 金额（元） |
|---|---|
| 存入保证金 | 5 082 400 |
| （＋）平仓盈亏 | 90 000 |
| （＋）持仓盈亏 | －30 000 |
| （－）手续费 | 6 000 |
| 当日权益 | 5 136 400 |
| （－）持仓占用保证金 | 2 286 000 |
| 资金余额 | 2 850 400 |

当然，以上计算全部由期货公司电脑自动完成，这里只是让投资者明白计算的原理和方法。

查询每日自己的交易结算账单有多种途径，主要有：

（1）中国期货市场监控中心网站。

（2）所使用的交易系统。

（3）所在的期货公司网站。

在实际交易过程中有时会出现这种情况：当天低价开仓买入后，价格上涨，但买入价高于当天的结算价，盯市盈亏为负值，而实际上该交易是盈利的。这往往会让投资者感到困惑。

**【案例3－9】**小徐在3684点买入某月份的沪深300股指期货合约10手。然而，收盘后打开结算单查看“战果”时，小徐有些纳闷。

“3684点的持仓价格，按照3690点收盘价格计算，账户应该有浮动盈利18 000元，怎么变成浮动亏损2 100元了呢，难道是期货公司结算系统出差错了？”小徐自言自语。

“没有错，是你自己弄错了。”期货高手钱多多在旁边笑道。

这下小徐更加摸不着头脑了。

钱多多说：“期货的结算和股票不一样，股票是按收盘价格计算浮动盈亏的。比如你10元买入一只股票，收盘价为10.50元，你每股的盈利就是5毛钱。”钱多多解释说：“无论是商品期货还是金融期货，都是按照结算价而非收盘价来计算投资者的浮动盈亏。”

“你仔细看一下合约的收盘价和结算价，虽然收盘价格为3690点，但最后1小时的加权平均价格为3683.3点。也就是说，当日收盘后，你账面上的浮动盈亏是按照3683.3点的价格结算，而不是按照3690点的收盘价计算。”钱多多说：“你浮动亏损(3683.3－3684)×300元/点×10手＝－2100元，正好和结算单吻合。”

小徐问：“为什么要以结算价计算浮动盈亏？收盘价不是很好吗？”

“有两点原因：一是为了防止市场可能的操纵收盘价行为；二是避免日常结算价与期货收盘价、现货开盘价的偏差太大。”钱多多说，“如果以收盘价格计算浮动盈亏，多空任何一方都有可能通过拉抬或打压尾盘的方式，使得收盘价格对自己有利，而以最后1小时的加权平均价格计算浮动盈亏，操纵期货价格的难度就明显加大了。”

“但要注意，在交易时间内的瞬时浮动盈亏，是按照盘中的即时价格来计算的。”钱多多进一步解释。

## 十三、在什么情况下投资者需要追加交易保证金？

在前文“强行平仓制度”中已经谈到，当日权益减去持仓保证金就是资金余额。如果当日权益小于持仓保证金，则意味着资金余额是负数，同时也意味着保证金不足了。按照规定，期货公司会通知账户所有人在下一交易日开市之前将保证金补足，此举即称为“追加保证金”。如果账户所有人在下一交易日开市之前没有将保证金补足，按照规定，期货公司可以对该账户所有人的持仓实施部分或全部的强制平仓，直至留存的保证金符合规定的要求。

**【案例3－10】**某客户账户原有保证金600 000元。

(1) 8月9日，开仓买进9月上证50指数期货合约10手，均价1200点，手续费为单边每手100元，当日结算价为1195点，保证金比例为15%。

当日开仓持仓盈亏＝(1195－1200)×10×300＝－15 000（元）

手续费＝100×10＝1 000（元）

当日权益＝600 000－15 000－1 000＝584 000（元）

保证金占用＝1195×10×300×15%＝537 750（元）

资金余额（还可用于交易的资金）=584 000－537 750=46 250（元）

（2）8月10日，该客户没有交易，但该指数期货合约的当日结算价降为1150点，当日账户情况为：

历史持仓盈亏=（1150－1195）×10×300=－135 000（元）

当日权益=584 000－135 000=449 000（元）

保证金占用=1150×10×300×15%=517 500（元）

资金余额（还可开仓交易资金）=449 000－517 500=－68 500（元）

显然，要维持10手的多头持仓，保证金尚缺68 500元，这意味着下一交易日开市之前必须追加保证金68 500元。如果该客户在下一交易日开市之前没有将保证金补足，那么期货公司将对其持仓实施部分强制平仓。经过计算，449 000元的权益可以保留的持仓至多为8.68手（449 000元/1150×300×15%）。

这样，期货公司至少应将其持仓强平掉2手（10－8.68=1.32≈2手）。

投资者8月9日和10日的资金项目情况见表3－6。

表3－6 资金项目情况表

| 日期 | 资金项目 | 金额（元） |
|---|---|---|
| 8月9日 | 原有保证金 | 600 000 |
| | （＋）平仓盈亏 | 0 |
| | （＋）持仓盈亏 | －15 000 |
| | （－）手续费 | 1 000 |
| | 当日权益 | 584 000 |
| | （－）持仓占用保证金 | 537 750 |
| | 资金余额 | 46 250 |
| 8月10日 | 上日权益 | 584 000 |
| | （＋）平仓盈亏 | 0 |
| | （＋）持仓盈亏 | －135 000 |
| | （－）手续费 | 0 |
| | 当日权益 | 449 000 |
| | （－）持仓占用保证金 | 517 500 |
| | 资金余额 | －68 500 |

（3）如果8月11日开盘前，客户没有将应该追加的保证金交给期货公司，且该股指期货合约以1035点开盘跌停，期货公司无法强平。这样，该账户的情况为：

当日平仓盈亏=（1035－1150）×10×300=－345 000（元）

手续费=0（元）

实际权益=449 000－345 000=104 000（元）

（4）12日，该股指期货合约又跳空下跌90点，以945点开盘并继续下跌。期货公司将该客户的10手多头持仓以开盘价强制平仓。这样，该账户的情况为：

当日平仓盈亏 = (945 - 1035) × 10 × 300 = -270 000（元）

手续费 = 100 × 10 = 1 000（元）

实际权益 = 104 000 - 270 000 - 1 000 = -167 000（元）

即该客户不仅把自有资金60万元全部亏光，还倒欠了期货公司167 000元。这就是我们常说的"爆仓"（又称"穿仓"）。此时，客户不仅把自有资金全部亏光，而且期货公司还帮他垫付了钱，他还倒欠期货公司钱。

在市场行情发生较大变化时，如果投资者保证金账户中资金的绝大部分都被交易保证金占用，而且交易方向又与市场走势相反时，就很容易出现爆仓。发生爆仓时，投资者需要将亏空补足，否则会面临法律追索。为避免这种情况的发生，需要特别控制好仓位，切忌像股票交易那样满仓操作。

**【案例3-11】**某投资者发现，在进行股指期货交易期间，当出现保证金不足时，有时会接到期货公司电话通知保证金不足要求追加，而有的时候没接到电话通知持仓头寸就被强行平仓了，这是否属于"未按约定方式通知客户"？于是该投资者拨通了期货公司的咨询电话。

投资者："为什么当我的股指期货交易保证金不足时，有的时候会接到期货公司的电话通知，而有的时候没接到电话通知就给我强行平仓了呢？"

期货公司工作人员："按法规规定，期货公司只有按合同约定的方式通知客户，得到客户确认后，才可以强行平仓。电话通知客户是通知方式的一种，有的时候电话方式无法通知到人，期货公司就会按照合同约定的其他方式履行通知义务。"

投资者："期货公司怎么会无法以电话方式通知客户呢？"

期货公司工作人员："比如客户留下的联系方式是手机号码，手机未开机、欠费停机或不在服务区等情况下就会出现期货公司无法以电话方式通知客户的情况。"

投资者："那期货公司既没有得到我的口头确认也没有得到我的签字确认，怎么会认为我已对通知内容的确认呢？"

期货公司工作人员："按期货经纪合同书的约定，投资者完成交易后，应对期货公司发出的成交确认通知、追加保证金通知和结算通知进行确认。客户对于期货公司的通知确认分为明示确认和默示确认。所谓默示确认，通俗地讲，主要是基于《期货管理条例》有关客户应当及时查询并妥善处理自己的交易持仓的规定。期货公司一般在开户合同里与客户约定期货公司将结算结果发送至指定的系统中去，如保证金监控中心网站或电子化交易系统。客户有义务及时查询自己的账户情况。如果期货公司按约定尽到了通知义务，而投资者进行了相应查询并且在约定的时间内没有按合同约定的方式进行否定表示，则视为投资者已对期货公司的通知内容进行了确认。如果投资者在规定的时间内没有进行相应查询，也没有按合同约定的方式进行否定表示，因为投资者没有履行自己的查询义务，同样视为投资者已对期货公司的通知结果进行了确认。这就是默示确认。”

投资者：“看来投资者应该及时查询自己的账户情况，尤其是注意查看当日的结算单，如果在结算单里有期货公司发出的追加保证金通知，投资者就要及时地按通知要求处理自己的头寸才行啊！”

期货公司工作人员：“另外，如果投资者在查询自己账户权益情况时对期货公司的结算结果有异议或无法查询到结算结果时，应当在规定的时间内按合同约定的方式向期货公司提出，以便保护投资者自身的利益。”

## 十四、什么是持仓风险度？

在现阶段，绝大多数期货公司在市场行情动态监控中，在强行平仓的规定上采取了较为人性化的举措，即并不是当客户权益只要一低于期货公司所规定的持仓保证金水平就强平，而是设置一个两者间的百分比最大容忍度，如130%（也有的设为120%或110%不等），称为该客户持仓风险度（也称“风险率”）。

风险度 = 客户持仓所占用的保证金总额/客户权益 × 100%

正常情况下，风险度处于0～100%之间，投资者无须追加交易保证金。一旦客户持仓风险度≥130%，则投资者持仓风险就达到了强行平仓的极限条件，期货公司有权在通知或无法正常通知客户的情况下，自行选择时机和价位对客户的部分或全部未平仓合约强行平仓，直至客户的持仓风险度回到100%以下为止。

也有的期货公司会把分子与分母项调换位置，则算出来的数值越低风险度越大。

**【案例3－12】**某投资者账户持有3手IC1903多头头寸，开仓价格5000点，保证金率10%，当前账户权益60万元。一周后IC1903合约结算价为4890点，账户无其他操作，当日账户风险率为：

风险率 = 客户持仓所占用的保证金总额/客户权益 × 100%

$$= (4890 \times 200 \times 3 \times 10\%) / [600000 - (5000 - 4890) \times 200 \times 3] \times 100\%$$

$$= 55\%$$

当日客户无须追加保证金。

## 十五、股指期货交割价是如何确定的？

一般的商品期货采用的是实物交割，而国内股指期货交易采用现金交割方式。在现金交割方式下，每一未平仓合约将于到期日结算时得以自动平仓。也就是说，在合约的到期日收市后，空方无须交付股票组合，多方也无须交付合约总价值的资金，交易所只是根据交割结算价计算双方的盈亏金额，通过将盈亏直接在盈利方和亏损方的保证金账户之间划转的方式来了结交易。

现金交割与当日无负债结算在本质上是一致的，差别在于两点：其一，结算价格的计算方式不同；其二，现金交割后多空双方的持仓自动平仓，该合约持仓不再存在。

因此，如何确定交割结算价是关键之所在。现货指数收盘价很容易受到操纵，因此为了防止操纵，国际市场上大部分股指期货合约采用一段时间的平均价。为更加有效地防范市场操纵的风险，根据中金所交易规则的规定，国内股指期货合约的交割结算价采用到期日标的指数最后 2 小时所有指数点的算术平均价。特殊情况下，中金所有权调整交割结算价。这与日常结算价不同，因而股指期货的交割使股指期货价格与证券市场上的股票指数价格在合约到期日趋合，从而更加有效地防范了市场被操纵的风险。

# 第四章　股指期货投机交易

## 本章要点

> 投机交易是投资者参与股指期货交易的主要方式。通常在交易股指期货时，既可以进行做多投机，也可以进行做空投机。制订股指期货投机交易策略通常分为预测市场走势方向、交易时机的选择和资金管理三大环节。股指期货的投机交易具有高盈利和高风险的特征，投资者应根据市场实际审慎入市，直至摸索出一套适合自己个性的交易模式。

“投机”一词用于期货交易行为中，并不是“贬义词”，而是“中性词”。“投”的意思是抓住、把握、适当利用、寻找；“机”指机会、时机、事物的本质规律。其实，投机并不是也不等于赌博。通俗地讲，投机是通过对市场的判断，把握机会，利用市场出现的价差进行买卖并从中获得利润的交易行为。这其中，包含了投机者的分析、寻找价差的过程，而赌博是将你的资金交给上帝来分配。投机的目的很直接，就是获得价差利润，因而投机是有风险的。

很多人认为投机交易可能会扰乱市场秩序，阻碍其他正常交易的进行，这是对投机交易的极大误解。套期保值者常常需要将风险转移出去，但是从整个金融市场的角度看，风险是不能被完全被消灭的，而只能向其他方向转移。谁在市场承受这些风险呢？投机者。从整个市场参与者的构成来看，市场除了套期保值者外，大部分还是投机者。投机者是股指期货市场的重要组成部分，是市场必不可少的润滑剂。投机交易增强了市场的流动性，承担了套期保值交易转移的风险，是股指期货市场正常运营的保证。

## 一、股指期货投机交易的特点体现在哪些方面？

股指期货投机是指投资者采取低买高卖或高卖低买的策略，以期从中赚取差价。即当投资者预期股指将上涨时，采取先低价买入开仓，等待股指走高之后再高价卖出平仓；或当预期股指将下跌时，则采取先高价卖出开仓，等待股指下跌之后再低价买入平仓。若现实中股指期货价格走势符合投机者预期的话，无疑他们将获得相应的利润；然而，如果股指期货价格的实际走势与投机者预期相反的话，投机者同样将面临亏损。

### （一）股指期货投机交易行为特征

1. 以获取差额收益为目的。投机者参与期货交易的目的是在汇集各方面市场信息的基础上，采用一定的分析方法对期货价格走势进行预测，通过低价买进、高价卖出获得价格变动的差额收益，因此，投机交易的目的是赢利。

2. 主动承担风险。投机行为和套期保值行为对待风险的态度是完全不同的。套期保值的目的是规避价格波动的风险；而投机交易则是主动承担价格波动的风险。因此，参与投机交易的投资者应当具备较强的风险承受能力，投资者应审慎评估，谨慎决策。

3. 一般不进行交割。投机者没有买卖合约标的物的实际需求，一般不会在期货市场上进行交割，而是选择在期货合约到期之前将合约平仓。所以，投机者关心的并不是实际的标的物，而是合约价格变动的趋势和差额。

### （二）股指期货投机交易的作用

股指期货投机交易是期货市场中必不可少的一环，其作用主要体现在以下几个方面：

1. 承担市场风险。在期货市场上愿意承担风险的就是投机者。期货投机者承担了套期保值者力图回避和转移的风险，使套期保值成为可能。因为，在一个没有风险承担者的市场中，套期保值者是很难就某一价格达成协议的。卖方希望得到可能高的价格，而买方则希望抓住尽可能低的价格。所以，若没有投机者去弥补这一价格差距，套期保值者想要对冲其持有的期货合约是很困难的。

2. 增加市场流动性。投机者频繁地建立仓位，对冲手中的合约，这即使套期保值交易容易成交，又能减少交易者进出市场可能引起的价格波动。投机交易的目的只是想快进快出，从股指期货价格的频繁变动中牟利，所以必须经常转换其所持有的期货合约仓位，从而保证了股指期货市场的流动性。因此，投机活动所提供的流动性对股指期货市场的正常运行至关重要。

3. 促进信息交流，提高市场的有效性。投机者往往以最快、最方便的形式赚取利润，他们必须广泛地收集和处理信息，必须用科学的方法预测股指期货在不同地区、不同时间、不同市场以及相关股指期货的供求情况。投机者实际上把各种信息和预测带到市场，促使股市投资者在更准确的信息基础上作出决定，有利于提高市场的有效性。

4. 保持价格体系稳定。股指期货市场与相应的股票市场间价格具有高度相关性。投机者的参与，促进了相关市场的价格调整；有利于改善不同市场间价格的不合理状况；有利于改善股票不同时期的供求结构，使股票价格趋于合理；有利于调整股票指数对相关股票的价格比值，使其趋于合理化，从而保持价格体系的稳定。例如，投机者在价格处于低水平时买进期货合约，会导致价格上涨；同样，投机者在价格处于较高水平卖出期货，又平抑了价格，使价格波动趋于下跌。投机者的这种活动尽管其主要目的是通过价格波动来寻求差额利润，但这种活动带来的另一个不自觉的结果是平抑了市场价格波动，使可能出现的大幅度价格涨跌趋于平稳。

但是，投机行为也有其消极的一面。特别是当投机者受不准确的信息支配时，情况更为显著。比如，投机者在低价卖出、在高价时买入，价格就会不稳定，导致市场混乱。投机者的趋利性，有时也会促使他们制造一些虚假的信息，趁机牟利。此外，市场投机之风过于旺盛，可能会超出套期保值者转移风险所能承受的临界线，有可能使期货市场崩溃。

## 二、股指期货投机交易分为哪几种类型?

根据投机者的交易行为，股指期货投机交易可分为两种类型。

**（一）根据交易者买卖的方向可将股指期货投机交易分为两类：做多投机和做空投机**

1. 做多投机：投资者预测股指将上涨，于是买入某个月份的股指期货合约，一旦股指上涨后再卖出先前买入的期指从中获取差价。

**【案例 4－1】** 某日，某投资者买入 10 手沪深 300 指数期货合约，当时期货价格是 4100 点。到了下一交易日，该合约价格上涨至 4200 点，该投资者估计涨势已快到尽头，于是卖出先前买入的期货合约。按照 1 个指数点 300 元计算，获利 30 万元。当然，如果投资者的预测与期价实际走势相反，他将出现亏损。如在第二个交易日，该合约价格不涨反跌至 4000 点，该投资者估计股指还将下跌，于是卖出先前买入的期货合约，结果他会亏损 30 万元。

2. 做空投机：投资者预测股指将下跌，于是预先卖出某个月份的股指期货合约，一旦股指下跌，再买入先前卖出的期指从中获取差价。

**【案例 4－2】** 某日，某投资者预测沪深 300 指数将下跌，于是卖出 10 手合约，当时期货价格是 4300 点。过了 3 个交易日，沪深 300 指数期货合约价格果然下跌至 4200 点，该投资者估计股指将回升，于是买入先前卖出的期货，获利 30 万元。反之，如果投资者的预测错误，他将出现亏损。

### （二）根据交易者持有股指期货合约时间的长短，投机可分为三类

1. 第一类是中长线投机者。此类交易者在买入或卖出股指期货合约后，通常将合约持有一周甚至几周，待价格对其有利时才将合约对冲平仓。中、长线投机获利方式建立在对市场整体走势正确判断的基础上，并不重视每日盈亏的次数比例，更重视盈亏的整体质量。

中长线投机对投资者的大势判断和心理素质要求很高，既要认准大方向，咬定青山不放松，又要经得起大风大浪，即使股市上蹿下跳，也要沉着镇定，坐观云起云落。与此同时，每个投资者的风格也极大地影响了投机策略的制定。每个交易者都不得不在“保守”与“大胆”两个极端之间选择自己的风格。从长期来看，对于中长线投机者，保守的交易作风更可取。

图 4－1 是沪深 300 股指期货某合约的日 K 线图。如果投资者顺应大势做空的话，投机获利颇丰，哪怕在大跌前开仓卖出 1 手，两个星期后，持仓盈利也超过 50 万元。

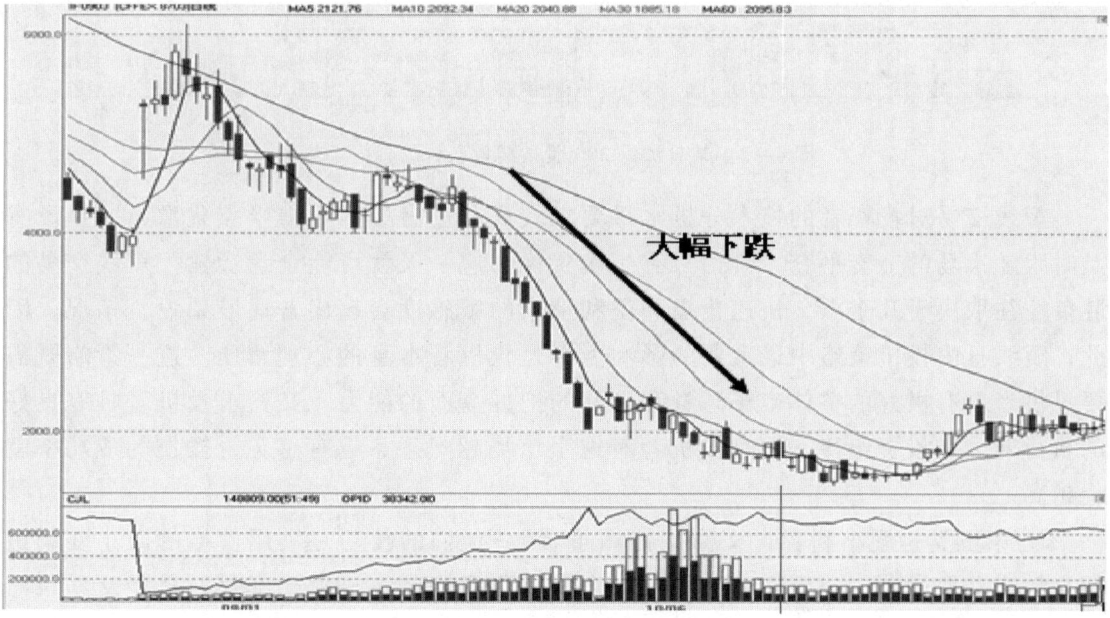


图 4－1　沪深 300 股指期货某合约日 K 线走势

2. 第二类是短线交易者。他们一般进行当日或某一交易时段的股指期货买卖，持仓不过夜。短线炒作利用价格的频繁波动赚取微利，又通过多次交易的微利积累在市场中获取丰厚回报。短线交易由于回避了中、长线趋势性交易的隔夜风险，已经被期货市场广泛认可，如今在期货市场中有着巨大的交易规模。

如图 4 - 2 所示，某日沪深 300 股指期货某合约在午后开盘之后出现大幅上涨。如果投资者在此阶段大胆买进，就可以在随后的快速拉升阶段享受别人抬轿、自己坐轿的乐趣。

图 4 - 2　某日沪深 300 股指期货某合约日内走势

短线交易对投资者的技术分析水平要求较高，进出场容不得半点犹豫，一旦没有及时跟随市场的节奏平仓，哪怕只有一次犹豫，这一天就可能全盘皆输。短线交易的胜负往往取决于几个点，快速止损和获利平仓的敏感度会超出普通股票投资情况。因此，短线日内投机策略中最重要的影响因素是投机者本身的心理素质。这一策略既需要投机者具有极好的整体市场感觉和良好的把握盘面的能力，又要求投机者具有良好的执行能力和投资纪律，而且投机者对这个市场越熟悉、越有感觉，操作的成功率就会越高。

3. 第三类是逐小利者，又称“抢帽子者”。他们的技巧是利用价格的微小变动进行交易来获取微利，一天之内他们可以来回做很多次的买进卖出交易。这种交易策略关心的不是市场大趋势，甚至不是短暂的趋势，而是只关心价格的瞬间波动。因此，投资者运用这种交易策略，除了拥有良好的盘面感觉外，还必须拥有交易手续费低廉的优势。

## 三、如何制定股指期货投机交易策略计划？

股指期货的投机交易以投资分析为基础，在综合权衡风险和收益的基础上运用基本面分析、技术分析和数量方法制定投机交易的策略计划。影响股指期货投机交易策略最本质的因素是投资者对股票市场未来一段时间走势的预测和判断。

制定股指期货投机交易策略计划通常分为三大环节：

1. 预测市场走势方向是股指期货投机交易策略中极为关键的第一个步骤，是对交易者洞察能力的极大考验。通过对宏观经济、行业状况的深入研究，交易者判断股指期货市场到底受其影响是看涨还是看跌，从而确定投资者应该以多头头寸建仓还是空头头寸建仓这一基本问题。如果对股指期货市场走势预测错误，那么交易的后果就是亏损。

对股指期货价格走势的准确分析通常是以基本面分析法并结合技术面分析法进行综合判断。基本面分析的任务主要是从影响当前股指期货价格的纷乱复杂的诸多宏观因素中，筛选出最具影响力的一个或少数几个因素，抓住主要矛盾，这是分析中的难点。而技术面分析主要是通过技术图表分析价格走势的中长期趋势。

2. 交易时机的选择是指确定具体的建仓和平仓时点，是体现交易者智慧的环节。尽管交易者已经正确判断了市场方向，但是如果建仓时机选择得不好，依然可能蒙受损失。因此，在股指期货交易中，建仓点和平仓点的时机抉择必须极为精确，这一步在整个投资过程中可能最为困难。另外，时机抉择的问题几乎完全是技术性的，即使交易者是“基本面派”，当其确定具体的建仓和平仓时点时，也必须借助于技术分析的工具。

3. 资金管理是指资金的配置问题，是反映投资者风险意识的环节。这一环节包括投资组合的设计、在市场上如何分配资金的比例参与股指期货、止损值的设置、在盈利或者损失之后采取的措施，以及采用保守稳健的交易方式还是积极冒险的方式等。

只要是做投机交易就应该明白，不论投机者在行情预测分析上怎么用功，仍旧可能产生错误。由于投机者的交易方案是建立在行情预测和趋势判断基础上的，一旦实际发生的行情走势与预期的并不一致，已经实施的操作方案必将处于不利地位并产生亏损。

正因为在行情预测上可能出错，对投机者来说，更应重视以下两个环节：一是在操作策略制定中，不要总想着方向对时可以获利多少，还应该多想一想，若方向不对时可能会亏损多少；二是在操作策略制定时就应想到，一旦行情走势与原先预期的相反，应该如何将损失控制在可以承受的范围内，也就是及时止损，以避免到时手忙脚乱，不知所措。

**【案例 4－3】** 某投资者期货账户上有资金 200 万元。假设该投资者的交易周期为 5 天，他每次交易能承受的最大心理损失额为 15 万元，如果上证 50 股指期货合约目前价格为 2500 点，交易保证金率为 15%，预计未来 5 天其价格波动范围有 95% 的可能在 5% 以内，那么从资金管理安全性的角度考虑，该投资者的开仓比例不宜超过多少呢？

在投资周期内可能的最大损失额 = 2500 点 × 5% × 300 = 3.75（万元）

交易比例 = F = (15/3.75) × 2500 点 × 300 × 15%/2000000 = 22.5%

此外，在制定交易计划时，应从不同角度考虑多种操作方案，并从收益率、风险度、占用资金成本等方面进行对比选择。例如，在有多个股指期货合约可交易的情况下，选择哪一个合约交易比较合适？又如，总的持仓量达到多少合适？是试探性建仓还是重仓出击或者是准备分阶段建仓？还有，什么时候进场交易为好？是短线交易还是长线交易？这些都是值得认真思考的。方案的确定当然要视情况而定，但实际上与行情的判断有很大关系。例如，认为日后行情走势将以盘整震荡为主，则显然以短线交易策略为主，在震荡区间高卖低买为好；假如认为日后行情走势将以趋势为主，则顺势而为，分步建仓，留有余地更佳；如果认为日后行情不久将会发生反转，则不妨等待时机再作决定，或采用小单量逆势而为，并预先作好小亏的准备，准备到时再补进一些同方向单子，以求摊低建仓成本，博取行情反转后的大收获等等。

**【案例 4－4】** 某投资者期货账户上有保证金 120 万元。当日沪深 300 股指期货某合约价格为 2460 点。假设保证金率为 15%，按照首次开仓比例为 20% 的资金管理计划，该投资者首次开仓应不超过多少手呢？

股指期货每手交易保证金 = 2460 × 300 × 15% = 110 700（元）

开仓应不超过的限额 = 1 200 000 × 20%/110 700 = 2.17 ≈ 2（手）

假设该投资者的最大心理亏损承受能力为该笔交易损失的资金不能超过账户全部总资金的 5%，则他应该把所持有的最大多头仓位的止损点设置在多少点的价位上呢？

最大亏损限额 = 120 万元 × 5% = 6（万元）

折合亏损点 = P × 300 × 2 = 6 万元

P = 100 点，故止损点 = 2460 − 100 = 2360（点）

图 4－3 是股指期货投机交易的策略制定流程。

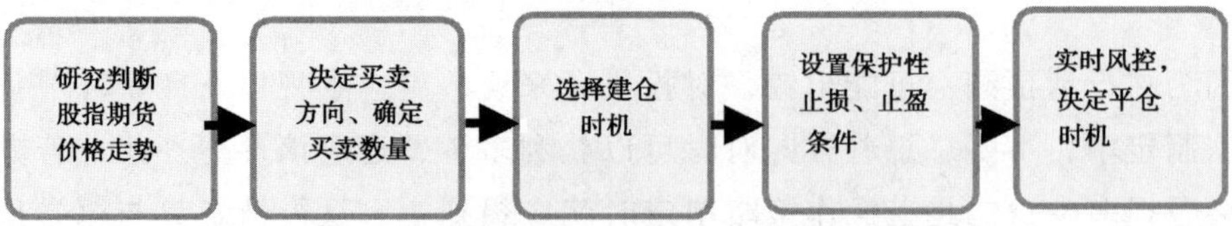


图 4－3　股指期货投机交易策略制定流程图

## 四、如何对股指期货价格进行基本面分析?

股指期货价格基本面分析主要通过对股指期货市场有实质性影响的一些因素的分析来判断指数中长期价格走势。基本分析主要分析价格变动的根本原因，不太注意日常价格的反复波动而频繁改变持仓方向。这种分析方法注重研究宏观经济因素，如国内生产总值与经济周期、通货膨胀、财政政策和货币利率政策等。这一点与股票价格的基本分析有所不同，后者主要是预测股市的中长期走势，把握住行业的未来发展趋势，且重点是对上市公司市场竞争力、产品生命周期、管理能力、财务状况以及业绩的分析。可见，股指期货价格的基本面分析更宏观一些。

基本面分析的基本原理可归纳为以下几点:

(1) 价格是由供求关系决定的，价格的变化趋势会随市场供求关系的变化而变化;

(2) 供求关系又是由各种合理与非合理的因素共同决定的;

(3) 忽略价格微小波动，则价格的变化就会在一段时间内显示出一定的变化趋势。

影响股指期货价格的宏观经济因素错综复杂，主要的影响因素归纳如下:

(1) 宏观经济运行状况;

(2) 资金供求状况;

(3) 通货膨胀;

(4) 利率与汇率变动;

(5) 财政政策与货币政策;

(6) 监管政策因素;

(7) 指数成分股变动;

(8) 心理因素。

以下我们对上述因素进行详细分析。

### (一) 宏观经济运行状况分析

一般来说，在宏观经济运行良好的条件下，股市及股指期货价格均会呈现不断攀升的趋势；在宏观经济运行恶化的背景下，股市及股指期货价格往往呈现出下跌态势。这就是通常所说的股指作为“经济晴雨表”的功能。

在宏观经济中，国内生产总值（GDP）是最受关注的经济统计数字。国内生产总值是指在一定时期内，一个国家或地区的经济中所生产出来的全部最终产品和劳务的价值。它不但可以反映一个国家的经济表现，也可以反映一国的国力与财富，被公认为是衡量国家经济状况的最佳指标。

国内生产总值是如何影响股指期货价格的呢？国内生产总值通常用来跟上一年同期作比较，如有增加，就代表经济增长较快；如减少，则表示经济放缓。持续、稳定、高速的 GDP 增长将导致股指价格上涨，而高通胀下的 GDP 增长，股指价格反而会不涨反跌，如 2008 年就是这种情形（见图 4－4）。

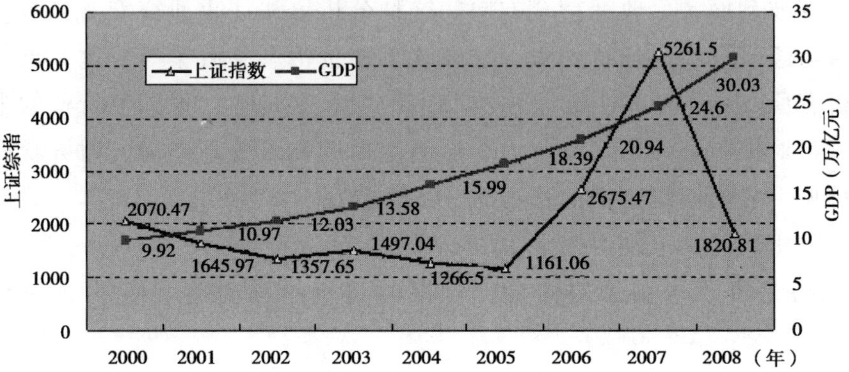


图 4－4　上证综指——中国 GDP 年度走势对比图

### （二）资金供求状况分析

当一定时期市场资金比较充裕时，股票市场的购买力比较旺盛，会推动股票价格指数上升；否则，会使股票价格指数下跌。比如，目前国内大量的外汇储备，导致货币供给量增加，通常会导致股指价格上涨。当然，资金过于充裕，也可能引发通货膨胀。再如政府支出增加，通常也会推动股票价格指数的上升。因为政府支出增加，将使国内资金充裕。同样，社会货币供应量的增减对股指也有影响。通常，货币供应量增加，社会一部分闲置资金就会投向证券市场，从而抬高股价；相反，货币供应量减少，社会购买力降低，股价也会下跌。

另外，在经济全球化的今天，一国的经济也会受到世界经济的影响。尤其在我国，对外贸易额在改革开放以来连年快速增长，对外贸易已成为我国经济发展的重要动力之一。因此，分析我国的股指期货走势，也必须关注世界经济的整体形势。比如，关注美国道·琼斯指数、香港恒生指数、日经 225 指数等。

### （三）通货膨胀

通货膨胀是影响股指期货价格的另一个重要宏观经济因素。它既有刺激股指期货价格的作用，又有压抑股指期货价格的作用。

通货膨胀主要是由于过多地增加货币供应量造成的。货币供应量与股票价格一般是呈正比关系，即货币供应量增大使股票价格上升；反之，货币供应量缩小，则股票价格下降。但在特殊情况又有相反的作用，如通货膨胀上升过猛，甚至超过两位数，将会造成人们实际收入下降和市场需求不足，加剧生产过剩，导致经济危机，最终使股票价格下跌。

因此，温和的、稳定的通货膨胀对股指影响较小，但严重的通货膨胀是很危险的。

作为普通投资者，衡量通货膨胀高低的简单方法是关注消费者物价指数（Consumer Price Index，CPI）。CPI 是反映与居民生活有关的物价变动指标，通常作为观察通货膨胀水平的重要指标。如果消费者物价指数升幅过大，表明通货膨胀已经成为经济不稳定因素，中央银行会有紧缩货币政策和财政政策的风险，从而造成经济前景不明朗。因此，该指数过高的升幅往往不被市场欢迎。例如，在过去 12 个月，消费者物价指数上升 2.3%，那就表示，生活成本比 12 个月前平均上升 2.3%。当生活成本提高时，金钱价值便随之下降。也就是说，一年前收到的一张 100 元纸币，今日只可以买到价值 97.75 元的商品或服务。

一般说来，当 CPI >3% 时，称为通货膨胀；而当 CPI >5% 时，称为严重的通货膨胀。

从图 4－5 中可以发现，当 CPI 低于 7% 时，股指价格处于上升阶段；但当 CPI 高于 7% 后（属于较严重的通货膨胀），股指期货价格处于下降阶段。股指价格比 CPI 优先反映投资者对物价走势的预期。

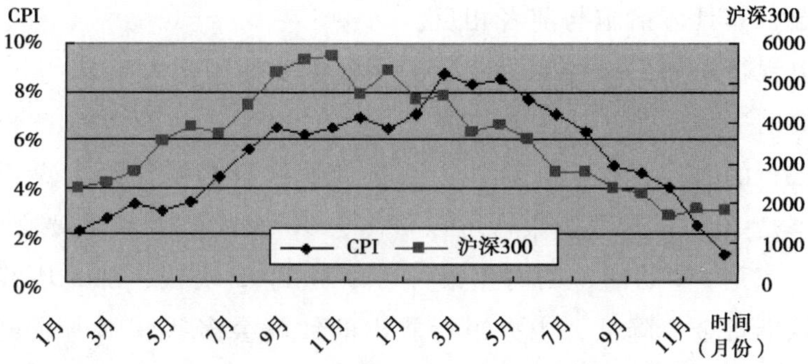


图 4－5　CPI 与沪深 300 指数关系图

### （四）利率、汇率变动对股指价格的影响

通常来讲，利率水平越高，股票价格指数会越低。其原因是，在利率高的条件下，投资者倾向于存款，或购买债券等，从而导致股票市场的资金减少，促使股票价格指数下跌；反之，利率水平越低，股票指数就会越高。因为利率太低会使存款和购买债券无利可图，使越来越多的投资者转而投向股票市场，从而拉动股票价格指数的上升。

汇率变动也会给股市带来很大的影响。一般来说，如果一国的货币是实行升值的基本方针，那么货币资金就会向升值国转移，导致热钱流入，而其中部分资金将进入股市，股价便会上涨；一旦其货币贬值，热钱会流出，股价随之下跌。但受影响最直接的还是一国的进出口贸易。当本国货币升值时，受益的多半是进口业，亦即依赖海外供给原料的企业，其股票价格上涨；而此时的出口业由于竞争力降低，而导致亏损。而当本国货币贬值时，情形恰恰相反。

### （五）财政政策与货币政策对股指价格的影响

财政政策对股指的影响是十分深刻的。财政政策是政府依据客观经济规律制定的指导财政工作和处理财政关系的一系列方针、准则和措施的综合，也是国家干预经济的重要手段。在财政政策的几种手段中，财政预算、税收和国债是最主要的。宽松的财政政策主要通过增加社会需求来刺激股市上涨，例如扩大财政支出、减税和减发国债等。减税会增加居民的可支配收入和企业的投资积极性，而供需和企业利润的增加会使企业的股票和债券价格上扬；减发国债首先会通过降低债券市场的供给提高债券价格，并通过货币供给效应和证券联动效应刺激证券价格。紧缩的财政政策手段与之相反，一般会造成股指价格下跌。

货币政策是政府为实现一定的宏观经济目标所制定的关于货币供应和货币流通组织管理的基本方针和基本准则。货币政策可以分为宽松的货币政策和紧缩的货币政策。宽松的货币政策措施包括降息，提高基础货币，放松信贷控制等；而紧缩的货币政策为经济降温，其具体措施与前者相反。

那么，中央银行是如何调控货币总量的呢？主要使用三大工具：

第一个重要的工具就是法定存款准备金率。什么是法定存款准备金？就是当我们把钱存进商业银行的时候，存 100 块钱，那么商业银行必须交给中央银行一些钱。如果法定准备金率是 10%，则商业银行可以贷出去 90 块钱，10 块钱要交中央银行存着；如果法定准备金率是 5% 的话，则商业银行可以贷出 95 块钱，那 5 块钱必须交中央银行。当法定存款准备金率降低，中央银行放出的钱就会多些，则商业银行可以贷出的钱也会多些。相当于把水龙头打开了，钱会多流出一些到市场上去；当法定存款准备金调高时，情况则正相反。

第二个重要工具是中央银行再贴现率。中央银行是银行的银行，它保管各商业银行的法定准备金，也贷款给这些商业银行。商业银行在票据未到期以前将票据卖给中央银行，得到中央银行的贷款，称为再贴现。中央银行在对商业银行办理贴现贷款中所收取的利息率，称为再贴现率。就是说企业找银行贷款，银行给企业一个贷款利率，如果商业银行缺钱了，找中央银行贷款，中央银行再贷款也给商业银行一个利率，就看它给的利率高和低了。如果现在给商业银行一个低于贷出利率的利率，说明中央银行想把钱放出来。当给商业银行的利率高于商业银行贷给企业的利率时，商业银行就不愿意找央行贷款。钱流出市场的量自然就少了。所以，中央银行再贴现率，也是控制货币供给闸门的一个手段，是货币政策的一个重要的工具。

第三个重要工具是中央银行在公开的债券市场上进行买进和卖出债券等操作，即“公开市场业务”。当中央银行卖出中长期债券，实际上是将社会资金回笼，则市场上的流动资金偏紧；而当中央银行买入或回购自己发行的中长期债券，实际上是向市场投放资金，从而使得社会资金充裕。

总之，中央银行通过上述三大货币工具，来影响商业金融机构的信贷扩张能力，从而间接调控货币供应量。

一个国家在一段时期内的货币供给量对股票指数期货价格有重要影响。如果政府采取的是宽松的货币政策，说明政府追求较高的货币工具增长率，社会上有更多的货币流通，流动性的充裕容易支持股市的上涨；反之，紧缩的货币政策将使得货币流动性趋紧，导致股市疲软。

### （六）监管政策及突发政治事件

对 1992 ~ 2019 年沪深股市异常波动情况的统计分析表明，监管政策是造成股市异常波动的首要因素。政策性因素对股市影响占总影响的 46%，市场因素占 21%，扩容因素占 17%，消息因素占 12%，其他因素占 4%。

目前，市场中政策作用的影响力正逐渐趋小。由于管理层已经意识到政府干预股市的种种弊端，而更多采取了法律、制度这种规范化的管理方式。但政策的影响力仍是巨大的，需要对之保持高度的敏感。

股指价格的波动，不仅受经济因素的影响，而且受许多突发事件，诸如战争、政变、金融危机、能源危机等的影响。与其他因素相比，突发事件对股票价格指数的影响有两个特点：一是偶然性，即突发事件往往是突如其来的，因此相当多的突发事件是无法预料的；二是非连续性，即突发事件不是每时每刻发生的，它对股票价格指数的影响不像其他因素那样连续和频繁。

以上只是理论上单一因素的变化对指数影响的一般结论。事实上，许多因素通常是相互交织甚至是矛盾的，这时运用基本面分析法，需要把握主要矛盾和矛盾的主要方面，才能揭示未来指数的发展方向。

### （七）股指期货价格与股票指数现货价格的相互影响

我们可以把股票市场比喻为大海，股指期货就像一条在海上颠簸的帆船。随着海浪的起伏，船也上下摇动。你不能指望在巨浪滔天的时候帆船不受丝毫影响，也不能指望在风平浪静的时候帆船上下剧烈颠簸。

就像动物身上的皮与毛的关系，股票指数与股指期货之间的关系也是这种关系。股指期货价格的变动总是紧紧地依赖于现货价格——股票价格指数，绝对不可能出现与股指现货价格完全脱节的情况。也就是说，没有无缘无故地存在于“空中楼阁”的股指期货价格，即必须有一定的基础支撑着股指期货的涨跌。

股票市场的走向直接影响股指期货的价格。尤其是股指期货标的指数中大盘股的变化往往会对股票指数涨跌的影响很大，从而也带动股指期货价格的变化。股指期货投资者往往很关注股指中大盘股或者活跃板块股的股价变化趋势。

影响国内股票指数走势自身的因素主要包括：权重股的波动、成分股分红派息、成分股的替换、成分股的停牌、复牌等。

1. 现货指数中权重股的波动对股指期货价格的影响

目前国内股指期货标的指数中的成分股票覆盖国民经济大部分行业。其中，往往有几只股票会起“领头羊”的作用。这些股票一般占指数权重比较大，或者代表的是一个占指数权重很大的行业。这些个股的涨跌会引领其代表的那个板块同涨同跌，从而对指数产生一定程度的冲击。因此，关注沪深300的一些龙头股表现以及相关的一些政策，对把握指数的变化会有一定的参考作用。

例如，沪深300指数的各只样本所占的权重是不一样的。据统计，前十大成分股所占权重为20%，前三十大成分股权重占沪深300的1/3强。因此，关注沪深300的一些龙头股表现以及相关的一些政策，对把握指数的变化有一定的参考作用。沪深300指数前十大成分股累积权重见图4-6。同样，上证50指数与中证500指数各样本股所占的权重也是不一样的。

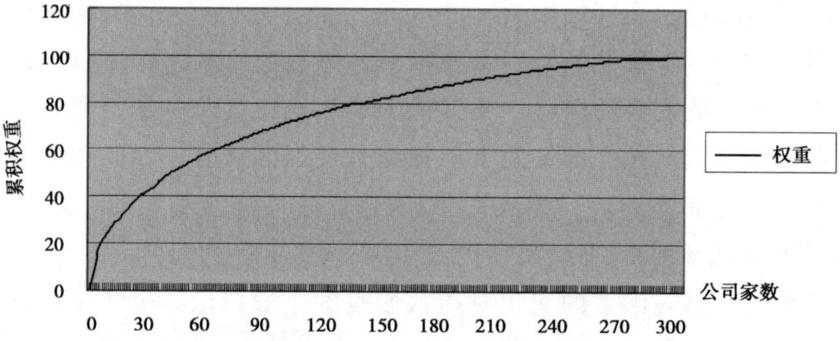


图4-6 沪深300指数前十大成分股累积权重

影响股票指数的另一个因素是行业板块走势。需要指出的是，在行业板块中也有个股的权重问题。在实际分析研判中，最好能将权重股与权重板块两者结合起来，因为权重板块中往往包括了权重股，这样的分析所得出的结论可靠性会更高。

2. 成分股的分红派息、送股、配股对股票指数涨跌的影响

根据股票指数的编制原则，当成分股进行分红派息时，指数并不进行人为调整。上市公司进行分红派息或增资的方式有很多，包括现金分红、股票分红、送股、配股、公积金转赠和增发等。当成分股分红派息等活动造成其流通股市值发生变动时，会影

响股票市值，并影响股票指数的走势。

在上市公司分红派息等方式中，现金分红会降低个股价格，降低流通市值；股票分红和公积金转赠会降低个股价格，但不会影响流通市值；增发、配股虽然会增加流通市值，但是在新增股份上市时指数一般会相应作出调整，以避免股指失真。因此，需要特别关注股票指数权重股现金分红等活动。

3. 股指期货价格与股指现货价格的走势一致性

股指期货价格走势不可能出现与股指现货价格走势完全脱节的情况。在股指期货价格高于股指现货价格时，股指期货价格最终会下跌到股指现货价格的水平，或者股指现货价格最终会上升到股指期货价格的水平。这是因为在股票现货市场与股指期货市场间存在着大量的套利行为。假如在股指期货合约成交后股指现货市场价格下跌，并一直持续到交割月，则股指期货合约价格也会随之下跌，并且下降幅度至少和股票现货价格的降幅一致。否则，当股指现货价格下降，股指期货价格虽然下降，但幅度小于股指现货价格的降幅，那么股指期货价格与股指现货的价差就会大于持有成本，套利者就会在股指期货市场上卖出期货合约，同时在股票现货市场上买入现货指数的一篮子股票并持有到期货合约的交割月份卖出。由此可以得出一个一般性结论：如果股指现货价格下降，股指期货价格也下降；如果股指现货价格上升，股指期货价格也上升，直到交割月份股指期货价格与股指现货价格一致。图 4－7 为沪深 300 股指期货价格与其现货价格的走势叠加。

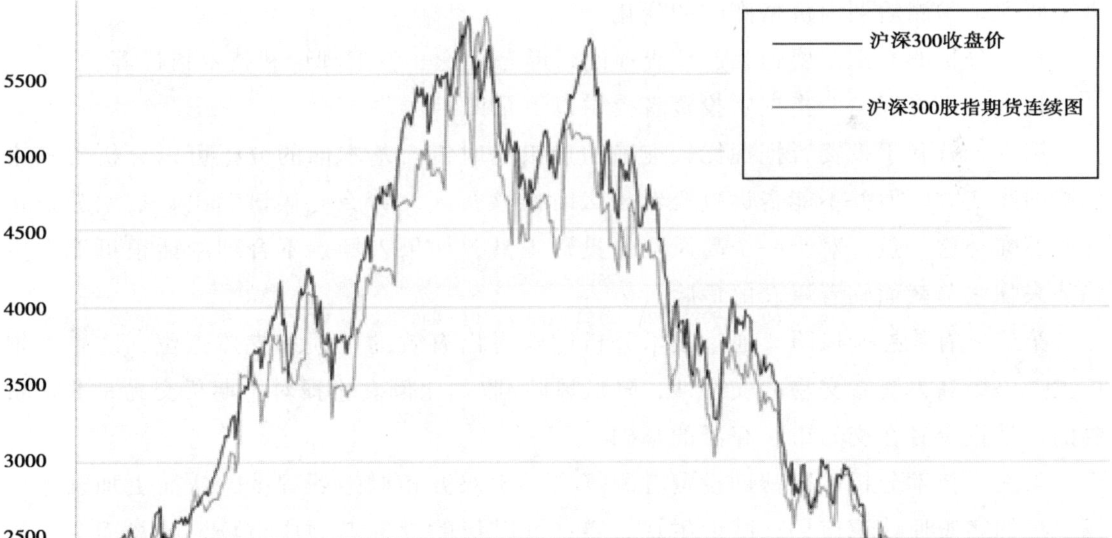


图 4－7　沪深 300 股指期货价格与其现货价格的走势叠加图

总之，因为股指期货价格是代表未来股票指数的价格，随着时间流逝，当股指期货合约到期时，股指期货价格就趋向于股票指数的交割价格。如果临近合约到期，而股指期货价格与股指现货价格出现超过交易成本的价差时，交易者必然会抓住机会进行套利交易，使股指期货价格与股指现货价格渐趋一致。

### (八) 心理因素

心理因素是交易者对市场的信心程度，俗称“人气”。如对某商品看好时，即使无明显利好因素，该商品价格也会上涨；而当看淡时，无明显利淡消息，价格也会下跌。又如一些市场大户与庄家们还经常利用人们的心理因素，散布某些消息，并人为地进行投机性的大量买进或抛售，谋取投机利润。

## 五、如何对股指期货价格进行技术面分析?

如果说基本分析解决的主要问题是市场为什么波动，那么技术分析则要解决的主要问题是市场什么时间和什么位置发生波动。基本分析与技术分析是互补的，结合使用可以提高预测的准确性。

技术分析是股指期货微观分析的主要方法，主要是以图表为主要手段对市场行为进行研究，预测短期内价格涨跌的变化。

技术分析的方法主要包括：K 线理论、形态理论、波浪理论和技术指标等。

技术分析可以向股指期货投资者提供以下帮助：

第一，有利于投资者把握比较准确的进出场时机。基本面的分析可以分析出未来价格的改变方向但并不能告诉投资者什么时候该买入，什么时候该卖出，技术分析正好能够弥补这一点。对于一个高风险的投资工具，如果入场点不合理的话很可能在主趋势来临之前就面临着爆仓的危险。

第二，有效控制风险。通过技术分析能够得出有效的止损和支撑点位，防止亏损扩大，以提高投资者交易的安全性，降低风险/收益比例。止损对于期货交易是非常重要的，是投资者在交易市场存活的基础。

第三，技术分析可以帮助投资者测算出买卖双方相对强弱程度，从而更加贴近市场，更加客观地认识市场，减少主观意愿；可以帮助投资者顺应市场，顺势而为，提高成功的概率。

第四，技术分析是短线交易者的有力武器。短线交易需要成熟的交易系统产生明确的信号，决策的主要依据就是技术图表。同时，技术分析相对简单，散户比较容易接受使用。因此，技术分析有着广大的使用群体。

总之，股指期货的投资者不论是以基本面分析为主，还是以技术分析为主，都应该重视技术分析对资金风险控制的作用。最好两者兼之，在实际操作中多观察思考，找到适合自己的分析决策系统，从而实现稳定盈利的目标。

### （一）技术分析的理论精髓

技术分析起源于股市，后来被移植到期货市场。技术分析在股市和期货市场上的用法不尽相同，但其基本原理是共同的。

首先，技术分析的依据是基于三个假设：

（1）价格反映市场一切；

（2）价格以趋势方式演变；

（3）历史会重演。

根据第一个假设，技术分析时并不需要关注价位为何变动，只关心价位怎样变动。第二个假设是借用牛顿力学第一定律“在没有任何外力影响下，物体会遵循一定方向恒速前进”，价位就如同有形物体一样，也是会沿着原有的既定趋势前进，直到受到外来因素的影响。第三个假设历史会重演则反映了市场参与者的心理反应。

技术分析的基本要素是：价、量、时和空。技术分析是价、量、时和空几种因素有机综合的产物，不要只盯住价格，而忽视了对其他因素的研究。

技术分析理论主要有：K 线理论、切线（趋势）理论、形态理论、波浪理论、周期理论和技术指标分析六大类。这些分析方法与股票市场的技术分析方法基本相同，使用的基本工具也一样，比如 K 线图、价格形态、交易量、趋势线和移动平均线等。

当然，股票市场和股指期货市场毕竟有着本质区别。技术分析在股票和股指期货市场中运用的差别，主要是两个市场本身的一些交易特点不同造成的。

差别之一：股市分析喜欢研究更长时间的图表，投资者也许想要知道 3 个月或半年后的市场，而股指期货投资者想知道的则是下周、明天乃至下半天的走势如何。所以，期货市场一些具有即时效用的分析工具，股票投资者可能闻所未闻。比如移动平均线，股市分析中使用最广泛的可能是 30 天、60 天和半年的移动平均线；而在期货市场，比较流行的移动平均线组合是 5 天、10 天和 20 天。

差别之二：对期货投资来说，时机决定一切。入市时间相差一天，有时甚至相差仅几分钟，结果可能截然不同。弄错了市场趋势而赔了钱固然糟糕，然而大方向没有错却依然“损兵折将”则是期货交易最令人沮丧的地方。基本面因素很少一天一变，毋庸置疑，时机抉择实质上纯粹是技术性的问题。

最后，期货市场技术图表分析的注意事项：

（1）技术图表分析的中心思想是风险管理和控制，即保护资金安全是第一任务；

（2）技术图表分析可以帮助制定交易计划，但交易计划的严格执行更重要；

（3）技术图表分析一定要综合研判，关键是要弄清楚针对当前的市场情况，什么样的工具最合适；

（4）复杂的并不一定是最优的，方法要力求简明；

（5）市场的规律总在不断变化，技术分析的方式方法也在不断变换，当大多数人都发现了市场的规律或技术分析的方法时，这个市场往往会发生逆转。

### （二）技术分析的实际应用

对技术分析的实际应用可分为三个方面：一为各类技术指标的使用；二为技术图形的识别；三为判断趋势与跟踪趋势。

1. 各类技术指标的应用

不论是股票市场还是外汇、期货市场，炒作手法无非两种：“高抛低吸”与“追涨杀跌”。这是两种风格完全不同的操作方法。

“高抛低吸”，是股市和期市里出现频率极高的4个字。从理论上讲，这4个字绝对正确，正确得都快成废话了。但是，这个度却是极不容易把握的！高抛，多少为高？是1000点还是2000点？是5000点还是6000点？高了后面有更高！一旦卖出合约，后面却在不断创出新高……悔！悔！悔！心里希望它快点跌下来……亦或到达了你的预定价位，却舍不得抛出！望着不断向上爬升的曲线，心里在盘算着账户上不断增加的盈利数字……乐！乐！乐！心里希望它永不回头得涨上去……可事与愿违！市场急转直下……你的盈利不断减少……等一等，反弹一些再抛！殊不知，低了还有更低……一直等到盈利变成了亏损！阶段性新低还在不断刷新……谁知这个“低”在哪里？那个“高”在何处？以一般散户的价格预测能力，实际运用时往往发现：逢低吸纳的结果是期价越来越低，最终全线套牢；而逢高卖出是愈卖期价愈高，所赚到的钱，还不如别人接过去所赚的零头。因此，“高抛低吸”这4个字说起来容易，做起来实在是难。

于是，不少投资者转而想寻捷径，等期价跌到底部确定后见涨追进，等待涨势告一段落后看跌杀出，也就是投资者常说的“追涨杀跌”。是不是很简单？非常简单！可事与愿违！当你终于按捺不住内心的冲动追涨了进去，结果市场却和你开了个玩笑！价格急转直下，你被套在了高高的“山顶”上——此谓之“追涨”！或者终于你按捺不住冲动杀跌了出去，身上割完肉的血还在流淌，市场却已触底反弹，你杀在了大底部——此谓之“杀跌”！

市场就是这样！一旦上涨，就涨得让你眼馋，直至让你热血沸腾！一旦下跌，就跌得你大跌眼镜，直至让你心惊胆战（例示见图4－8所示）！

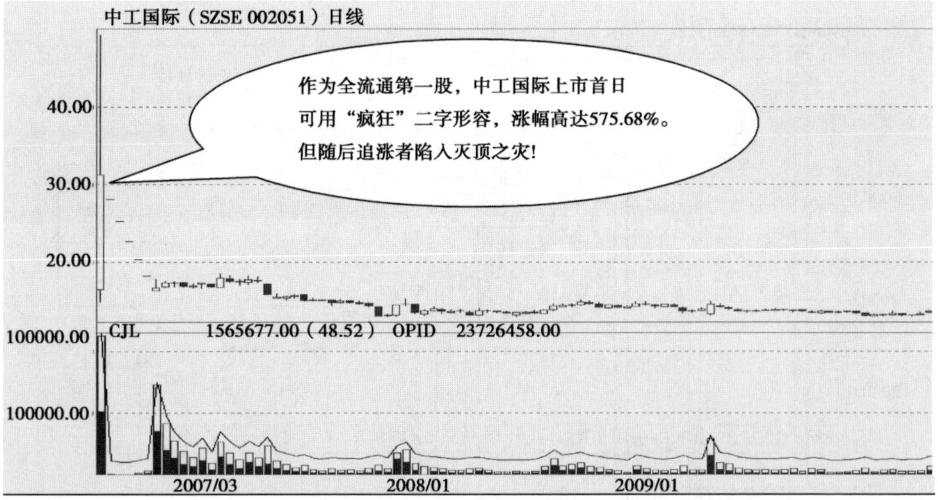


图 4－8　怎样避免中工国际的悲剧不再在股指期货上重演？

从上述可知，高抛低吸需要耐心，追涨杀跌需要勇气。“高抛低吸”一定要对顶部或底部有了较为把握的判断后再去“抛”或“吸”；同样，“追涨杀跌”可不能等股价涨了一段再去追，或者股价跌了很多再杀出，只有在低位的追涨和在高位的杀跌才是正确的。

那什么能帮助我们来判断底部或顶部已到、预测涨势或跌势已近尾声呢？最简单的回答是：指标和图表！当然在判断或预测这方面，技术指标和图表不是万能的，但没有它们则是万万不能的！

我们来看图 4－9 和图 4－10。

从图 4－9 中可以发现，图表所采用的技术指标为 BIAS（乖离率）、RSI（相对强弱指标）、KDJ（随机指标）、MTM（动力指标）。在顶部区域或底部区域，这些技术指标发出了共振！很明显给投资者一个阶段性到顶或到底的警示信号。这个时候如果采用“追涨杀跌”策略显然是不明智的，而可以考虑“高抛低吸”策略。可见，这类技术指标可以帮助我们判断期价是否处于底部或顶部。这类指标由于常常在以 0 为中心轴线的上下某个区域内来回震荡摆动，因此称为“摆动指标”。

同样是图 4－9，如果换用另外一类指标会得到什么警示信号呢？

在图 4－10 中，我们发现：K 线组合“阴盛阳衰”，短期移动均线在与中长期移动均线“死叉”后呈空头排列，SAR（抛物线指标）逐步下压，MACD（指数平滑异同移动平均线）中两条线在 0 轴下方下跌，DMI（趋向指标）下跌开口放大等，都在共同警示熊市行情。上述指标纷纷走强时又共同警示上涨行情的到来。

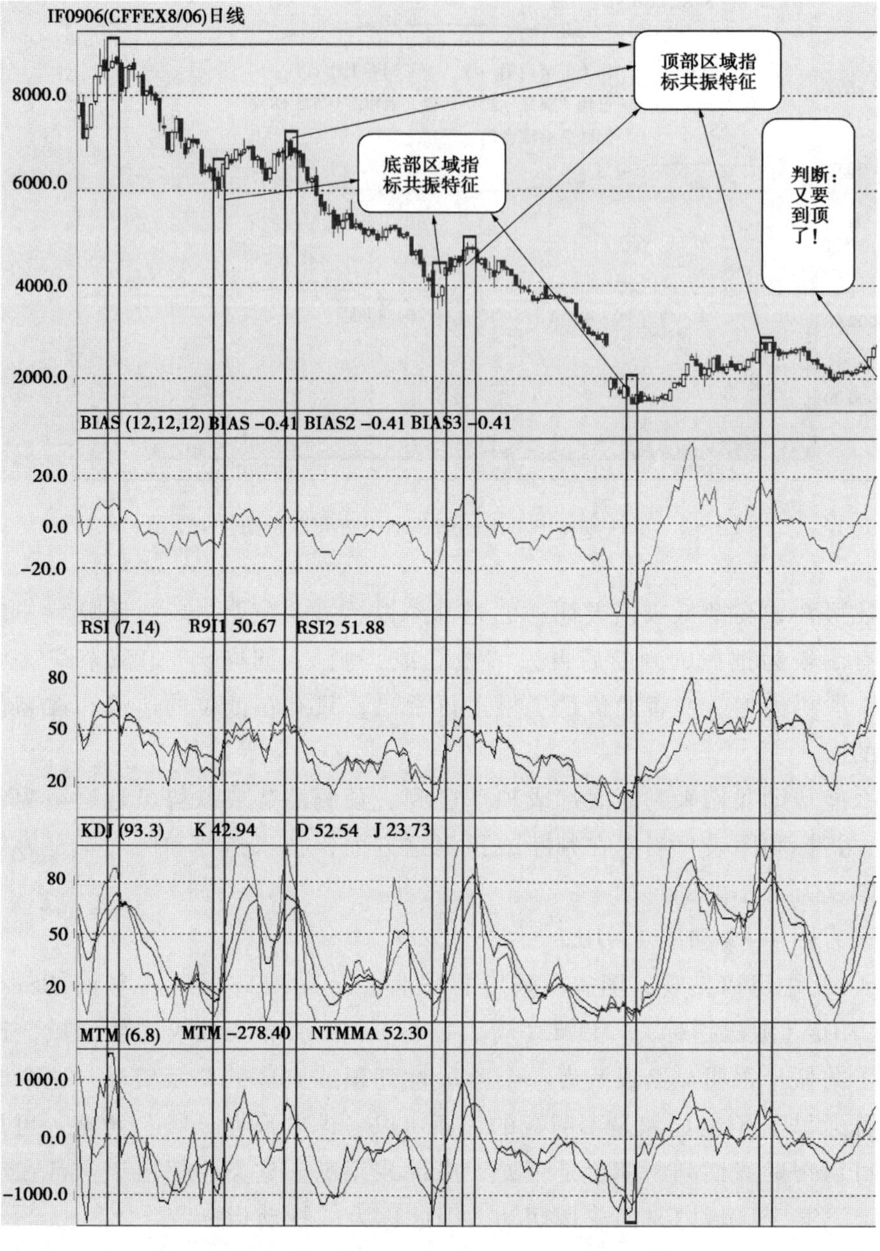


图 4-9　IF0906 技术指标组合图（一）

这类指标的最大特点是利用两根或两根以上线的交叉来提示投资者行情趋势发生了转变，从而提醒投资者在行情趋势发生转变前，采用“高抛低吸”策略应当慎之又慎，而采用“追涨杀跌”策略不失为明智之举。可见，这类技术指标是告诉我们期价走势趋向的，因此，这类指标称为“趋势指标”。

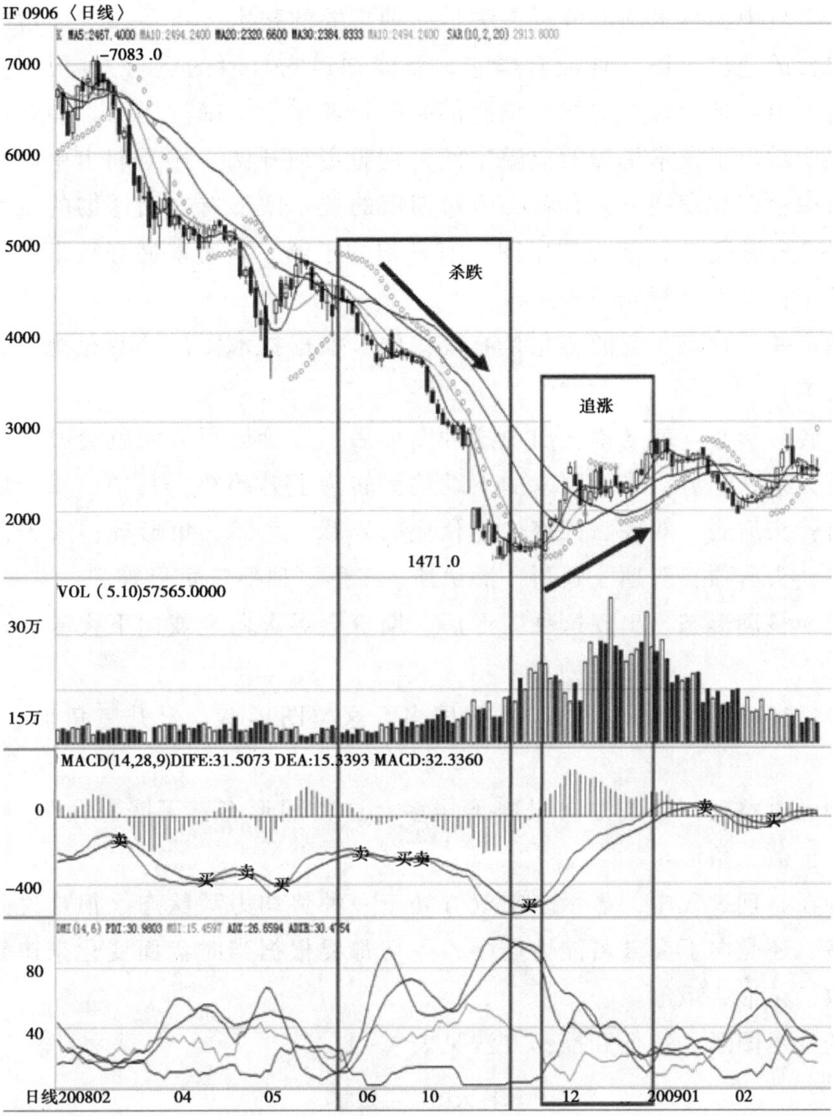


图 4－10　IF0906 技术指标组合图（二）

几乎所有交易系统中都自动带有大量上述技术指标，投资者可以仔细研究，寻找适合自身交易特性的技术指标。

2. 技术图形的识别

在股指期货相对较长期的走势图中，会看到各种不同的图形，有的像一座山，有的像一座岛，有的像一面旗子……后来人们发现一旦股指期货形成这些图形后，其往后的走势几乎如同一辙。譬如说期价走成“山”字形图形后，交易者就会争先恐后地卖出，逃之不及者都会被这座“山”压扁。正因为每种图形都会出现一种规律性的变化现象，人们才开始研究它，总结它，于是就产生了以价格走势图形为研究对象的技术图形理论。

在期市实战中，技术图形分析方法是一种重要的技术分析手段。期市中的技术图形好比气象台的卫星云图，你能看懂它，就能知道它日后的运行方向，是风还是雨，是买进还是卖出。各种各样的技术图形都为投资者作了明确的提示。能看懂股市技术图形的人表明跳出了技术指标的狭隘空间，视野更加开阔。作为期市中人，要在风险很高的期市中生存和发展下去，就必须对期市的技术图形有全面透彻的了解。至少要对“颈线”“头肩底”等基础技术图形有基本的了解。只有掌握好技术图形的分析技巧，才有助于在期市上领先一步。

技术图形并不神秘，它的变化是有规律的。根据技术图形的变化规律，大致可将它们分为两类：

一类为转势形态。就是说在出现这种图形后，股价运行方向就会改变，由原来的上升趋势转为下跌趋势，或由原来的下跌趋势转为上升趋势。其中，属于底部转势形态的图形有：头肩底、双底、圆底、潜伏底、V 形、底部三角形等；属于顶部转势形态的图形有：头肩顶、双顶、圆顶、潜伏顶、Λ 形、顶部三角形等。

另一类为整理形态。出现这种图形后，期价会寻求向上或向下突破。这中间又分为三种情况：

第一种经过整理，突破方向以向上居多。这类图形有：上升三角形、上升旗形、下降楔形。

第二种经过整理，突破方向以向下居多。这类图形有：下降三角形、下降旗形、上升楔形、扩散三角形。

第三种在整理过程中，显示多空双方处于一种势均力敌状态，很难说是向上突破可能性居多，还是向下突破可能性居多，一切都要根据当时盘面变化来决定。这类图形有：收敛三角形、矩形。

常见的技术图形、特征和操作方法见表 4－1。

**表 4－1　　技术图形一览表**

**（一）底部转势形态的技术图形**

| 序号 | 名称 | 技术图形 | 图形特征 | 操作建议 |
|---|---|---|---|---|
| 1 | 头肩底<br>（买入信号） | 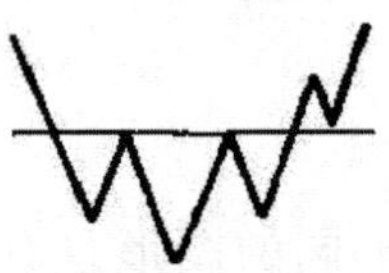<br>在实际走势中，也可能形成多个右肩或多个左肩图形。这种变异的头肩底与标准的头肩底技术含义相同 | （1）在跌势尾期出现；<br>（2）左肩下跌力度相对较大，下跌到头部时力量减弱，随后的上涨高于左肩低点；<br>（3）右肩下跌力度再次减弱，无法创出新低；<br>（4）有效向上突破颈线确认；<br>（5）突破颈线后，目标区至少相当于头底至颈线之垂直距离 | 激进型投资者可在右肩形成，放量向上突破颈线时买进；稳健型投资者可在放量突破颈线后，经回探颈线后再次放量创新高时买进<br>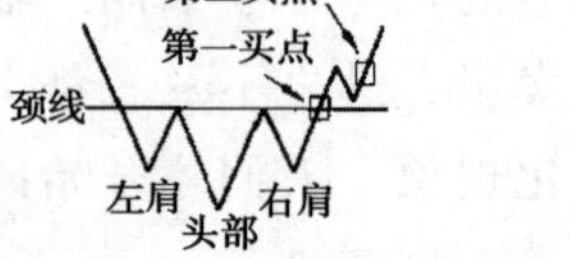 |

续表

| 序号 | 名称 | 技术图形 | 图形特征 | 操作建议 |
|---|---|---|---|---|
| 2 | 双底（W底）（买入信号） | 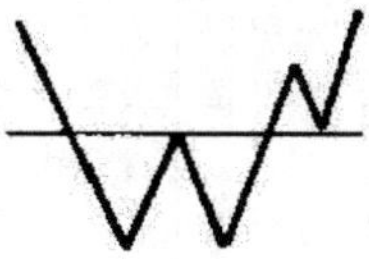 | （1）在跌势尾期出现；<br>（2）两个低谷，最低点基本相同；<br>（3）突破颈线常有回调，颈线附近止跌回升，确认颈线支撑有效；<br>（4）突破颈线后，目标区至少相当于底至颈线之垂直距离 | 买入方法与头肩底买入方法相同<br>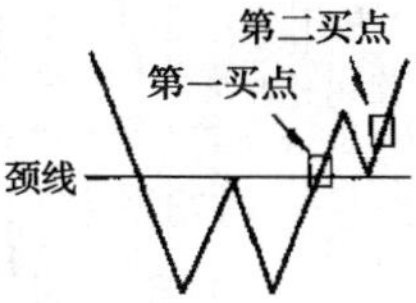 |
| 3 | 圆弧底（买入信号） | 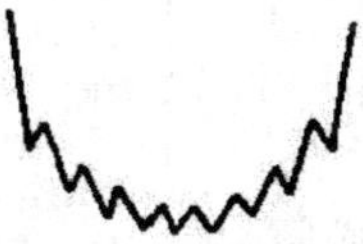 | （1）在跌势尾期和涨势初期出现；<br>（2）下跌的速度越来越慢，成交量逐渐萎缩后逐渐转变为上涨，速度越来越快，成交量也呈放大态势，其形状像圆弧 | 圆底不像头肩底、双底有明显的买进点。圆底上涨时一般无颈线可辨别，投资者可在上涨速度加快时跟进做多，但在锅盖处卖压会很大，往往是回调点 |
| 4 | 潜伏底（买入信号） | 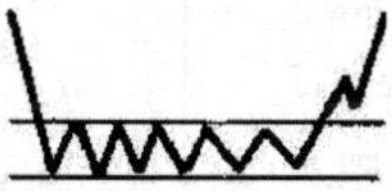<br>潜伏底形成时间一般都比较长，多数发生在市场长期受冷落的时候 | （1）在一轮大的跌势后出现，长期作狭窄的小幅波动，交易十分清淡。<br>（2）放量向上突破压力线后，股价一路上蹿，很少出现回调现象。往往出现大阳线后再拉大阳线，大胆市价追涨是一个比较好的选择。真可谓：不鸣则已，一鸣惊人。“横过来多长，竖起来多高”，指的就是潜伏底 | 在放巨量向上突破压力线时，大胆跟进<br>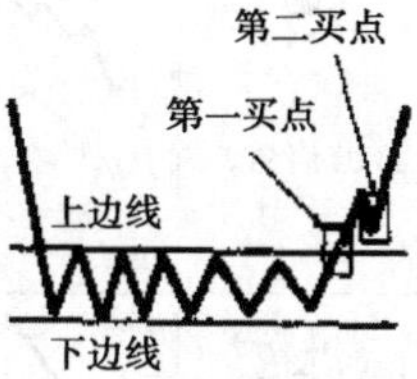 |
| 5 | V形反转（买入信号） | 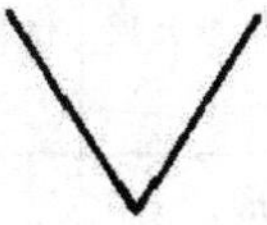 | （1）呈加速下跌状态；<br>（2）突然出现戏剧性变化，拉出了一根大阳线；<br>（3）转势时成交量特别大 | 一旦形成，应快速跟进，但要控制好仓位。如V形走势失败，应及时止损离场 |
| 6 | 底部三角形形（买入信号） | 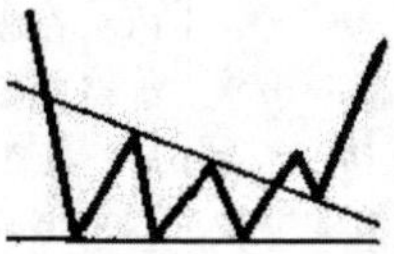<br>底部三角形形成的时间较长 | （1）三次探底几乎在相同价位上获得支撑，每次反弹的高点逐渐下移；<br>（2）形态形成过程中成交量逐步萎缩，至三角形尖端附近，缩至最小；<br>（3）向上突破压力线，成交量放大，并且上升空间较大，给投资者一个“抄底”的良机 | 在底部三角形形成的后期，不能再盲目做空，而要密切注意成交量变化，一旦发现股价冲破压力线时就可试着做多，如回探压力线再创新高时可加码买进<br>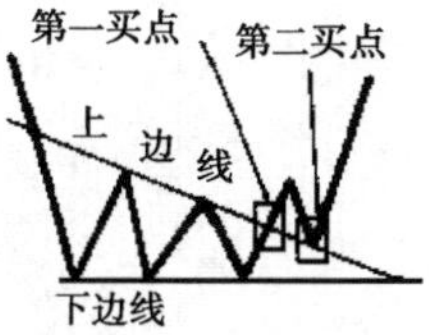 |

## （二）顶部转势形态的技术图形

| 序号 | 名称 | 技术图形 | 图形特征 | 操作建议 |
| --- | --- | --- | --- | --- |
| 1 | 头肩顶<br>（卖出信号） | 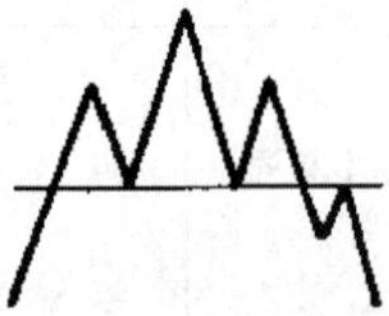<br>在实际走势中，也可能形成多个右肩或多个左肩图形。这种变异的头肩顶与标准的头肩顶技术含义相同 | （1）在涨势尾期出现；<br>（2）一般来讲，形成右肩先用很小的量击破颈线，然后再放量下跌；<br>（3）破颈线后的下跌目标至少为头部至颈线的相等距离；<br>（4）颈线的斜率最好向下 | 激进型投资者可在右肩形成，向下突破颈线时卖出；稳健型投资者可在跌破颈线后，经回探颈线后再次放量创新低时卖出<br>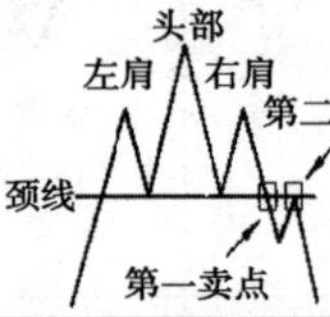<br> |
| 2 | 双头（M头）<br>（卖出信号） | 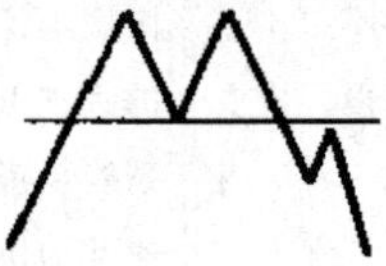 | （1）在涨势尾期出现；<br>（2）两个峰顶价位大致相同，但有时第二峰头略微比第一头高一些；<br>（3）第二次反弹上冲时成交量比第一次上冲时要小；<br>（4）破颈线常有反弹，但反弹成交量明显萎缩；<br>（5）跌破颈线后，下跌目标至少相当于顶至颈线之垂直距离 | 卖出方法同头肩顶卖出方法相同<br>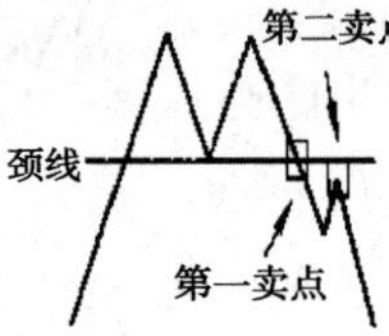<br> |
| 3 | 圆弧顶<br>（卖出信号） |  | （1）在涨势尾期和跌势初期出现；<br>（2）上涨的速度越来越慢，逐渐转变为下跌，下跌速度越来越快，最后形成圆顶形状 | 圆顶形成的时间越长，下跌的力度就越大。圆顶一般无颈线可辨认，投资者可在下跌速度加快时做空，但在前期低点支撑性很强，往往是反弹点 |
| 4 | V形反转<br>（卖出信号） |  | （1）先是股价快速上扬随后快速下跌，头部为尖顶，出现暴跌；<br>（2）转势点有较大的成交量 | 一旦形成，应快速做空，但要控制好仓位，如Λ形走势失败，应及时停损离场 |
| 5 | 顶部岛形反转<br>（卖出信号） | 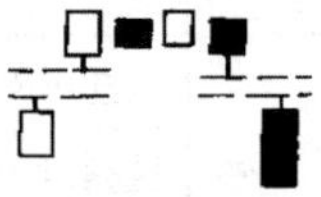 | 股价上升和下跌时出现两个跳空缺口，其位置基本处于同一区域，顶部就像一座远离海岸的孤岛 | 见到顶部岛形反转后要及时做空 |

## （三）整理后向上突破的技术图形

| 序号 | 名称 | 技术图形 | 图形特征 | 操作建议 |
| --- | --- | --- | --- | --- |
| 1 | 上升三角形<br>（买入信号） | 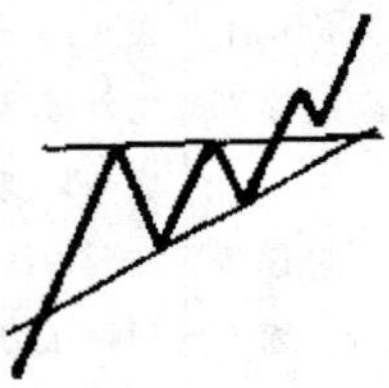 | （1）在涨势中期出现；<br>（2）上涨高点基本处于同一水平位置，回落低点却不断上移；<br>（3）成交量不断萎缩，向上突破压力线时放大量；<br>（4）上升三角形越早向上突破，则后劲越足，那些迟迟不能突破的，后市应谨慎做多；<br>（5）突破压力线后的上涨获利目标一般与第一峰顶至支撑线的垂直距离相等 | （1）在股价突破上档压力线，小幅回落，再次发力创新高后，投资者可加码跟进。<br>（2）上升三角形最终出路向上居多，但少数情况下也会向下突破。如出现向下突破，投资者应及时沽空或多头离场<br>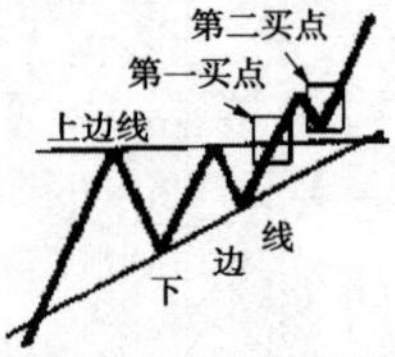<br> |

续表

| 序号 | 名称 | 技术图形 | 图形特征 | 操作建议 |
|---|---|---|---|---|
| 2 | 上升旗形<br>（买入信号） | 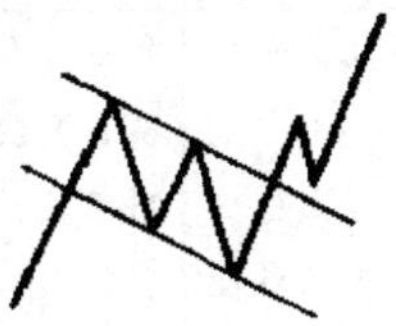 | （1）在涨势中期出现；<br>（2）上涨高点的连线平行于回落低点的连线，且往下倾斜，看上去就像一面飘扬的旗子；<br>（3）股价突破压力线后，常常有回抽，并在原来的压力线附近止跌回升，从而确认上升突破有效 | 该图形多为诱空陷阱。投资者不要被其股价重心不断下移而作出做空的错误抉择<br>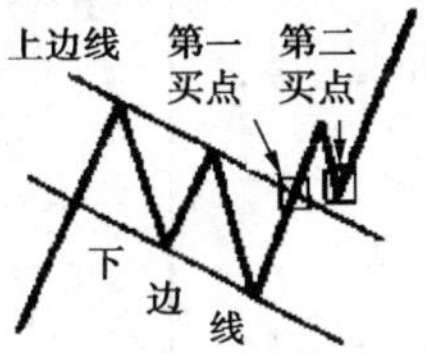 |
| 3 | 下降楔形<br>（买入信号） | 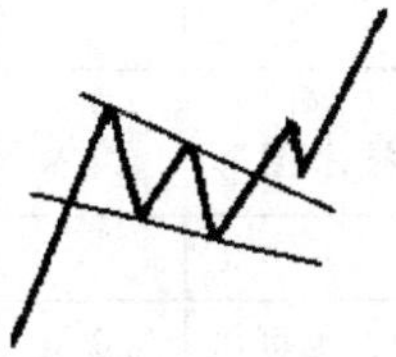 | （1）在涨势中期出现；<br>（2）上涨高点的连线与回调低点的连线相交于右下方；<br>（3）图形形成过程成交量不断减少，最后突破压力线时，成交量明显放大 | 诱空陷阱，买进信号<br>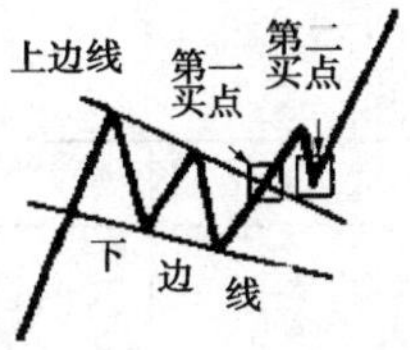 |

**（四）整理后向下突破的技术图形**

| 序号 | 名称 | 技术图形 | 图形特征 | 操作建议 |
|---|---|---|---|---|
| 1 | 下降三角形<br>（卖出信号） | 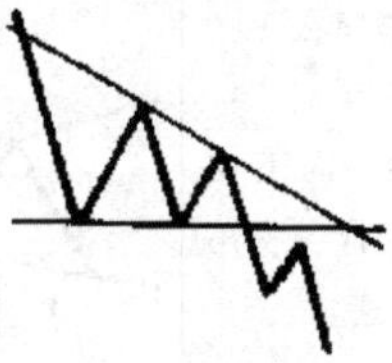 | （1）盘整下挫，在跌势中期出现；<br>（2）反弹高点不断下移，但下落低点处于同一水平位置（上边的高点相连形成压力线，下边低点相连形成一个支撑线） | 跌破下部支撑线卖出<br>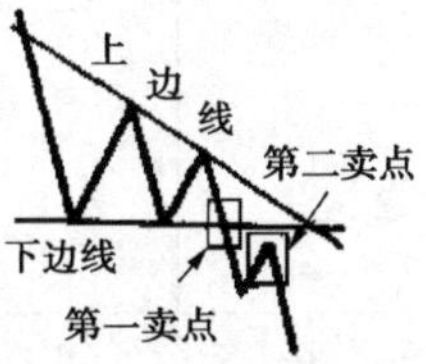 |
| 2 | 下降旗形<br>（卖出信号） | 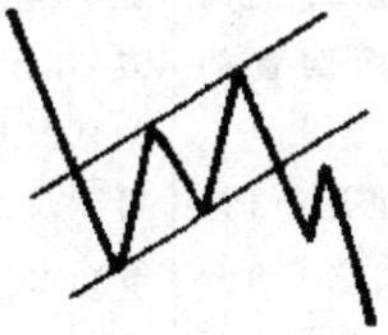 | （1）在跌势中出现，反弹高点的连线平行于下跌低点的连线，且向上倾斜，看上去像一面倒置的旗子；<br>（2）股价在上升通道里运行时，得到了成交量的支撑，出现了价升量增的喜人现象，是一典型的诱多陷阱；<br>（3）成交量呈不规则状态 | 一旦向下跌破下轨，追空<br>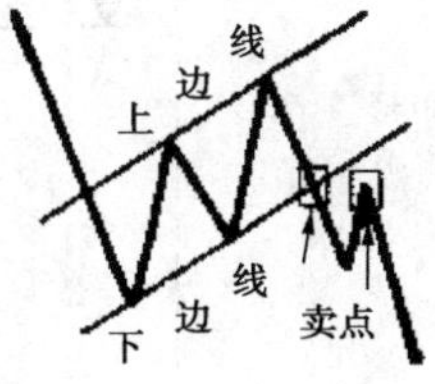 |
| 3 | 上升楔形<br>（卖出信号） | 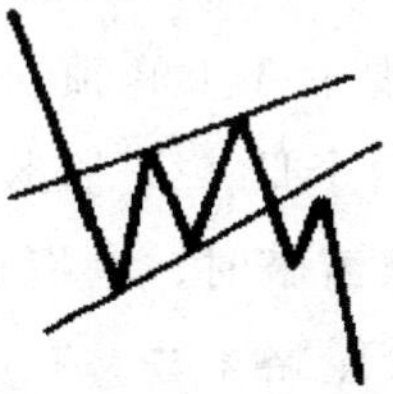 | （1）反弹高点的连线与下跌低点的连线相交于右上方；<br>（2）图形形成过程中，成交量不断减少，出现价升量减速的反弹现象；<br>（3）属于诱多陷阱 | 一旦向下跌破下轨，追空<br>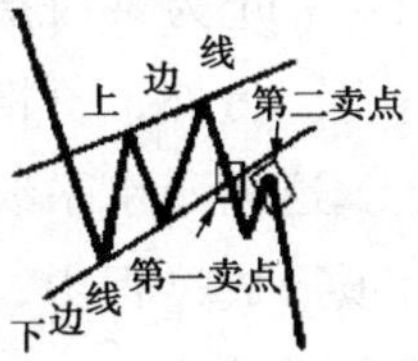 |

续表

| 序号 | 名称 | 技术图形 | 图形特征 | 操作建议 |
|---|---|---|---|---|
| 4 | 扩散三角形（卖出信号） | 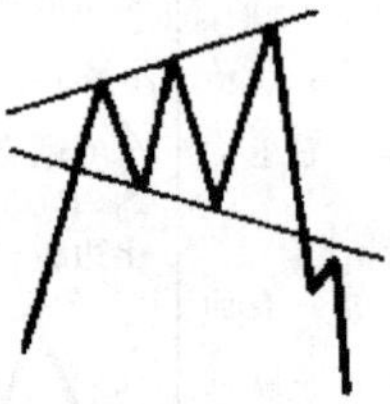 | （1）多数出现在升势尾期，升势已尽；<br>（2）高点连线与低点连线，相交于左方，虽向右扩散状，其形状像一个喇叭 | 短期可在三角形里面高卖、低买，要快进快出，一旦期价跌破下轨，追空<br><br> |

**（五）既可向上突破又可向下突破的技术图形**

| 序号 | 名称 | 技术图形 | 图形特征 | 操作建议 |
|---|---|---|---|---|
| 1 | 收敛三角形（观望信号） | 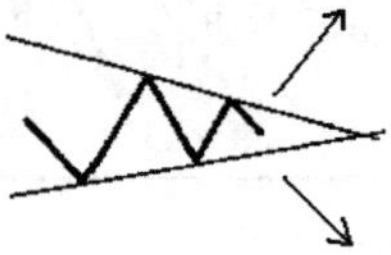 | （1）既可出现在涨势中，也可出现在跌势中；<br>（2）高点边线与低点的连线相交于右方，呈收敛状，其形状像一把三角形尖刀；<br>（3）出现在上升趋势中，向上突破可能性较大，时间往往选择在三角形的中下端；<br>（4）出现在下降趋势中，向下突破可能性大，时间往往选择在三角形顶端附近 | 先观望，等确定突破哪一边后再进场<br>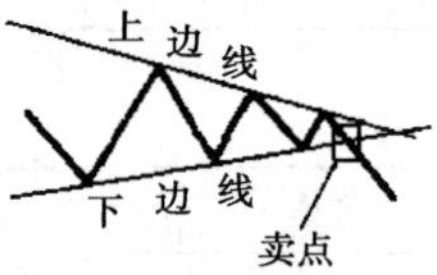<br><br>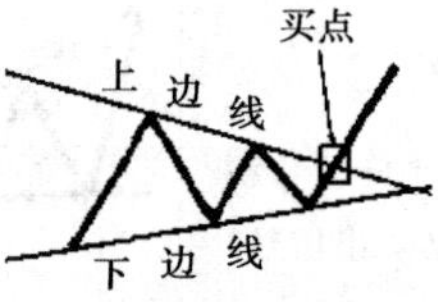<br> |
| 2 | 矩形（箱形）（观望信号） | 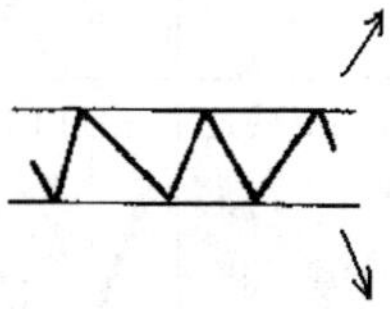 | （1）在跌势中出现，反弹高点的连线平行于下跌低点的连线，且向上倾斜，看上去像一面倒置的旗子；<br>（2）股价在上升通道里运行时，得到了成交量的支撑，出现了价升量增的喜人现象，是一典型的诱多陷阱；<br>（3）成交量呈不规则状态 | 期价在上下距离相近的水平位置中作上下波动，形成一个长方形图形。盘整行情以不介入为宜，因它向上向下突破均有可能，过早加入将陷于被动；等确定突破哪一边后再进场 |

图 4－11 为某股指期货隔季连续日线图。图中出现了 3 个峰顶，形成了左肩、头部和右肩。另外，价格在上冲失败向下回落时形成的两个低点又基本上处于在同一水平线上。这同一水平线，就是通常说的颈线。当颈线被击破时，头肩顶正式宣告成立。在头肩顶形成过程中，左肩的成交量最大，头部的成交量略小些，右肩的成交量最小。成交量呈递减现象，说明股价上升时追涨力量越来越弱，股价有涨到头的意味。因此，

头肩顶是一种见顶信号，一旦头肩顶正式形成，股价下跌几乎成定局。现在来看图的走势，就可以发现它目前的状况完全符合头肩顶的特征。一根中阴线使人看到多方赖以生存的颈线已被击破，价格收于颈线下方，头肩顶已基本成立。既然行情走到这个地步，投资者应该认识到大势已去，多头止损离场是目前的最佳选择，头肩顶是杀伤力很强的一种技术走势。

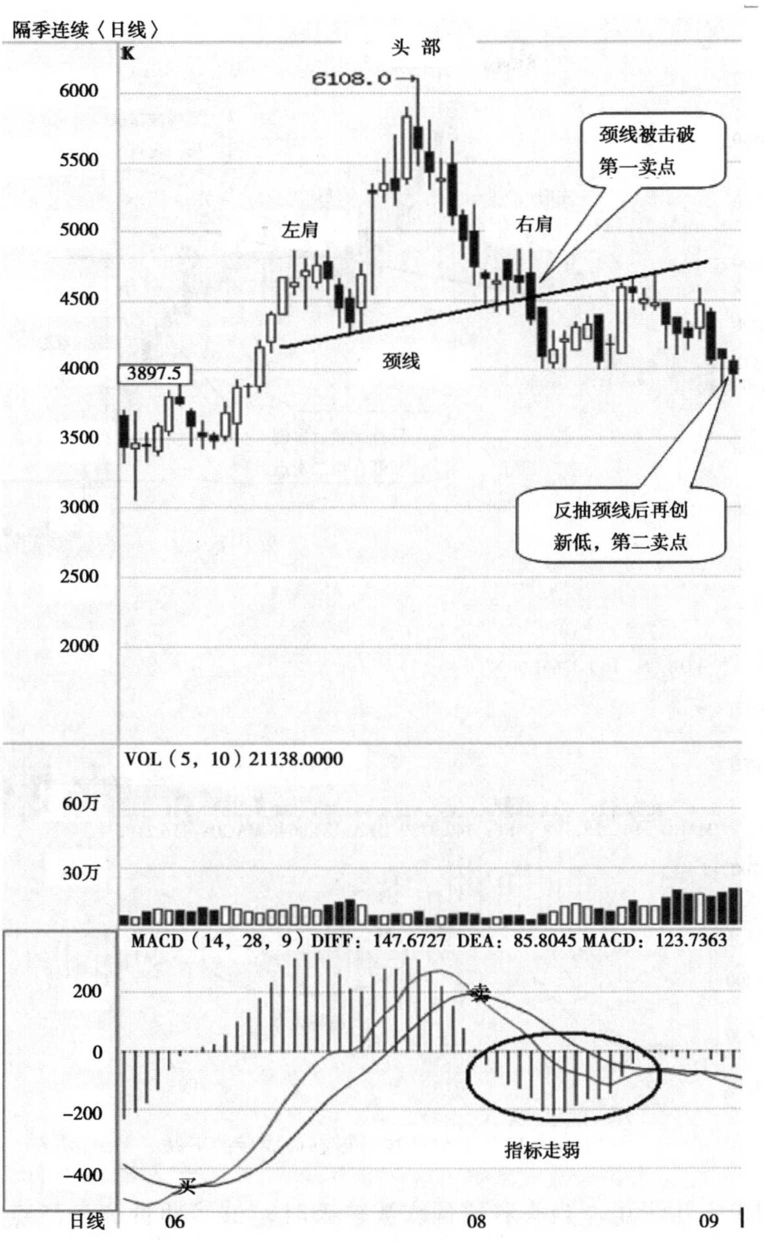


图 4－11　头肩顶技术形态

但市场还是给予多头充足的出场并翻空的机会。见图 4－12，期价在跌破颈线后向上反抽颈线，此时对应的技术指标 MACD 明显走弱，表明反弹力度有限，随后期价再次下跌并创出新低。在此过程中，共有两次做空机会。其中第二次做空比第一次安全可靠，但有时价格跌破颈线后不再回头，就会没有第二次做空机会。为解决这一矛盾，可采取空单分批加码的方式，即防踏空又防判断有误。

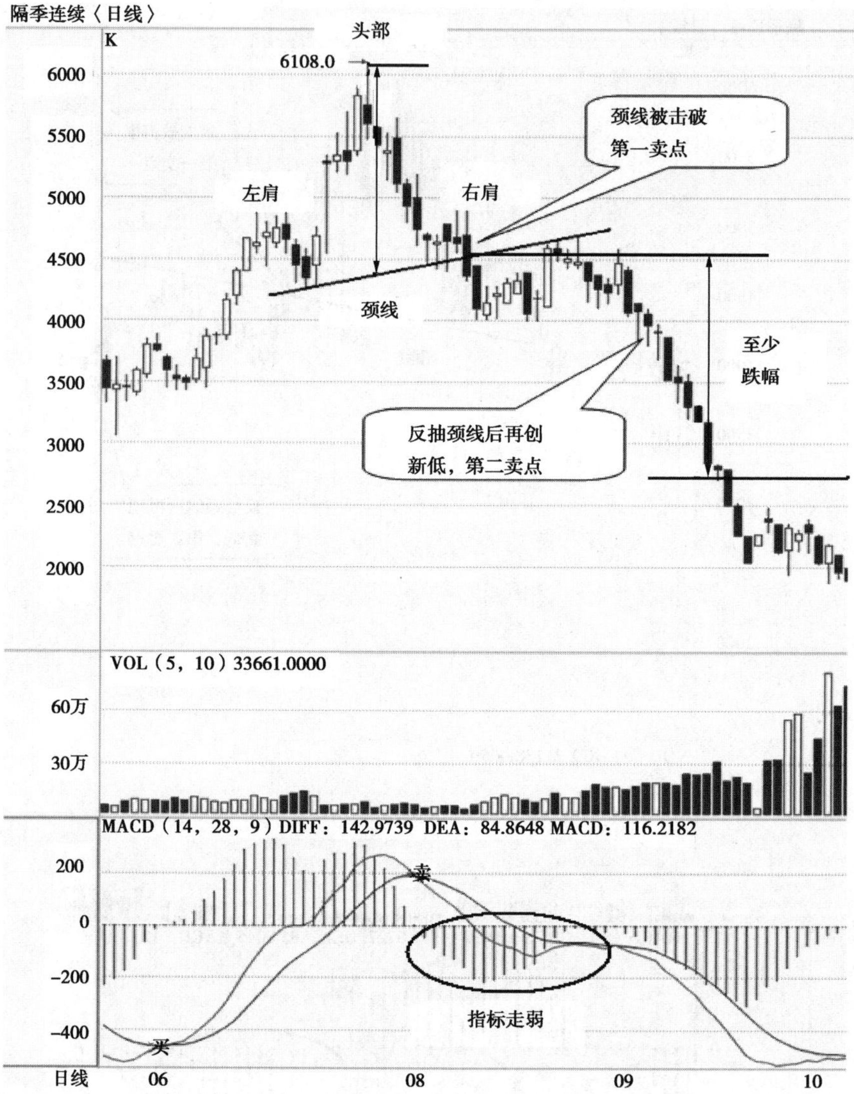


图 4－12　头肩顶技术形态形成后的下跌

随后，期价一泻千里。当头肩顶颈线被跌破时，虽然期价和最高点相比，已下跌一段幅度，但跌势只是刚刚开始，尚未卖出的投资者可以继续追空。其最低跌幅的量度应从头部的最高点画一条垂直线相交于颈线，然后在右肩突破颈线的点位向下量出同样的幅度，所量出的点位就是股价将会下跌的最低幅度。

在图4－13中，经过8个多月的大幅下跌，股指期货合约进入10月后，走势出现了微妙变化。下跌速度越来越缓慢，期价由缓慢下跌逐渐转变为走平甚至缓慢上升，从而形成圆弧底形态走势。

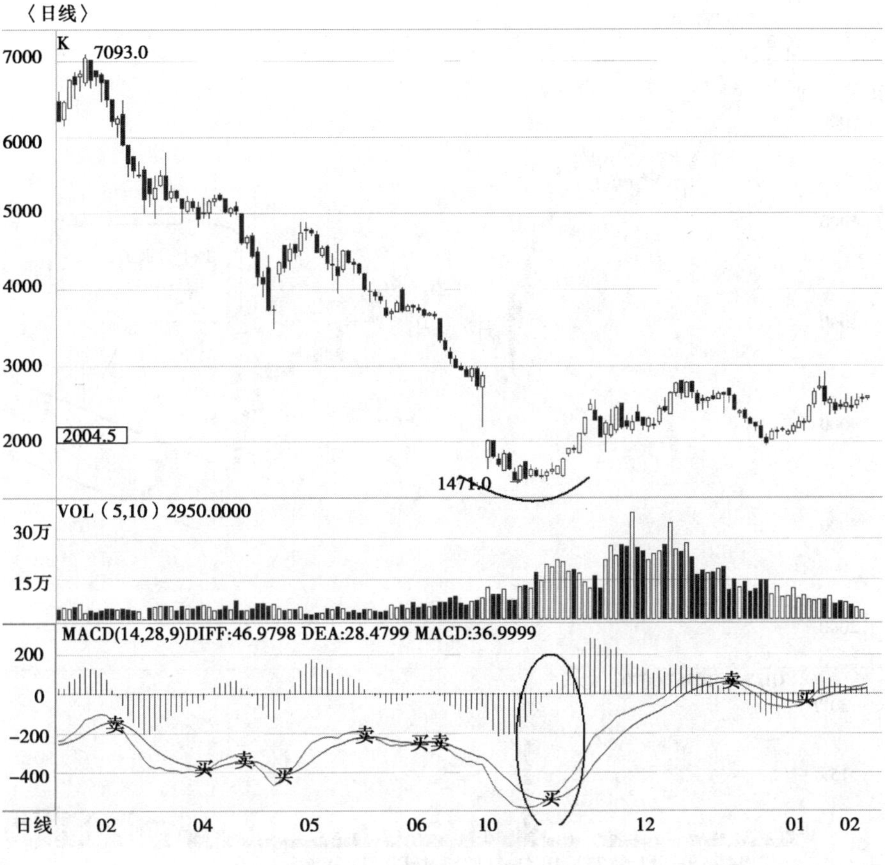


图4－13 圆弧底技术形态

投资者历来对圆底都很重视。一旦圆弧底向上突破，常会出现一轮可观的上涨行情。但作为一个聪明的投资者，要想抓住圆弧底，得到很好的投资回报，入市时机的选择就显得十分重要。如果过早入市，常常会陷入漫长的筑底行情中，几个星期甚至几个月都看不到希望。很多投资者就是因为经不起长时间折磨，在期价向上发动前离场，从而与即将到来的上升行情擦肩而过，是十分可惜的。

那如何选择进场买入点呢？此时可借助移动平均线交叉，或如图4－13中MACD两线交叉等技术指标发出的买入信号作为圆弧底的买入进场点。

不过，当期价上升到圆弧底的锅盖上沿时，期价往往会因遇到较强阻力而回调，从而结束圆弧底形态走势而转向其他新的技术图形走势。

在图4－14中，股指期货合约经过长期下跌后，在6月中旬达到一个阶段性低点，期价经过1个月的上下反复，出现了一轮反弹行情，如将反弹行情的高点与高点之间和低点与低点之间分别用直线连起来，就可以看出股价在一个上升通道里运行。有人对这个上升通道十分看重，认为价格就此摆脱了下跌困境，走上了攀升之路。

图4－14 小心技术形态陷阱

如果从表面上看，大家肯定同意目前期价“正在摆脱下跌困境，走上了攀升之路”的看法。不是吗？期价反弹时，高点越来越高，低点也在不断抬升，而且期价在

“上升通道”里运行时，得到了成交量的支持，出现了价升量增的喜人现象，MACD等技术指标也处于买入信号之中，这真是买进的好时机。但是，如果你是一个熟悉技术图形的投资者，就不会同意期价在上升通道里运行的看法。技术图形理论告诉我们，在下跌趋势形成后，股价下滑至某一支撑点时，会出现一种由左向右上方倾斜的平行四边形的图形，这个图形就是“下降旗形”。下降旗形是期价下跌过程中的一个整理形态，整理结束后期价仍会继续下跌。说白了，下降旗形就是空方主力为了进一步打压期价而为中小散户精心布置的一个多头陷阱。如果投资者不认真分析，看到期价在缓慢上升就一头“扎进去”做多，那十有八九会中圈套（见图4-15）。因此，面对这种可能是下降旗形的走势，耐心冷眼旁观，观察期价究竟会向哪个方向突破，然后追进才是最佳良策。

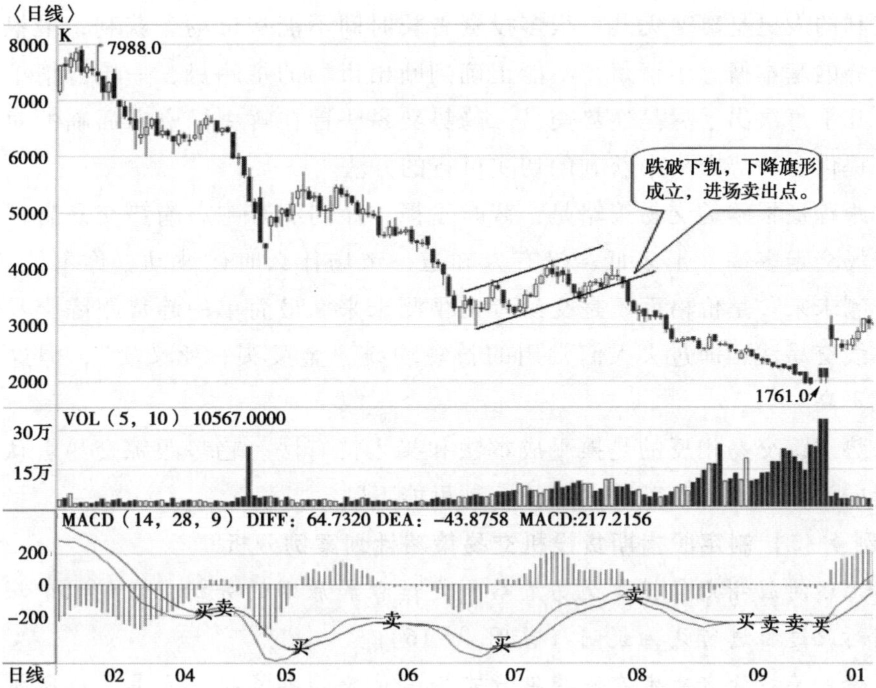


图4-15　下降旗形技术型态

为了避免技术图形对投资者造成的重大伤害，投资者在实战操作时要密切注意以下两个问题：（1）当某种技术图形形成雏形时，就要引起高度警惕，捕捉战机。一旦发现诸如颈线等关键点位被击破就要果断决策平仓出场或开仓出击。（2）除关注日K线图外，投资者还要高度重视周K线图、月K线图中出现的技术图形。如果周K线图、月K线已经形成技术图形走势，说明期价中长期走势已经转变，期价将会出现一个较长时间的涨势或跌势。

3. 跟踪趋势

有一个故事，说得是不少投资者在期货市场上本想抄底，而且也抄在了地板上，却没有想到地板下还有地下室；抄在地下室的，没有想到下面还有地窖；抄在地窖的，没有想到还有地壳；抄在地壳的，没有想到还有地狱；抄在地狱的，没有想到地狱居然还有十八层……可见，底下有底。从这个角度来分析，做期货并不是绞尽脑汁地抄底与逃顶，而是把握趋势的拐点。只有趋势发生了拐点，我们才顺势介入，才能准确把握趋势拐点，才能做真正的期市王者！

与前面所谈的技术指标分析和技术图标分析方法相比，趋势分析是技术分析的较高层次，是判断市场何去何从方向的有力工具。市场流行的说法是："趋势是你的朋友，永远做一个趋势的追随者。"尽管它可以说是金融市场尽人皆知的基本原则和操作理念，然而，对普通投资者来说，真正能够理解"趋势"真谛的人却不多，追随趋势交易获利的人更是寥寥无几。很多投资者长时间不能从市场上获利，最根本的原因就是对趋势的基本概念不清楚，不能正确判断出市场的主趋势，一轮行情结束后才恍然大悟，几乎每次出手尽是逆势交易。趋势交易法旨在解决投资者面临的对趋势把握的难题，提供在顺势交易中获利的切实可行的方法。

趋势跟踪最根本的交易策略是：截断亏损，让利润奔跑。趋势交易者认为，没有人知道市场会走多高，走多低；没有人知道，市场什么时候波动。你不能放弃过去，也不能预测未来。是价格而不是交易者在预测未来。最简单的趋势跟踪交易就是采用移动平均线交易法，即过去人们常用的长短均线"金叉买、死叉卖"，但这种交易法的准确性不高。

与趋势跟踪交易相反的是摊平成本法和买入持有法。趋势跟踪交易者认为：摊平成本会走向深渊，因为下跌时间越长，越可能下跌。

**【案例 4－5】制定股指期货投机交易策略计划案例分析**

根据上述对股指期货投机交易策略制定过程和原则的分析，我们以沪深 300 股指期货为例对此过程进行详细说明（见图 4－16）。

元月份，某投资者决定在股指期货市场尝试股指期货投机交易，他所拥有的交易总资金为 100 万元。如何制定投机交易策略方案呢？

1. 对宏观经济和行业情况进行客观分析。

在查阅了大量证券公司和期货公司研究人员的研究报告后，该投资者做出了自己的判断。

当时，影响中国股市未来走势的因素主要有四个方面：

一是由金融危机引发的金融海啸席卷全球。在全球性金融危机已经波及实体经济的大背景下，中国实体经济受到了一定程度的冲击。全球经济增长形势不容乐观。预计受全球经济衰退需求不足和生产成本上升的影响，当年中国工业产出的疲态也进一

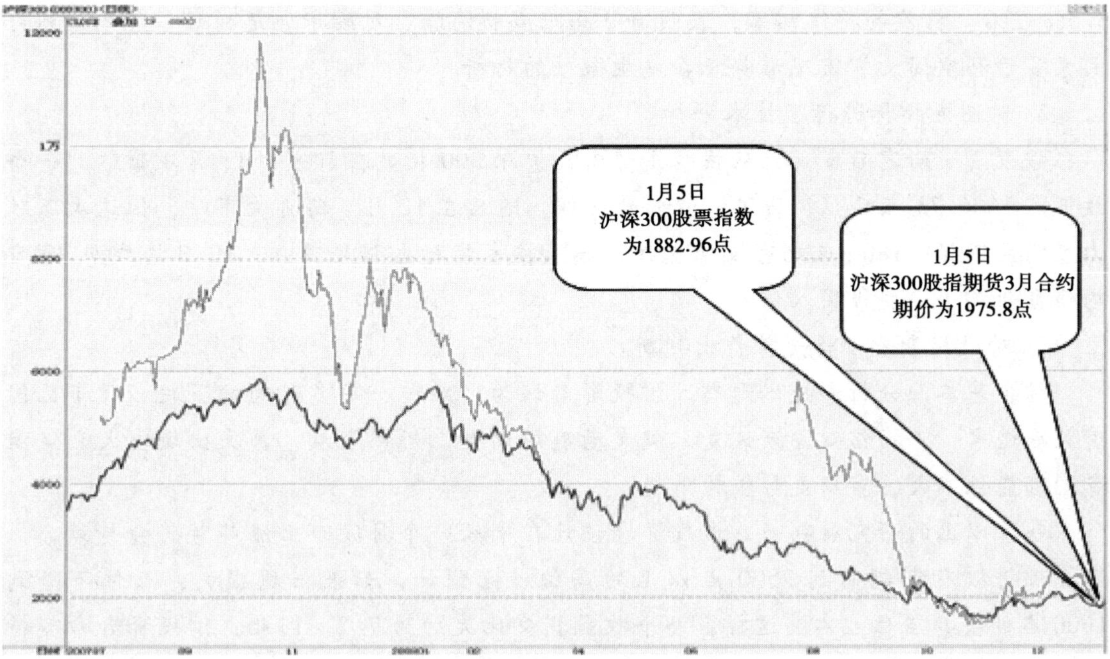


图 4-16 某年 1 月 5 日前的沪深 300 现指与沪深 300 股指期货 3 月合约走势叠加图

步加剧。从宏观经济的基本面上看，中国经济发展增速放缓，这是利空的一面。但股市已经下跌了一年多时间，这一利空消息应该大部分被市场消化掉了。

二是中国政府出台了扩大内需的多项措施，总投资约 4 万亿元。实行积极的财政政策和适度宽松的货币政策，加快民生工程、基础设施、生态环境建设和灾后重建，提高城乡居民特别是低收入群体的收入水平。这些既有利于促进经济增长，也有利于推动结构调整；既有利于拉动当前经济增长，也有利于增强经济发展后劲；既有效扩大投资，也能积极拉动消费。国务院办公厅《关于进一步加强资本市场中小投资者合法权益保护工作的意见》的发布，更是给我国金融市场的稳定健康发展带来积极的政策支持。因此，当年中国的经济仍将继续增长。预计增长 8% 是有把握的。

三是从国家财政政策及货币政策方面看，当年中国人民银行 5 次降息，9 次调整存款准备金率。利率和存款准备金的双降意味着国内一个新的货币周期开始，预计这个周期将会持续 1～2 年。在当年年底之前，存款利息有望降至 1.5% 以下，存款准备金率有望降至 13% 以下。降息释放出一种信号，即政府“保增长”的决心，可以提振金融市场的信心。银行出于政府保经济增长的乐观预期，可能会加大信贷投放，缓解企业目前的资金困境并最终作用于实体经济，在银行存量资产得到保障的同时对经济也将起到拉动作用。货币政策由适度从紧转向相对宽松，对股市将产生积极影响。这也表明了中国政府维护金融安全、保持资本市场稳定的决心和标志。

四是通货膨胀和通货紧缩的双重威胁仍在可控制的范围内。预计当年 CPI 会在

3.5%左右。物价的持续回落，表明通货膨胀威胁消除，对股市也是利好。总之，利好因素多于利空因素，宏观形势正在发生微妙的转折。

2. 对图表指标进行了技术分析。

该投资者研究后发现，从技术走势看，沪深300指数在前一年11月4日达到一个最低点1606.73点后，经历了一波弱势反弹，随后在12月下旬再次下跌，但这次下跌力度明显不强，1800点就有较强支撑，各项技术指标也明显改善，10日均线与20日均线差距缩小，发出买入信号。

3. 对股指期货价格走势作出判断。

综合基本面分析和技术形态，该投资者认为，经过一年多时间的下跌，股市已经有见底迹象，市场信心逐渐恢复，成交量有所回升，短期来看，再次出现重大利空消息的可能性不大，市场走势较为乐观。

基于以上的研究和判断，该投资者预计在未来一个月股市上涨趋势将会持续，上涨点位将极有可能回到2500点以上的高位。他预计，如果出现损失，点位下降到1600点的支撑点位左右。这样，整个收益损失比大约为7:2。因此，该投资者希望持有未来一个月的沪深300股指期货3月合约的多头头寸。

4. 确定购买期货合约数量，合理安排交易资金。

按总头寸不超过总资金三成的原则，投资者可用于首批股指期货交易的保证金约为30万元。1月5日，3月期货合约收盘1975.8点，若考虑建仓时机选择为收盘时，那么：

每张期货合约的保证金 $=1975.8\times300\times10\%\times1=59\ 274$（元）

该投资者可以购买IF0903期货合约数量 $=300\ 000\div59\ 274=5.06\approx5$（手）

5. 止损条件的设置。

根据止损原则，该投资者采用10日均线止损法，即当收盘价跌破当日10日均线就平仓出场。

6. 建仓时机的选择。

上面假设该投资者采用的是以收盘价建仓，但是在准备建仓的1月5日，3月期货合约的市场走势并不平稳（见图4-17），合理选择建仓时机确实可以在原有利润的基础上赚取额外利润。1月5日多空双方对市场未来的判断出现了很大的分歧，整日交易均十分活跃，争夺十分激烈。在14点45分时，多方上攻，报价跃升，达到整日的第三高点位1950点，随后创出日内新高。可以看出，这时是一个较好的建仓价位，这比在收盘高位建仓总投资成本至少减少37 000元。因此，在确定准备建仓的情况下，应该力争在日内的低位选择建仓。

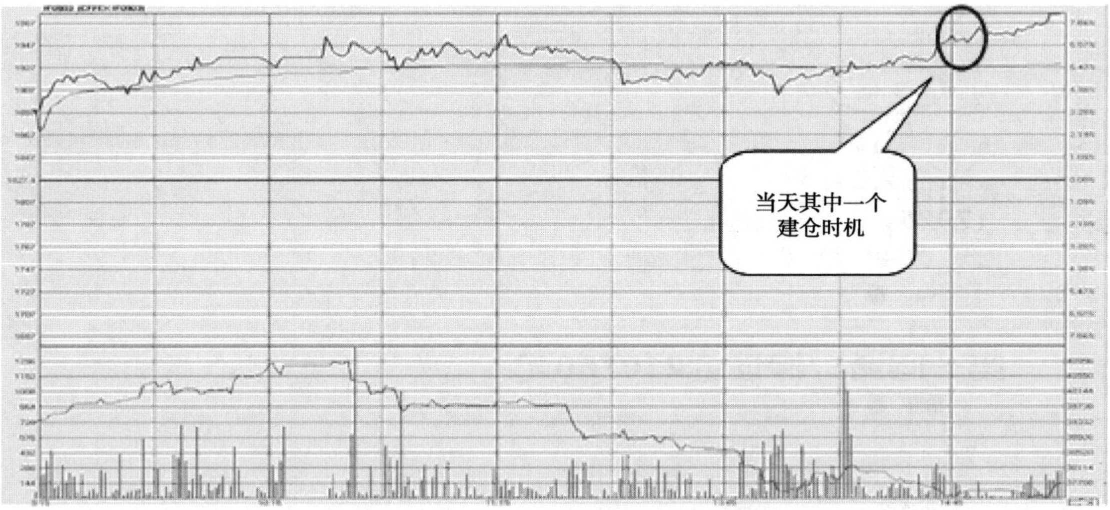


图 4－17　某年 1 月 5 日沪深 300 股指期货 3 月合约分时走势图

7. 市场监控和平仓时机选择。

市场监控主要是合约的止损问题，而出仓时机的选择与建仓时机选择一样关键和具有技术性。该投机者仍选择收盘价跌破 10 日均线为出场点。

至此，整个股指期货投机交易策略方案基本确定。

为使大家加深对股指期货投机交易的了解，下面我们和大家一起进入股指期货市场，参与股指期货投机交易，实际体验股指期货投机交易的全过程。

**【案例 4－6】股指期货投机交易实战体验**

某年 9 月初，甲、乙两位投资者准备在沪深 300 股指期货市场做投机交易。其中，甲的期货账户中有资金 80 万元，而乙的期货账户中有资金 30 万元，交易保证金率为 10%（手续费忽略）。

9 月 11 日，经过盯市、研究、分析和思考，他们判断 3 月合约短期内会有一个下跌过程（见图 4－18），于是在收盘前，甲、乙两位投资者均在 7025.0 点各自卖出了该合约一手。

卖出一手合约所需保证金 = 7025.0 × 300 × 10% × 1 = 21.075（万元）

甲可用剩余资金 = 80 − 21.075 ≈ 59（万元）

甲只动用了总资金的 1/4 左右，说明甲的操作风格比较稳健。

乙可用剩余资金 = 30 − 21.075 ≈ 9（万元）

乙已动用了总资金的 2/3 还多，接近满仓操作，说明乙的操作风格比较激进。

两人都是在进行做空投机，其目的十分明确：等股指期货下跌后再买入平仓从而获取差价。然而，市场并未按他们所预期的那样运行。

第二天，期指不跌反涨，账面已经出现了浮动亏损，这让他们有些坐卧不安。怎么办？此时投资者必须考虑两个问题：一是如果有把握能够判断出未来行情走向的话，

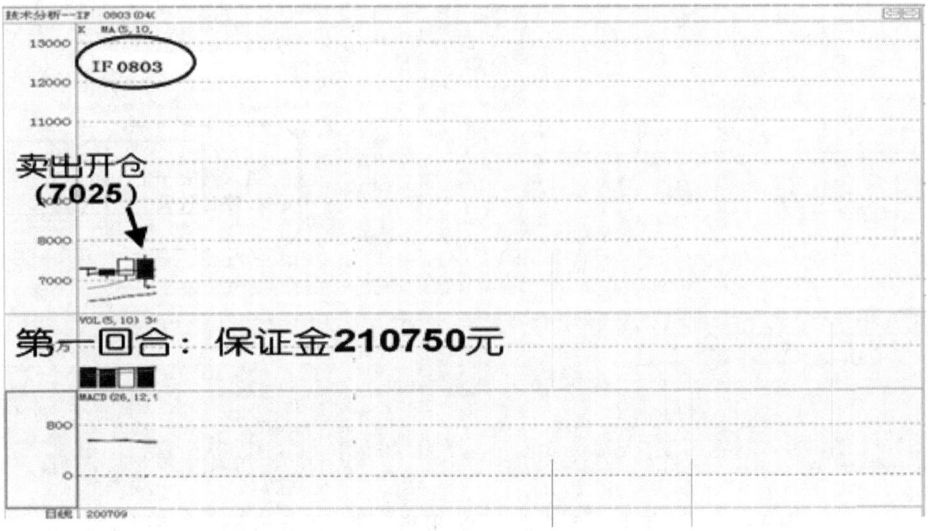


图 4-18 股指期货投机操作演示过程（一）

比如说做空投机错了，应该看涨，那么下个交易日就立即采取行动，及时改正错误，平掉空仓，再买进开仓反手做多，等待行情上涨。但是，在大多数情况下投资者对行情的判断并无确切的把握，且心存侥幸，“也许明天会跌下去”，而且又担心反手做多后两面“挨耳光”，总想拖一拖再说。如果是这种情况，投资者必须考虑第二个重大问题，那就是如果明天行情继续上涨，向不利于持仓的方向发展怎么办？自己最大损失忍受极限是多少？投资者要制订一个最坏情况下的应急预案，将亏损控制在自己能够承受的范围内。这就是期货市场上常说的止损方案。有了止损方案，投资者才能安心持仓。

根据上述原则，两位投资者制订了一个止损方案。他们决定：如果未来期指向上突破 7800.0 点的前期高点，就表明涨势确立，则在收盘前买入平仓，止损出场；否则手中的空单持有不动。

经过 6 天的盘整，期指向上突破了 7800.0 点的前期高点，涨势十分明显（见图 4-19），于是甲、乙两位投资者按照预定的止损方案，在收盘前以 7867.0 点价位买入平仓 1 手合约，从而了结了手中的头寸。

本回合交易两位投资者各自亏损额 =（7 025 - 7 867）×300×1

= -25.26（万元）

既然上涨趋势明显，那就应该反手买入做多！于是两位投资者决定再买入开仓。此时买入 1 手合约需要多少保证金呢？

买入 1 手合约所需保证金 = 7 867.0×300×10%×1 = 23.601（万元）

甲期货账户上可用资金 = 80 - 25.26 = 54.74 万元

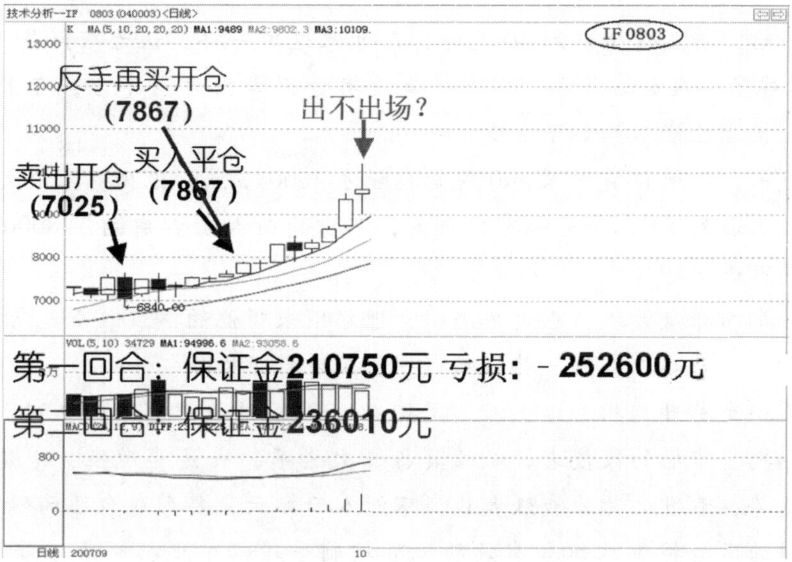


图4-19　股指期货投机操作演示过程（二）

甲又迅速买入了1手合约。但此时乙的资金出现了问题：

乙期货账户可用资金＝30－25.26＝4.74（万元）。

乙已经不够买入1手IF0803合约了，只能眼睁睁地看着扳本的机会流失，并遗憾地认赔退出市场。

可见，在股指期货投机交易中，资金管理是多么重要！正因为甲在开始交易时采取了稳健的投机策略，没有满仓卖出3手而只建了1手仓，他才能在出现亏损的情况下得以再战，没有"伤筋动骨"。而乙因资金量小，采取接近满仓交易的策略赌性很大，一旦方向做反就血本无归，连扳本的机会都没有了。因此，小资金不适于做股指期货。

现在只剩甲还在股指期货市场打拼，而乙只能在一旁给他当"参谋"了。由于这次行情判断得十分正确，期指连续上涨，随后的第7个交易日时，甲又开始坐卧不安了。一是甲的账户上出现了较大的盈利，总担心到手的鸭子飞了；二是当天行情出现大幅震荡，经过连续数天的上涨，期指似乎有调整的迹象。出不出场？这是摆在甲面前的重大难题。

甲征询"参谋长"乙的意见。乙的态度十分坚决：平仓出场！理由是本次交易已将上次的亏损全补回来了，而且既然行情有回调的迹象，那"君子勿立危墙之下""三十六计走为上计"。甲被说得动了心。

甲刚要下单平仓时，无意中瞟了一眼行情。他突然想起了一件刻骨铭心的往事……

2001年，贵州茅台上市不久，甲和乙同时以每股37元的价格各买了1 000股，但随之而来的却是漫漫熊途，股价一路下跌到23元多。甲和乙互相鼓励，没有割肉，挺过来了。两年后，当股价上涨到40元时，乙也像这次一样，认为涨得差不多了，将1 000股悉数抛掉了，盈利近万元。甲却一直没有舍得卖出贵州茅台，直至今日，当初的不到4万元投资已经不知翻了多少倍……

甲冷静下来，发现目前沪深300现货指数才4000多点，根据对本次大牛市的研究和判断，大盘上涨到5000点是很有把握的，不少分析人士都看到了8000点。经过慎重思考，甲没有平仓。

第二天，期指开盘大跌，乙大呼小叫，埋怨甲未听他的建议。甲也感到有些后悔。但尾市期指却再次拉起，多头气势强盛。甲长长地舒了口气。

随后的几个交易日期指加速上涨（见图4－20）。这使甲深深体会到，投机交易者要想成为股指期货市场的佼佼者，必须具备三大素质：一是要理性、冷静、客观，准确判断市场走势，看准大势才能赚大钱，不能人云亦云，要形成自己的研究分析体系。二是要有强烈的风险控制意识和有效的风险控制手段，该止损时决不能手软。试想，如果在7025点卖出后，一直扛到现在而不止损，不仅现在不能反败为胜，80万元的资金将全部亏光都还不够。正是应验了期货市场上的一句至理名言："不怕错，就怕拖。"三是要有较强的心理承受能力，在持仓方向有利的情况下要"敢于赚钱"，而不是被套后的"敢于赔钱"。

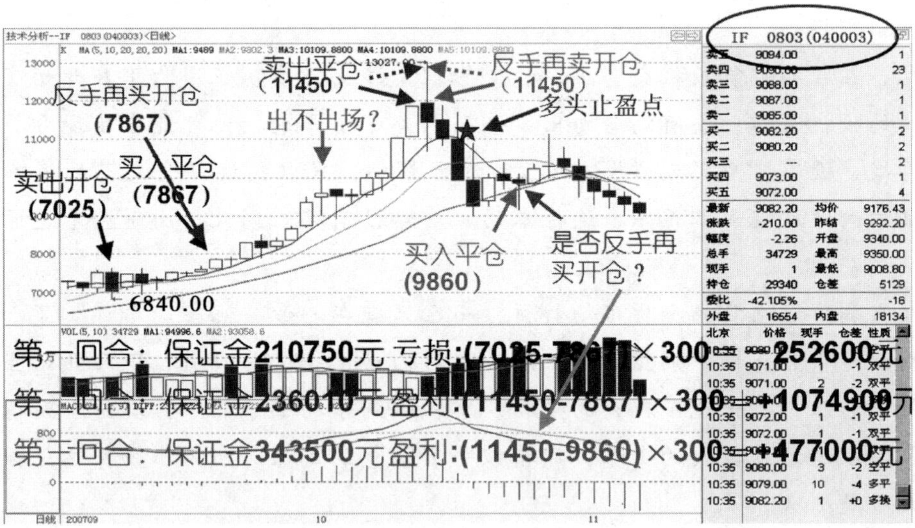


图4－20 股指期货投机操作演示过程（三）

甲将自己的交易心得与乙交流。对照自己的交易行为，乙发现了自身最大的不足就是眼光过于短浅。于是乙向甲虚心请教：究竟什么时候出场？甲沉思半晌，回答是："我也不知道。不过既然暂时无法判断何处是顶部，那就像以前我们设有止损方案一样设立一个‘止盈方案’，以具有趋势特征的5日移动平均线为止盈线，只要收盘价跌破这根线就是平仓出场的时机。不跌破此线就一直持仓不动。”乙点头赞许。亏损时设有“止损方案”，盈利时设有“止盈方案”，这是期货投机者控制风险和个人情绪，在市场上立于不败之地的法宝。

然而，乙的头脑毕竟比甲要机敏、灵活。10月17日，股票市场上，上证综合指数突破6000点大关，沪深300指数也达5890点，市场呈现狂热状态。与此同时，股指期货市场上，该合约价格盘中一度突破13000点。乙经过深思熟虑及时向甲提出了自己的忧虑：13000点意味着到3月份交割时，市场人士已经看涨沪深300指数会到13000点，而股市从年初到10月份也只涨了3000多点，现在才6000点左右，短短的5个月内，股票大盘指数还会再翻一番？综合考虑其他各种因素，这种可能性有多大？显然，目前期货市场的投机者头脑处于发热状态，失去了理智。甲听后幡然醒悟，认为这次乙分析很客观，眼光也很长远，市场下跌的风险确实很大了，是卖出平仓的时候了。但如果这时平仓，不符合所设定的“止盈方案”条件，因为此时5日移动均线的点位还在11000点附近，还要等好几天收盘价才可能跌破它。

究竟甲会采取哪个方案平仓呢？我们把这个悬念留给大家，见仁见智吧。请大家计算一下在不同价位出场后的总体盈利。

图4-20是不同交易行为及结果的示意。需要提醒大家的是：“止盈方案”或“止损方案”并不是最佳的交易方案，而是最坏情况下的风险控制方案，是在没有其他更好方案的情况下，投资者不得已必须采取的最后行动。

# 第五章　股指期货套期保值

## 本章要点

股指期货套期保值是通过在期货市场上建立一定数量、与现货交易方向相反的股指期货头寸，以抵消现在或将来所持有的现货股票价格变动带来的风险，即套期保值是一种用于规避股票市场风险的工具。股指期货套期保值分为卖出套期保值（又称“空头套保”）和买入套期保值（又称“多头套保”）两种类型。持有股票的投资者往往会采用卖出套期保值规避股价下跌风险，而手中无股却欲建仓的投资者一般会应用买入套期保值锁定建仓成本。股指期货套期保值应遵循的原则有：品种相同或相近原则、月份相同或相近原则、方向相反原则和数量相当原则。引入股票与指数之间相关系数 β 来计算套保比率，可使股指期货套保更加精准。

在商品期货市场上，因涉及增值税发票等票税问题，个人投资者是不能进行套期保值业务的。那么，在股指期货市场上，个人能否参与股指期货套期保值业务呢？回答是肯定的。在股指期货市场上，机构投资者、个人投资者都可以利用股指期货进行套期保值。

## 一、什么是股指期货套期保值?

传统的套期保值，是指生产经营者在现货市场上买进或卖出一定数量的现货商品的同时，在期货市场上卖出或买进与现货品种相同、数量相等但方向相反的期货合约，以一个市场的盈利弥补另一个市场的亏损，达到规避价格波动风险的目的。

套期保值之所以能够规避风险，是因为期货市场上存在以下基本经济原理：

（1）同种商品的期货价格走势与现货价格走势一致。

（2）现货市场与期货市场价格随期货合约到期日的临近，两者趋向一致。

套期保值者本着“两面下注，反向操作，均等相对”的原则，在两个市场之间建立一种“相互冲抵”机制，从而达到转移价格风险的目的。

与商品期货套期保值类似，股指期货套期保值也是通过在期货市场上建立一定数量、与现货交易方向相反的股指期货头寸，以抵消现在或将来所持有的现货股票价格变动带来的风险。因为在一般情况下，股指期货的价格与股票现货的价格受相近因素的影响，它们的变动方向是一致的。因此，投资者只要在股指期货市场建立与股票现货市场相反的持仓，则在市场价格发生变化时，必然会在一个市场上获利而在另一个市场上亏损。通过计算适当的套期保值比率可以使亏损与获利大致平衡，从而实现保值的目的。

图 5－1 中，①线代表上证 50ETF 在未套期保值时的市值曲线；②线代表 50ETF 采用上证 50 股指期货进行对冲套保后的基金市值曲线。上证 50ETF 套保后的市值不仅波动明显小于未套保的组合，而且市值明显高于未套保的水平，而此时期大盘处于一个大幅震荡的不确定状态，套保不仅提高了投资者持仓市值的稳定性，而且收益率也要明显高于未套保的水平。

## 二、进行套期保值的必备条件和操作原则是什么?

不是所有股票与指数都存在较高的相关性。在所持股票与股指期货为非相关性或相关性不高的情况下，投资者是不能采用股指期货套期保值手段来规避股票市场风险的。如：当投资者持有单一品种的股票而非股票组合时，一旦单一股票与股票指数出现方向相反走势，可能会出现股票与股指期货同时亏损的情况，则此时进行所谓套保则是灾难性的。

比如某年 5 月 31 日，尽管指数收出红盘，但仍有 300 多只股票处于跌停板的位

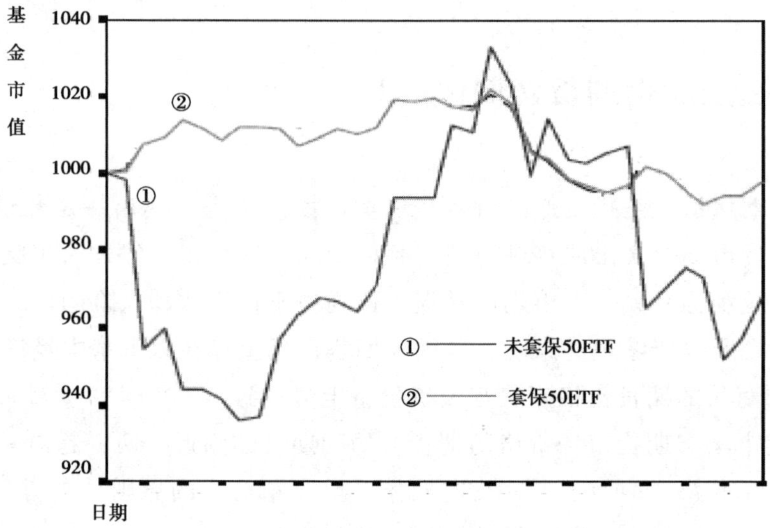


图 5-1　某时期内对上证 50ETF 基金进行套期保值前后的效果对比

置，假设用这 300 多只跌停板的单一股票或其股票组合在沪深 300 股指期货市场做卖出套保，那么保值当日不但不会减少亏损，还使亏损进一步扩大。因为利用股指期货进行套期保值对冲的是整个股票市场的风险，如果股票受某些自身风险因素的影响很大，那么它的价格变动与指数价格的变动会存在很大的可逆性，导致保值效果很差，此时可以考虑不进行套保。由于期货市场交易的是不同标的的指数期货，只有采用相同标的的指数的成分股的股指期货套期保值，效果才会更为明显。如投资者所持有的股票组合中的大部分品种均为非标的股指成分股，则很难保证套保效果。

另外，并非所有的股票投资组合都有必要进行保值，确定需不需要对股票头寸进行套期保值的评判标准主要有两个：

一是股票头寸在现货市场进出的灵活性；

二是股票头寸受非系统性风险因素影响的程度。

如果一个股票组合头寸规模不大，构成股票数目也不多，以及意愿持有的时间也很有弹性，那么可以在股票市场上很灵活地操作。此时，可以考虑不进行保值，而是根据对市场的判断直接在股票现货市场上进行买卖操作；相反，如果持有的头寸比较庞大，股票组合构成复杂，而且需要持有较长时间，则可以考虑进行保值。另外，组合受非系统性因素影响的程度也是需要考虑的重点之一。

股指期货套期保值操作一般应遵循的原则是：

1. 品种相同或相近原则。该原则要求投资者在进行套期保值操作时，所选择的期货品种与要进行套期保值的现货品种相同或尽可能相近；只有如此，才能最大程度地保证两者在现货市场和期货市场上价格走势的一致性。

2. 月份相同或相近原则。该原则要求投资者在进行套期保值操作时，所选用期货合约的交割月份与现货市场的拟交易时间尽可能一致或接近。

3. 方向相反原则。该原则要求投资者在实施套期保值操作时，在现货市场和期货市场的买卖方向必须相反。由于同种（相近）商品在两个市场上的价格走势方向一致，必然会在一个市场盈利而在另外一个市场上亏损，盈亏相抵从而达到保值的目的。

4. 数量相当原则。该原则要求投资者在进行套期保值操作时，所选用的期货品种其合约上所载明的商品数量必须与现货市场上要保值的商品数量相当；只有如此，才能使一个市场上的盈利（亏损）与另一市场的亏损（盈利）相等或接近，从而提高套期保值的效果。

## 三、怎样对套期保值效果进行评估？

开展套期保值，是以一个市场的盈利来弥补另一个市场的亏损，或者说希望通过期货市场套期保值业务来弥补现货的亏损，这就在无形中形成了追求期货市场盈利的心理。这种片面追求期货市场盈利的心理严重违背了套期保值的基本原则和基本理论，很容易陷入投机交易的误区，从而招致更大的风险。防止套期保值变成投机最好的办法就是建立完善的套期保值效果评估机制，从期货和现货两个市场来综合评估套期保值效果，不应只关注一个市场的盈亏。

在股票现货价格提高或下降的情况下，多头套期保值和空头套期保值（或称买期保值和卖期保值）会相应出现如下几种结果：

1. 完全性套期保值。一个市场的损失正好被另一个市场的利润所抵消，现货和期货价格的变动方向一致，幅度相同，现货市场上的损失（盈利）与期货市场的盈利（损失）完全相等。

2. 过度补偿性套期保值。现货市场的结果由于进行期货交易出现了相反的情况，现货市场的损失者（或盈利者）由于进行套期保值交易而变成最终的盈利者（或损失者）。现货与期货价格变动的方向一致，但程度不同，期货价格的变动大于现货价格，现货交易结果不仅与完全套期保值的结果相同，而且得到过度补偿。期货价格变动超过现货价格变动的部分，即是净收益或损失。

3. 不足补偿性套期保值。期货价格与现货价格变动的方向一致，但期货价格变动程度小于现货价格变动程度，现货市场上的损失者（或盈利者）在进行套期保值交易后仍然是损失者（或盈利者），但是损失（或盈利）幅度减少了，损失的多少就取决于价格变动的差别情况。

4. 恶化性套期保值。由于现货价格与期货价格变动的方向相反，套期保值会产生额外的损失或利润。例如，在多头套期保值时，现货价格提高，而期货价格下降，这就会从两项交易中产生损失。在这种情况下，套期保值者若不从事期货交易的话，他本来的情况会比现在更好。但由于中国期货市场的日益规范，套利特别是期现套利的盛行，使得这种情况出现的概率很小，即便在某个品种的个别月份出现上述情形，对套期保值者的影响也有限，说不定还是一次绝好的期现套利的机会。

5. 中性套期保值。期货价格保持不变，现货价格变动的方向决定了套期保值交易的结果。这时套期保值交易唯一要考虑的因素是交易成本。

以上的效果评价体系比较客观、系统地评价了套期保值效果的主要方面。

**【案例 5－1】** 某股指期货套期保值操作方案如下表：

| 时间 | 股票组合 | 上证 50 股指期货 3 月合约 |
|---|---|---|
| 套保起始 | 价值：1000 万元 | 卖出价格：3100；卖出开仓：15 手 |
| 套保结束 | 亏损：5% | 平仓价格：3000；买入平仓：15 手 |

则该套期保值效果如何呢？

要想评估该套期保值的效果，先要计算套期保值最终的盈亏情况：

套保盈亏＝现货市场盈亏＋期货市场盈亏

$$= -1\,000\text{万元} \times 5\% + (3100 - 3000) \times 300 \times 15 = -50\,000(\text{元})$$

很显然，该套期保值属于不足补偿性套期保值。

## 四、什么是股指期货卖出套期保值？

在不同情况下，采用不同的套期保值策略至关重要。股指期货套期保值策略通常分为卖出套期保值（又称“空头套保”）和买入套期保值（又称“多头套保”）两种类型。

已持有股票的投资者，如证券投资基金或股票仓位较重的机构等，在对未来的股市走势没有把握或预测股价将会下跌时，却因种种原因无法卖掉股票，为避免股价下跌带来的损失，需卖出股指期货合约进行风险对冲。特别是当股价从高位下跌，一般投资者可能不愿放弃割肉退场，又或者是投资者尚未清楚此次回落是熊市的开始或只是一次短暂回调，此时就可以通过卖空股指期货部分或全部地锁定股票市值，待后市明朗之后再选择是否卖出股票。这样一旦股票市场真得下跌了，投资者可以从在期货市场上卖出股指期货合约的交易中获利，以弥补股票现货市场上的损失。相反，如果到执行卖出股票操作时，股票价格上涨，股票组合的卖出收入将增加，但期货交易会产生亏损，从而抵消股票上增加的收益，使股票组合的实际出售收益仍处于期初的水平，这种做法称为“卖出套期保值”。

以下场合通常可以考虑应使用卖出套期保值策略：

1. 机构投资者一般在股票上投入很大比例的资金，买入了几只甚至几十只股票进行投资组合。一旦股市大势不妙，而手中的股票因仓位较重，难以在短期内以满意的价格卖出，为了回避股票资产组合价格下跌带来的风险，机构投资者可以通过卖出一定数量的股指期货合约，以锁定现货股票投资组合资产当前已经获得的收益。

2. 基金分红或养老年金给付，未来将变现部分股票头寸，可就变现部分用股指期货对冲，锁定变现部分价值。

3. 机构或基金对资产配置进行战略性调整，将对市场形成较大冲击，通过股指期货对冲调仓风险。

4. 当基金应对大规模赎回，被迫强行平仓，造成净值损失和大盘下跌时，可通过股指期货对冲，平滑净值，降低赎回的不利影响，以减少赎回量。

5. 非流通股股东或其他限售股东预期在二级市场上减持，为防将来解禁变现之时市场不佳，可卖出相应规模股指期货头寸，锁定已有利润。

**【案例 5-2】** 某年，中国股市牛气冲天。10 月 17 日，沪深 300 股指期货 3 月合约盘中一度突破 13000 点，而此时上证指数突破 6000 点大关，沪深 300 指数也达 5890 点。某大户手中握有市值 1 200 万元的沪深 300 成分股股票组合，他对指数在 6000 点附近深感风险巨大，但他并不打算实际卖出所持股票，理由如下：一是打算长期持有该股票组合，因组建一个好的股票投资组合不容易；二是立刻全部卖掉股票需要时间，也许等清空股票，个股价格已不是 13000 点时的价格了；三是觉得股票交易成本太高。为避免未来股票价格大幅下跌，并且抢到好的卖出价位，该客户决定立即在期货市场上进行卖出套期保值，将股票价值锁定在当天当时的价格水平。

卖出套期保值方案实施步骤如下：

（1）确定套期保值方向：在期货市场上卖出。

（2）确定套保合约：2008 年 3 月到期的沪深 300 股指期货合约。

（3）根据需要保值的资产数额计算套保所需要卖出的股指期货合约数量。

按 10 月 17 日沪深 300 股指期货 3 月合约当天盘中价 13000 计算：

1 手期货合约的价值 = 13000 × 300 × 1 = 390.0（万元）

对价值 1 200 万元的股票组合保值，需卖出合约数量为：

需要卖出合约数量 = 1 200/390 = 3.076 ≈ 3（手）

注：期货交易买卖必须是 1 手的整数倍。

（4）准备套保资金。以 13000 限价卖出股指期货合约 3 手：

共需保证金 = 390.0 万元/手 × 10%（保证金率）× 3 手

= 117.0 万元

账户上必须留有一定的剩余资金做备用资金。

（5）结束套保。11 月 16 日，该客户将手中的股票组合卖完的同时，将原先卖出的 3 手期货合约以 8880.0 点买入平仓。

套保过程分析：

第一种情况：当股市下跌，期市上盈利时。

假如在 13000 点卖出 3 手期货合约后股指期货价格开始下跌，10 月 17 日到 11 月 16 日共下跌 4120 点，则股市与期市出现盈亏情况如表 5－1 所示。

表 5－1　　卖出套期保值盈亏过程分析（一）

| | 股票市场 | 股指期货市场 |
|---|---|---|
| 10 月 17 日 | 持有沪深 300 成分股为基础的 1200 万元价值股票组合 | 以 13000 盘中价卖出 3 月期货合约 3 手 |
| 11 月 16 日 | 盘中卖出该股票组合共获资金 829.2 万元 | 以 8880 盘中价买入平仓手头的 3 手 3 月期货合约 |
| 盈亏变化 | 股票价值减少＝1200.0－829.2<br>＝370.8（万元） | 期货获利＝（13000－8880）×300×3<br>＝370.8（万元） |
| 保值结果＝期市盈亏＋股市盈亏＝370.8－370.8＝0 | | |

第二种情况：当股市上涨，期市上亏损时。

假如在 13000 点卖出 3 手期货合约后股指期货价格继续上涨，10 月 17 日到 11 月 16 日共上涨 500 点，则：

期市出现亏损＝500 点×300 元/点×3 手＝45（万元）

这时期货账户上必须要留有大余 45 万元以上的剩余资金才不会被强行平仓；否则，套保无法继续。此时，股市与期市出现盈亏情况如表 5－2 所示。

表 5－2　　卖出套期保值盈亏过程分析（二）

| | 股票市场 | 股指期货市场 |
|---|---|---|
| 10 月 17 日 | 持有沪深 300 成分股为基础的 1 200 万元价值股票组合 | 以 13000 盘中价卖出 3 月期货合约 3 手 |
| 11 月 16 日 | 卖出该股票组合共获资金 1 245 万元 | 以 13500 盘中价买入平仓手头的 3 手 3 月期货合约 |
| 盈亏变化 | 股值增加＝1245－1200＝45（万元） | 亏损＝（13500－13000）×300×3<br>＝－45（万元） |
| 保值结果＝期市盈亏＋股市盈亏＝45－45＝0 | | |

上述保值案例属于完全性套期保值，保值效果好。但在实际套保中，盈亏相抵很难恰好为 0。也就是说，实际套保时，情况会复杂些。

## 五、什么是股指期货买入套期保值?

当投资者的购股资金在途或打算在未来某个时间买入一个股票组合时，现在股票账户上尚未有购股资金，而该投资者预期股市短期内会上涨，时不我待，怎么办？为了防止到时购入股票时因股票价格上涨而多支付购买成本，可以先在股指期货市场买入与欲买的股票组合价值相当的股指期货合约，以锁定实际购买股票的成本。如果到时执行买入股票操作时股票价格上涨了，股票交易将会比按期初价格支付更多成本，但是在期货市场上的交易会获得盈利，从而弥补多支付的购股成本，使股票组合的实际购买成本锁定在期初价格水平；相反，如果到执行买入股票操作时，股票价格下跌，股票交易支付的价格会比期初价格低，但在期货交易上出现亏损，从而抵消股票价格下跌给股票交易带来的好处，使实际购股成本仍处于期初的水平。这种做法称为买入套期保值，通常为资金较为紧张的投资者采用。

以下场合通常可以考虑使用买入套期保值策略：

1. 投资者已经看好大势，并且判断大盘短期内将出现较大的上涨，但由于前期大势低迷期间将股票市场上的资金转投到了其他领域，短期内流动资金紧张，没有足够的资金立刻大规模建仓，因此，可以利用股指期货以少量的资金先进行锁定建仓成本的买入套期保值，等大资金到位后再逐步分批买入股票池中的股票，同时逐步分批平仓卖出股指期货合约，达到使组合投资中的股票建仓成本尽可能小的目的。

2. 机构投资者对上市公司调研和股票组合构造正在进行中，而市场时机比较好，可先行买入股指期货，未来股票建仓后，再平掉期货头寸，通过指数期货实现股票选择和市场时机选择相分离。

3. 基金发行募集资金到位的时滞和短期集中建仓的市场冲击也可通过先行买入股指期货，后续现货建仓与期货平仓同步的策略来有效控制成本。

**【案例 5－3】** 11 月 2 日，某客户准备建立价值 500 万元的蓝筹股票组合，但账面资金仅有 100 万元，其余资金在 12 月中旬才能到账。同时该客户判断股市 11～12 月份股市仍会大幅上涨，为避免未来购买股票成本大幅提高，该客户考虑运用上证 50 股指期货实施买入套期保值，将股票购入成本锁定在 11 月 2 日的价格水平上。

买入套期保值方案实施步骤如下：

（1）确定套期保值方向：在期货市场上买入。

（2）确定套保合约：上证 50 股指期货 12 月合约。

（3）根据需要保值的资产数额计算套保所需要买入的指数期货合约数量：

根据 11 月 2 日 12 月合约当天开盘价 1495 计算：

1 手期货合约的价值 = 1495 × 300 × 1 = 44.85（万元）

对价值 500 万元的股票组合保值：

需要买入合约数量 = 500/44.85 = 11.148 ≈ 11（手）

注：期货交易买卖必须是 1 手的整数倍。

（4）准备套保资金。以 1495 限价买入 12 月期货合约 11 手，需要保证金：

共需保证金 = 44.85 万元/手 × 10%（保证金率）× 11 手

= 49.34（万元）

账户上必须留有一定的剩余资金做备用资金。

（5）结束套保。12 月 15 日资金到达股票账户，价值 500 万元的股票组合建仓完毕同时，将原先买入的 11 手期货合约以均价 1695 点卖出平仓。

套保过程分析：

第一种情况：当股市上涨，期市上盈利时。

假如该投资者在 1495 点买入 11 手期货合约后股指期货价格开始上涨，11 月 2 日 ~12 月 15 日共上涨 200 点，则股市与期市出现盈亏情况如表 5－3 所示。

**表 5－3　　　　买入套期保值盈亏过程分析（一）**

| | 股票市场 | 股指期货市场 |
|---|---|---|
| 11 月 2 日 | 欲买入以上证 50 成分股为基础的股票组合 500 万元 | 以 1495 开盘价买入 12 月期货合约 11 手 |
| 12 月 15 日 | 买入同样股票组合共需资金 566 万元 | 以 1695 开盘价卖掉手头的 11 手（平仓） |
| 购股成本变化 | 购股成本增加 = 566 － 500 = 66（万元） | 期货市场获利 =（1 695 － 1 495）× 300 × 11 = 66（万元） |
| 保值结果 = 期货市场盈亏 + 股票市场盈亏 = 66 － 66 = 0 | | |

第二种情况：当股市下跌，期市上出现亏损时。

假如该投资者在 1495.0 点买入 11 手期货合约后股指期货价格开始下跌，11 月 2 日到 12 月 15 日共下跌 100 点，则：

期市出现亏损 = －100 点 × 300 元/点 × 11 手 = －33（万元）

账户留存资金 = 100 － 49.34 = 50.66（万元）

这时账户上所留资金发挥作用。

账上可用资金 = 50.66 万元 － 33 万元 = 17.66（万元）

此时投资者不会面临强制平仓的风险。股市与期市出现盈亏情况如表 5－4 所示。

表 5－4　　买入套期保值盈亏过程分析（二）

| | 股票市场 | 股指期货市场 |
|---|---|---|
| 11 月 2 日 | 欲买入以上证 50 成分股为基础的股票组合 500 万元 | 以 1495 开盘价买入 12 月期货合约 11 手 |
| 12 月 15 日 | 买入同样股票组合共需资金 467 万元 | 以 1395 开盘价卖掉手头的 11 手（平仓） |
| 购股成本变化 | 购股成本降低 = 500 － 467 = 33（万元） | 亏损 = （1295 － 1395） × 300 × 11 = －33（万元） |
| 保值结果 = 期货市场盈亏 + 股票市场盈亏 = 33 － 33 = 0 | | |

上述保值属于完全性套期保值，保值效果好。但在实际套保中，盈亏相抵很难恰好为 0，情况会复杂些。

## 六、如何使股指期货套期保值效果更加精准？

在传统的套期保值理论中，要求期货对现货的套期保值数量相等，即套保比率恒等于 1，但实际上存在一个最佳套保比率问题。这个最佳套保比率往往并不为 1，主要有以下两个方面的原因：一是从组合投资的角度出发，期货套期保值的比率是可以选择的。最佳套期保值比率的选择取决于套期保值的预期目的、现货市场与期货市场价格的相关性以及套期保值者的风险偏好。由于在大多数情况下，套期保值者的动机既不是单纯的风险最小化，也不是单纯的利益最大化，而是两者兼顾，是试图在风险和收益之间得到一个最优的平衡，因此，最优的套期保值比率将同时取决于套保者的风险偏好以及所获得的价值。二是在运用套期保值工具时，之所以经常会提到期货与现货“数量相等”的要求，实际上是建立在现货价格与期货价格两者变动方向与变动幅度完全相同的假设上。而实际上两者却经常不是完全相同的。期货与现货“数量相等”的套期保值策略实际上还存在着基差风险。

为了使股指期货套期保值效果更加精准，准确计算套保比率就显得尤为重要。常用的股指期货套保比率的计算方法主要有四种。

### （一）等值套保比率

所谓等值套保，是指期货保值头寸价值与被保值的股票组合价值相等，即套保比率为 1。例 5－2、例 5－3 等都是采用的等值套保比率来计算期货套期保值头寸的。

等值套保比率法的优点在于计算非常简便，但缺点也十分明显，主要是无法解决股票组合与股指期货标的股票指数之间涨跌幅度不同步的问题。例如，假如股票指数下跌 1%，而股票组合的市值却下跌了 1.5%，此时如果采用等值套保比率进行套保，则期货头寸只能对冲1%的系统性风险（不计基差风险的条件下），另外0.5%的下跌风险无法对冲抵消，因此，等值套保比率法主要适合于股票组合与股指标的波动幅度基本同步的情况下。

### （二）β值套保比率

β值套保比率法是以股票指数作为比较基准，用被保值的股票组合的β值作为保值比率，力求使股票组合与股票指数价格变动差异（β值风险）带来的影响降到最低。

在大部分情况下，股指期货无法实现完全套保。原因主要有以下几点：

1. 投资者手中的股票组合价值金额与套保相对应的股值期货合约价值金额恰好相等的几率很小。

2. 投资者手中的一篮子股票个性千差万别，在股票指数下跌时，投资组合中有的股票下跌幅度大于指数的下跌幅度，有的股票比较抗跌，还有的甚至逆市上扬，很少有股票组合的涨跌幅与指数的波动幅度一致。

要想有效地、尽可能地完全对冲股市风险，就需要尽可能做到完全套保。而要做到完全套保，关键是确定对应所持有的股票组合究竟买卖多少对应数量的期指合约才是适当的？这就要求解决上述股指期货无法实现完全套保的两个主要问题。

首先，如何解决投资者手中的股票组合价值金额与套保相对应的股值期货合约价值金额恰好相等这个问题呢？通过小幅调整股票组合中的股票品种和股票数量后，该问题便不难解决了。

关键是如何解决投资者手中的一篮子股票个性千差万别的问题，这一点难度稍大。由于投资者不可能完全按照指数的构成来买卖股票，为了使所持有的股票组合的波动幅度与股票指数的波动幅度尽可能达到一致，就需要对股票个性（市值）进行逐个修正，并在套保计算公式中采用修正后的股票组合总市值。这就需要引入股票和指数之间相关系数——β系数（读作“贝塔系数”）。

β系数指的是个股或股票组合与指数相比的活跃程度，用于表示个股或股票组合的涨跌与指数同方向涨跌的倍率。从下列公式中我们可看出β系数的重要性。

β = 股票组合的价值变化/股票指数的价值变化

更进一步来说，“贝塔系数”反映的是某一投资对象相对于股票指数的表现情况。

- 当β=1时，股票或者股票组合与指数的涨跌幅度完全相同，风险相当；
- 而当β>1时，股票或股票组合的涨跌变化幅度将大于指数的变化，风险也高于整个市场；
- 当β<1时，情况恰好相反。如果β是负值，则显示其变化的方向与大盘的变化方向相反：大盘涨的时候它跌，大盘跌的时候它涨。

假设某一股票组合的 β 值为 +1.22，意味着相应标的的股指期货合约值每上涨1%，则股票组合值上涨 1.22%。如果 β = +0.85，表明该股指期货合约值每上涨1%，则股票组合值只上涨 0.85%。但如果贝塔值为 -1.22时，说明当股指期货合约值每涨 1%时，它可能跌 1.22%。同理，指数如果跌 1%，它有可能涨 1.22%。所以，涨跌剧烈的股票 β 值通常大于1，而走势平缓的股票 β 值则小于1。β 系数也是根据历史数据计算得到的，在未来也可能发生变化。在套期保值操作中，对 β 系数的跟踪计算和监控十分重要。

通过计算某种股票与指数之间的 β 系数，就能够揭示两者之间的趋势相关程度，最终可以得到整个股票组合的 β 系数，再用它来修正最简单的股指期货套保计算公式：

$$套期保值合约手数 = \frac{考虑股票活性而修正后的股票组合总市值}{股指期货合约价值金额}$$

即：$N = P \times \beta / F$

第二个问题也就基本解决了。

现在的问题是：怎样获得股票及股票组合的 β 值？获得股票组合中各个股票 β 数据的途径有两条：

（1）自算。较为烦琐，量少可以（见有关证券书籍）。

（2）查找。目前绝大多数股票数据分析软件都能提供各个股票相对于不同标的股指期货的最新 β 数据。

获得股票组合总 β 数值的途径：

（1）自算：股票组合的 β 数值等于组合中各股票的 β 数值的加权平均，权数为各股票在组合中所占的资金比例，即：

$\beta = \Sigma Xi\beta i$

（2）查找：用像 Wind 等信息软件可自动算出股票组合的 β 数值。通常期货公司和证券公司研究部门均有此类软件。

值得注意的是，β 系数是根据历史资料计算得到的，计算的数据越多越详细，得到的数值可靠性越高。

这种计算方法的优点在于能够覆盖股票组合的 β 值风险，计算也较为简单，而且不需要期货价格数据，在缺乏足够的期货历史价格数据的情况下（比如刚上市）也可以计算。不过这种方法也有缺点，主要是无法覆盖保值中的期货、现货之间存在的基差风险。

**【案例 5-4】** 某机构投资经理持有创业板股票组合 500 万元。已知该股票组合与中证 500 股票指数相关性为 0.9。假设该股票组合价格波动率为 20%，中证 500 股票指数价格波动率为 15%，则该股票组合的贝塔系数为：

$\beta = 0.9 \times 20\% \div 15\% = 1.2$

该投资经理因担心未来股票组合价值下跌，打算进行套期保值交易。假设保证金率为20%，若以4400.0点开仓卖出IC1902，则需要占用期货账户保证金多少万元呢？

交易数量 = 5 000 000 × 1.2 ÷ （4400.0 × 200） = 6.82 ≈ 7（手）

占用期货账户保证金 = 7 × 4400 × 200 × 0.2 = 123.2（万元）

下面，我们就以股指期货卖出套期保值案例来讨论在考虑了股票活性β值后的卖出套保过程和结果。

**【案例5－5】**某投资者在8月3日收市后持有20种沪深股票，总市值为3 200 710.98元。但买股投资为借贷性质，须在年底12月时归还借款。投资者担心在8～12月期间股市下跌，为防止12月归还借款卖出股票时股票市值已大幅缩水，他决定在股指期货市场进行卖出套保。

按套期保值的操作原则，他选择12月到期交割的沪深300股指期货合约套保。8月4日该合约开盘价格为1600.40点，则：

1手期货合约的价值 = 1600.40 × 300 = 480 120（元）

这次不按最简单的股指期货套保计算公式（N = P／F）计算需要卖出多少期货合约手数，而采用较为精准的股指期货套保计算公式（N = P×β／F）来计算需要卖出的期货合约手数，即引用了β系数来修正股票组合的价值变化，以达到使股票组合的价值变化与沪深300指数的价值变化幅度两者尽可能一致的目的。

从电脑资讯软件上查到该投资者持有的股票组合的β数值为0.859。

由此计算出需要卖出期货合约数量（N）为：

N = P × β/F = 3 200 710.98 × 0.859/480120 = 5.726 ≈ 6（手）

到了12月15日（该月第三个周五）交割平仓的同时，必须收盘前2个小时的时间内在股票市场分批卖出手中全部股票，结束套保。套保过程分析见表5－5。

**表5－5　　市场上涨情况下的简单套保与复杂套保案例结果对比（一）**

| | 股票市场 | 股指期货市场 | |
|---|---|---|---|
| 8月4日 | 股票组合市值3 200 710.98元 | 套保时未考虑β系数 | 套保时考虑β系数 |
| | | 以开盘价卖出12月期货合约<br>N = 3200710.98/480120<br>= 6.666 ≈ 7（手） | 以开盘价卖出12月期货合约<br>N = 3200710.98 × 0.859/480120<br>= 5.726 ≈ 6（手） |
| 12月15日 | 收盘前2小时内分批卖出全部股票后获款2 877 100.98元 | 套保时未考虑β系数 | 套保时考虑β系数 |
| | | 以1410点交割价交割7手 | 以1410点交割价交割6手 |
| 盈亏变化 | 亏损 = 3 200 710.98 − 2 877 100.98 = 323610（元） | 获利 = （1600.40 − 1410） × 300 × 7 = 399 840（元） | 获利 = （1600.40 − 1410） × 300 × 6 = 342 720（元） |

续表

| | 股票市场 | 股指期货市场 | |
|---|---|---|---|
| 保值结果 = 期货市场盈亏 + 股票市场盈亏 | | 399840 - 323610 = 76230（元）（过度补偿套保） | 342720 - 323610 = 19110（元）（接近完全套保） |

套期保值效果评估：考虑 β 系数的保值结果虽仍属于过度补偿性套期保值，但较未考虑 β 系数时的套保结果偏差度小得多，保值的效果接近完全套期保值。

也许有人会认为上述情况下，套保时未考虑 β 系数的效果（期货市场盈利 76 230 元）要比考虑了 β 系数时的效果（期货市场盈利 19 110 元）好，这是一种误解。如果上述案例中股票市场和期货市场不是下跌，而是上涨相同幅度，情况会怎样呢？

通过表 5 - 6 可见，如果市场向相反的方向波动，过度补偿套保就可能变成不足补偿套保。

**表 5 - 6　　市场下跌情况下的简单套保与复杂套保案例结果对比（二）**

| | 股票市场 | 股指期货市场 | |
|---|---|---|---|
| | | 套保时未考虑 β 系数 | 套保时考虑 β 系数 |
| 8 月 4 日 | 股票组合市值 3 200 710. 98 元 | 以开盘价卖出 12 月期货合约<br>N = 3 200 710. 98/480 120<br>= 6. 666 ≈ 7（手） | 以开盘价卖出 12 月期货合约<br>N = 3 200 710. 98 × 0. 859/480 120<br>= 5. 726 ≈ 6（手） |
| 12 月 15 日 | 收盘前 2 小时内分批卖出全部股票后获款 2 877 100. 98 元 | 以 1790. 8 点交割价交割 7 手 | 以 1790. 8 点交割价交割 6 手 |
| 盈亏变化 | | 套保时未考虑 β 系数 | 套保时考虑 β 系数 |
| | 获利 = 3 524 320. 98 - 3 200 710. 98 = 323 610（元） | 亏损 =<br>（1 600. 40 - 1 790. 8）× 300 × 7 =<br>- 399 840（元） | 亏损 =<br>（1 600. 40 - 1 790. 8）× 300 × 6<br>= - 342 720（元） |
| 保值结果 = 期货市场盈亏 + 股票市场盈亏 | | 323 610 - 399 840 = - 76 230（元）<br>（不足补偿套保） | 323 610 - 342 720 = - 19 110（元）<br>（接近完全套保） |

### （三）基于风险最小化的套保比率

下面来推导，如果套期保值者的目的是使风险最小化，则套期保值比率为 1 并非最佳。

假定$S_1$为$t_1$时刻现货的价格，$S_2$为$t_2$时刻现货的价格，$F_1$为$t_1$时刻期货的价格，$F_2$为$t_2$时刻期货的价格，h 为套期保值比率，则有：

$\Delta S = S_2 - S_1$，$\Delta F = F_2 - F_1$

假定交易商在$t_1$时刻进行对冲操作，$t_2$时刻平仓，可以看出 ΔS 是套期保值期限内现货价格的改变量，$\Delta F$ 是套期保值期限内期货价格的改变量。$\Delta S$、$\Delta F$ 分别由于未来时间$t_2$时的现货价格$S_2$和期货价格$F_2$的不确定性而不确定。

对于一个空头套期保值者来说，在$t_1$时刻持有现货多头和期货空头，在 $t_2$时刻出售现货资产，同时进行期货平仓。在该期间保值者头寸的价值变化为 $\Delta S-h\Delta F$。相反，对一个多头套期保值者来说，在这期间保值者头寸的价值变化为 $h\Delta F-\Delta S$。

令$\sigma_s$是 $\Delta S$ 的标准差，$\sigma_F$是 $\Delta F$ 的标准差，则$\sigma_s^2=\mathrm{Var}\Delta S$，$\sigma_F^2=\mathrm{Var}\Delta F$；用 $\rho$ 表示 $\Delta S$ 和 $\Delta F$ 的相关系数，则：

$$\rho=\frac{\mathrm{cov}(\Delta S,\ \Delta F)}{\sigma\Delta\ \sigma_F}$$

$\mathrm{cov}(\Delta S,\ \Delta F)$ 表示 $\Delta S$ 和 $\Delta F$ 协方差。

考虑上面两种情况套期保值头寸价值变化的方差，显然有：

$$\mathrm{Var}(\Delta S-h\Delta F)=\mathrm{Var}(h\Delta F-\Delta S)$$

不妨用 V 表示，则：

$$\begin{aligned}
V&=\mathrm{Var}(\Delta S-h\Delta F)=E[(\Delta S-h\Delta F)-E(\Delta S-h\Delta F)]^2\\
&=E[(\Delta S-h\Delta F)-E(\Delta S-h\Delta F)]^2\\
&=E[(\Delta S-E\Delta S)-h(\Delta S-E\Delta F)]^2\\
&=E(\Delta S-E\Delta S)^2+h^2E(\Delta F-E\Delta F)^2-2hE(\Delta S-E\Delta S)(\Delta F-E\Delta F)\\
&=\mathrm{Var}\Delta S+h^2\mathrm{Var}\Delta F-2h\mathrm{cov}(\Delta S,\ \Delta F)\\
&=\sigma^2+h^2\sigma_F^2-2h\rho\ \sigma_s\sigma_F
\end{aligned}$$

从上式来看，由于$\sigma_s$、$\sigma_F$、$\rho$ 是常数，因此 V 是 h 的函数。

现在来考虑当 h 为何值时，价格变化的方差最小（价格风险最小）。对上式求 V 关于 h 的一阶导数，可得到：

$$\frac{dV}{dh}=2h\ \sigma_F^2-2\rho\ \sigma_s\sigma_F$$

再求 V 关于 h 的二阶导数，得到：

$$\frac{d^2V}{d\ h^2}=2\ \sigma_F^2$$

注意到：

$$\frac{d^2V}{d\ h^2}>0$$

由微积分知识我们知道，使 V 最小的值是使

$$\frac{dV}{dh}=2h\ \sigma_F^2-2\rho\ \sigma_s\sigma_F=0$$

由此得到：

$$h=\rho\frac{\sigma_s}{\sigma_F}$$

即：最佳的套期保值比率 h 等于现货市场与期货市场之间的相关系数 ρ 乘以现货市场价格变动的标准差$\sigma_s$与期货市场价格变动的标准差$\sigma_F$的标准差的比率。而 ρ、$\sigma_s$、$\sigma_F$等参数数值都是可以通过对历史数据的统计得到的。

图 5－2 说明了套期保值头寸价值的方差与套保比率之间的关系。当套保比率小于最佳套保比率 h′时，随着套保比率的增大，套期保值组合头寸的方差即风险会越来越低，但却始终高于最佳套保比率对应的风险水平，如图中的$h_1 < h'$，$h_1$对应的风险就大于h′对应的风险；当达到最佳套保比率h′时，套期保值组合头寸的方差即风险也达到最小；而当套保比率大于最佳套保比率h′时，随着套保比率的增大，套期保值的效果反而越来越差，显示套期保值组合头寸的方差即风险随着套保比例率的增大而增加，如图中的$h_2 > h'$，$h_2$对应的风险同样也大于h′对应的风险。

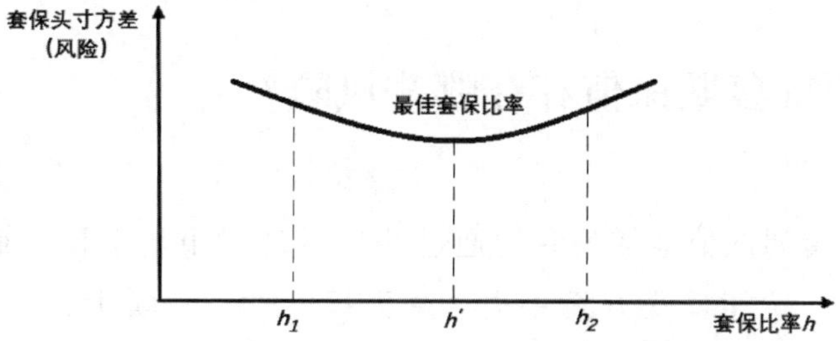


图 5－2　套期保值头寸的方差与套保比率的关系

**【案例 5－6】** 某基金将在 3 个月后用 2 亿元购买以上证 50 指数成分股为标的股票投资组合。为控制未来建仓成本，基金经理打算采用上证 50 股指期货进行买入套期保值。基金经理测算出拟建仓的股票投资组合的价格变动标准差$\sigma_s = 0.045$，拟采用的上证 50 股指期货合约的即时价格为 2150.6 点，价格变化的标准差$\sigma_F$为 0.051，股票组合的价格变动与股指期货合约价格变动的相关系数 ρ 为 0.92，则该基金经理可以算出其最佳套保比率为：

$$h = \rho\frac{\sigma_s}{\sigma_F} = 0.92 \times \frac{0.045}{0.051} = 0.8118$$

由于当前上证 50 股指期货合约的价值为：2150.6 × 300 = 645180 元/手，因此，基金经理应买入的股指期货合约的数量为：

买入合约数 = 2 亿元 ÷ 645180 元 × 0.8118 = 251.65 ≈ 252（手）

### （四）最优套期保值比率——GARCH 保值比率

在运用 β 值套保比率和基于风险最小化的套保比率来计算套期保值的期货合约数量时，需要对历史数据进行统计。由于不同时期套保比率中的参数会有变化，因而按照套保比率来确定套保头寸就涉及动态套期保值的概念，即套期保值头寸应该根据不同时期不同参数的变化而变化。但在上述两种方法中，都隐含着现货和期货市场的价格风险随时间的演进为常数的假定。这种假设与实际情况明显不符，保值比率应该具有时变性。

从20世纪80年代以后，对套期保值的研究开始用ARCH/GARCH来刻画“期货—现货”的价格分布，捕捉其时变的方差和协方差的特征，GARCH模型随之被设计用来估计最优套期保值比率。

GARCH保值比率用简化公式可以表示为：

$$h = \frac{cov(s_t, f_t)}{var(f_t)}$$

其中h为保值比率，$cov(s_t, f_t)$表示现货头寸与和期货头寸的条件协方差，$var(f_t)$表示期货头寸的条件方差。

## 七、股指期货套期保值存在哪些风险？

虽然股指期货套期保值能够使我们通过在证券现货市场上操作而回避风险，但是这并不表示使用这一功能就是万无一失、毫无风险的。事实上，在运用套保的同时，也会给我们带来其特有的风险。风险主要来自以下几个方面：

### （一）基差风险

基差，是指证券现货市场上的股票指数的走势与期货市场上对应标的指数期货的近期合约的价格之差，即：

基差 = 现货价格 - 期货价格

在套期保值交易中，如果现货市场和期货市场价格变动的幅度完全一致，那么无论是进行买入套期保值还是卖出套期保值，都能够使两个市场的盈亏完全抵消。但在实际操作中，两个市场变动的趋势虽然相同，但幅度不一定一模一样。

由于股指期货采取现金交割，交割结算价是以标的指数最后两小时的算术平均价计算得来的，合约到期时期货价格会强制收敛于现货指数。也就是说，股指期货到期时，基差接近于0。而在合约到期之前，虽然现货指数与近月合约期价点数之间的基差随着时间的推移呈逐步缩小的趋势，而在某一时刻的基差变动是无规律的。如果保值期与期货合约到期日不一致，在这种情况下，套保盈亏不一定能完全相抵消，可能出现净赢利和净亏损的情况，也就是说，基差的变化会影响投资者套期保值的效果。从这个角度来说，套保也是有风险的，即存在基差风险。因此，在实际套期保值时，应当尽量使保值期与期货合约到期日保持一致或接近。一般来说，选择期货合约应当选在保值期之后的那个最近交割月份合约。

### （二）β值变化风险

β值是根据个股以往历史资料计算得到的。β值的大小关系到套保买卖合约数量的多少，因此β值的稳定性至关重要。如果对所持有的股票组合进行套期保值，则可能由于个股β值的时变性，存在一定的β值变化风险。因此，对β值比较稳定的股票所构成的组合进行套期保值效果较好。投资者应对个股β值的时变特征进行动态跟踪，及时调整组合中β值过低或者不稳定的股票。

### （三）保证金管理风险

股指期货交易实行当日无负债结算制度，因此在期货头寸出现亏损时，投资者可能被要求将保证金补足到规定的水平。如果投资者资金周转不足，可能无法及时补足保证金而被强制平仓，套期保值策略就此落空。所以，投资者应对股指期货的保证金变动有充分预估，准备好适量后备资金。

### （四）系统风险敞口

从上面的套保案例中发现，因期货合约交易必须是1手的整数倍，有时股票组合市值和期货合约价值不能完全匹配，而且由于期货交割的时间是相对固定的（每月的第三个周五），这与投资者需要套保的时间段也不一定恰好匹配，这就存在少量的系统风险敞口，也就是说没有办法做到使股票组合能100%被套保。

## 八、股指期货套期保值流程是怎样的？

图5-3是套期保值的具体操作流程。此流程对套期保值在投资组合管理中的应用具有较好的指导作用。

对图5-3套期保值流程步骤说明如下：

（1）确定是否进行套保。投资者可根据自己对市场未来走势的判断及对自有投资组合的结构性分析，决定是否要进行套期保值。

（2）选择套保目的。如果投资者预测市场未来将上涨，为规避踏空风险，减少等待成本，同时降低冲击成本，可采取多头套期保值，即先买入期货，然后再逐步买入现货。如果投资者预测市场未来将下跌，为规避或降低系统性风险，可采取空头套期保值，即持股不动，卖空期货。

（3）指定套保标的。投资者通过对自有投资组合的结构分析，可选择以整个投资组合或投资组合中的部分同属性子组合为套期保值对象。例如：某基金投资组合中有

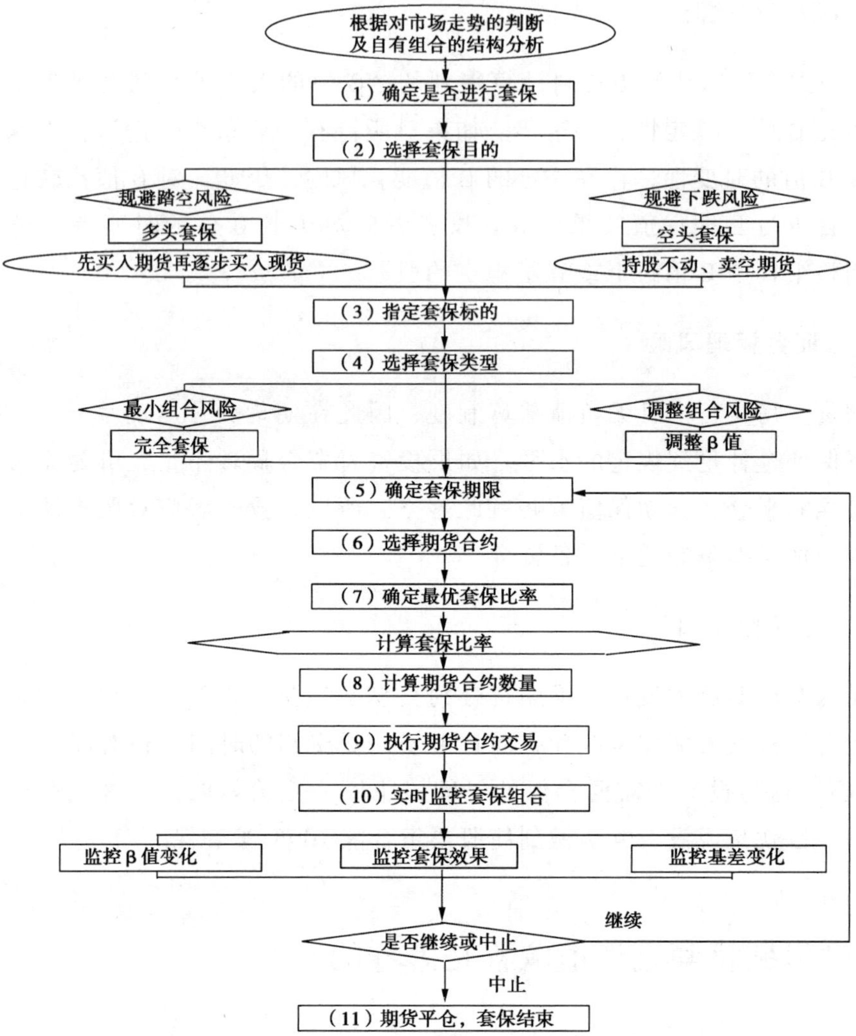


图 5-3　股指期货套期保值流程图

100 只股票。其中，80 只为股指期货标的指数样本；其余 20 只为精选的产生超额收益的股票，与股指期货标的指数的相关性较低。如果预测市场未来将下跌，基金经理就可以只对组合中的 80 只指数样本股进行套期保值，这样，在规避系统性风险的同时，由于另 20 只股票组合与指数的相关性较低，可以产生额外的超额收益。

（4）选择套保类型。如果投资者只是想让投资组合的风险最小化，就可以选择完全套保，即以整个投资组合为套保标的。而如果投资者只是想降低投资组合的风险，即降低而不是完全规避系统性风险，就可以选择部分套保，以投资组合中的某类子组合为套保对象。

（5）确定套保期限。可根据对市场走势的预测期来决定套保期限。如：如果预测市场未来的上涨（下跌）将持续2个月，则套保期限就为2个月。

（6）选择期货合约。期货合约的选择取决于套保期限。建议投资者可选择离套保期限终止日最近的期货合约。例如：现在是5月，投资者预测市场未来将上涨并会持续到6月，现有的期货合约有5月、6月、9月和12月四个，投资者就可以选择6月合约来进行套保。

（7）确定最优套保比率。我们已经给出了确定最优套保比率的几种计算方法。使用何种方法计算出的套保比率是最优值，在不同市场或同一市场的不同时期，可能都会不同，具体参见前述最优套期保值比率的确定。

（8）计算需交易的期货合约数量。计算需交易的期货合约数量，采取如下公式：

N = P × 套保比例/F

如果计算出的期货合约数量带有小数，可以简单地采取四舍五入法。

（9）执行期货合约交易。通过期货交易系统执行所需期货合约的买卖交易。如果投资者选择的是多头套保，则买入相应数量（通过返算优化后的整数数量）的期货合约；反之，则卖出相应数量的期货合约。

（10）实时监控套保组合。在期货合约头寸建立后，需要对整个套保组合的套保比例、套保效率、股指期货与现货的基差变化进行实时监控。当变化后的某个值（β、基差）超出投资者设定的阀值时，就需要作出是否继续或终止套保的决定。当要继续套保时，则返回到本流程的确定套保期限，重新开始本套保流程；当要终止套保时，则对套保组合中已有的期货合约进行平仓操作。

（11）期货平仓，套保结束。根据市场的变化，选择合适的时机进行期货合约的平仓操作，结束套保。

下面我们列举不同机构根据自身避险需求而应用股指期货套期保值的案例，供读者参考借鉴。

## 九、私募基金如何应用套期保值规避股市风险?

规避股市下跌风险，通常采取卖出套保策略。

**【案例5－7】**

某私募基金在8月7日前持有的股票资产市值约为2亿元。综合各种因素，该基金的管理人判断未来一个月市场将有可能发生幅度较大的调整。但是，该私募基金的投资风格倾向于发掘市场主流资金视野之外的中小企业板股票并重仓持有，其持仓股票普遍流动性不高；同时，基金管理人对市场的中期走势仍然看好。在这种情况下，如果简单卖出股票，1个月后还要买回，会承担两笔交易费用。更重要的是，由于该基金管理人相信这些股票的价值很快就会获得市场认可，不愿意直接抛出股票。在这种情况下，可以借助股指期货来规避短期市场风险。

具体做法是：

首先，基金管理人需要判断持仓股票和某个股票指数的走势是否具有较高的关联程度，或者说，系统风险是否成为持仓股票组合风险的主要因素。如果股票组合和某个股票指数的关联度比较高，那么在采用该指数为标的的股指期货进行套期保值操作之后，资产组合的价值波动将会大幅下降；否则，如果两者关联度较低，那么套期保值的效果就不明显，甚至适得其反。在国内 A 股市场，上证 50 指数是由总市值最大的一批股票构成的，因此该指数和大市值股票的关联程度比较高，与小市值股票的关联程度要低一些；而中证 500 指数与之恰恰相反；沪深 300 指数则对中型市值股票的关联度较好。

**相关系数**

两类资产走势关联程度的高低，通常用相关系数来衡量。相关系数是一个介于 -1 到 +1 之间的数字。

- 如果两类资产的相关系数等于 +1，就代表两者走势完全一致，而且涨跌幅度同比例变化；
- 如果两类资产的相关系数等于 -1，就代表两者走势完全相反，当一个上涨时另一个必然下跌。

在实际应用中，如果两类资产的相关系数超过 +0.5，我们就认为两者具备较高的关联度，可以作为套期保值的对象。

相关系数是从资产价格的历史变化中计算得到的，所以只代表了两类资产过去的关联。如果市场环境发生重大变化，这种关联关系也可能在未来有所改变。因此，套期保值操作并不是一劳永逸，也有可能遭遇风险，投资者必须对套期保值的资产进行持续的监控。

其次，需要估算持股组合对指数涨跌的敏感程度，即 β 值。在股票市场上，有些股票交易活跃，参与者众多，涨跌也就比较剧烈，在市场波动中经常处于领涨领跌的地位；而另一些股票则交投清淡，波动相对平缓，受市场情绪的影响比较小。在套期保值操作中，显然不能对这两类股票一视同仁。对于同样的股票市值，如果持有的股票波动较为剧烈，就需要交易更多的期货合约，才能保证股票市值变化和期货市值变化基本一致，从而达到套期保值的效果。

最后，基金管理人根据持仓股票的总市值和股票组合对指数的敏感程度，以及指数期货的合约价值，计算出进行套期保值需要的合约数量，并建立期货空头头寸。

需卖出的期货合约数量 = 持仓股票总市值×持股组合 β 系数/每张期货合约的市值

即：$N = P \times \beta / F$

在本例中，基金管理人经过计算，得到其持仓股票组合与沪深 300 指数的相关系数为 0.63，与上证 50 指数的相关系数为 0.21，与中证 500 指数的相关系数为 0.86。由此确认，采用中证 500 股指期货进行套期保值效果应该最好。并通过有关软件查出持有股票组合的相关 β 系数为 1.12，而 8 月 7 日中证 500 指数期货 9 月合约的开盘价格为 5616 点，即每张合约的市值为 112.32 万元，因此，需要卖出的期货合约数量为：

20000 万元×1.12 / 112.32 万元 =199.43 张≈199 张

即该基金需要建立约 199 张期货合约的空头头寸，即可规避对其股票组合未来一个月的系统风险。

## 十、指数基金如何应用套期保值规避股市风险?

**【案例 5 –8】**

一位投资经理管理着沪深 300 指数基金，市值 1 亿元人民币，严格按照沪深 300 指数的构成以及相关比重投资。一年以来，由于股权分置改革以及蓝筹股价值重估等原因，沪深 300 指数不断攀升，该指数基金也大幅升值。10 月 10 日，该投资经理打算在今后两个月内保住这个战果，计划将现在的股票指数基金组合转化为国债无风险收益组合。理由有两个：一是对目前取得的投资回报已经非常满意；二是预计市场在两个月内见顶并可能有一次比较大的调整。

参考上海证券交易所国债交易数据，当时国债组合年无风险收益率为 3.80% 左右，沪深 300 指数年平均红利率为 2%（注：通过统计 300 家成分股的历年分红来确定。此项参数随取样年限变化而变化，各家机构测算出来的参数可能有所不一样，它既是套期保值成功的关键，也是套利精确与否的关键）。该投资经理计划使用沪深 300 股票指数期货 12 月合约，因为该合约在 12 月的第三个星期五到期（也就是 12 月 22 日到期），该合约 10 月 9 日的收盘价为 8802 点。

该投资经理不打算实际卖出所持股票，理由如下：一是打算长期持有沪深 300 成分股而且不打算采取先卖出后等下跌后再买回的策略；二是该基金招股说明书对持股比例有下限规定，故不能实际抛售股票；三是公司的投资政策不允许融券卖空；四是不愿失去所持股票的投票权或控制权；五是股票交易成本太高。

那么，怎样才能达到规避股票短期风险的目的？显然需要应用套期保值方法。

步骤一，先计算计划做空的未取整的股指期货合约数量。

10 月 10 日距 12 月 22 日共 73 天，约 0.2 年。未取整的期指合约数量：

$N = P/F = 1$ 亿元 × $(1+3.80\%)^{0.2}$ / (8802 点 × 300)

$=1$ 亿元 × 1.007487/2 640 600 元 ≈ 38.15（张）

步骤二，对计划做空的未取整的数量 38.15 张四舍五入取整后得到 38 张股指期货合约，实际转化为无风险资产组合的现值如下：

$38 \times 8802 \times 300/(1+3.80\%)^{0.2} = 100\ 342\ 800/1.007487 \approx 9\ 9597\ 116$（元）

73 天后该国债组合增值到 100 342 800 元。

步骤三，计算卖出股票指数基金的数量。

为投资于国债而卖出股票指数基金的数量 = 取整后的期指合约 × 乘数/（1 + 红利率）

$= 38 \times 300/(1+2\%)^{0.2} = 11\ 400/1.00397 = 11\ 354.92$（份）

注意：这时，我们可以把指数基金的交易价格看成是股价指数，而把份数看成是交易的数量。受平均红利率的因素影响，这个数量将在两个月内升值为 11 400 份。

步骤四，两个月后，股指期货到期，该投资经理的盈亏情况如下：

（1）现有股票持仓市值：38 张 × 300 元/点 × 当时沪深 300 指数

（2）股指期货持仓盈亏：38 张 × 300 元/点 ×（8802 − 当时沪深 300 指数）

（3）整个投资组合，投资效果相当于 10 月 10 日时投资于无风险资产组合 9959.7116 万元，73 天后，按照 3.80% 的收益率增长到 100 342 800 元。

投资结果评估：无论沪深 300 指数上涨还是下跌，当前的股票持仓 1 亿元经过套期保值处理，将其中的 9959.7116 万元转变为无风险资产组合，73 天后，它将按照 3.80% 的年收益率增值到 100 342 800 元，整个组合将增值至 100 745 684 元，达到了两个月内套期保值的目的，而且没有违反投资决策的种种限制。

由于对股指期货合约数量四舍五入取整的原因，这里不能把 1 亿元精确转为国债组合，只能近似转化 9959.7 万元，这就是我们曾经提到的系统风险敞口问题。但是，这已经基本达到了套期保值的目的。

## 十一、股票型基金为控制仓位如何实施套期保值？

**【案例 5-9】**

某开放式股票型基金管理资产市值规模为 100 亿元。3 月中旬，基金经理认为市场已经完成顶部的构筑，并看空未来半年的行情。于是，该基金开始进行减仓。但是，按照合同约定，基金持有股票的市值比例不能低于总资产市值的 60%。这就意味着，即使基金管理人对未来走势作出了准确判断，仍然要以至少 60% 的仓位承担市场下跌的风险。在这种情况下，基金管理人可以借助卖出股指期货合约来进一步降低有效仓位。

与私募基金、非流通股股东相比，公募基金用沪深 300 股指期货进行套期保值效果更好。因为公募基金管理的资金规模较大，持有的股票也通常以大市值股票为主，其组合会和沪深 300 指数成分股有一定的重叠。在这种情况下，基金持股组合的走势和指数走势的差异相对比较小。

该公募基金的管理人根据套期保值的操作步骤，首先计算持股组合与沪深 300 指数的关联程度，得到相关系数为 0.86，由此判断适合采用沪深 300 指数期货进行套期保值。然后计算得到，持股组合的 β 系数约为 0.96。所以，如果该基金希望把股票有效仓位降低到 35%，则需要建立的期货空头合约的市值为：

期货空头合约市值 =（60% −35%）×100 ×0.96 =24（亿元）

要在此数据基础上开始套期保值交易，该基金还需要解决一个问题，就是套保合约的选择。由于基金经理看空未来半年的市场行情，最适合的合约似乎是半年后到期的 9 月合约，但这种操作将受到合约流动性的制约。大多数时候，股指期货市场上交易最活跃的合约是当月合约，而最远月份的合约通常流动性很差。如果管理人选择 9 月合约，将很难完成 24 亿元市值的期货合约交易。

在这种情况下，基金管理人可以持有近月合约到期移仓的方法来实现对长期头寸的套期保值。

**【5 −9—续 1】** 基金管理人经过测算，认为当月合约的平均流动性足以支持价值 24 亿元期货合约的正常交易，因此，先在 4 月合约上建立空头头寸（此时 3 月合约临近到期，4 月合约马上就会成为当月合约）。当日某时沪深 300 指数期货 4 月合约的价格为 4500 点，可以很容易计算出需要卖空的合约数量：

卖空合约数量 =24 亿元/（4500 点 ×300 元/点）=1 778（张）

到 4 月中旬，4 月合约又临近到期，此时基金管理人需要进行一次移仓操作，也就是把持有的 4 月合约空头平仓，同时开立 5 月合约的空头头寸。在移仓操作当日，4 月合约价格为 3600 点，1 778 张合约的总市值为：

1 778 张合约总市值 =1 778 张 ×3600 点 ×300 元/点 =19.2（亿元）

而此时 5 月合约价格为 3650 点，需要卖空的 5 月合约数量为：

5 月合约数量 =19.2 亿元/（3650 点 × 300 元/点）≈1 754（张）

基金管理人继续持有 5 月合约到 5 月中旬，再进行同样的交易，转换成 6 月合约。通过这样的操作，基金的股票仓位可以一直在期货合约空头的保护之下，从而实现套期保值操作的连续性。

在例 5 −9 中，基金管理人在 3 月中旬建立 4 月合约空头头寸时，合约市值为 24 亿元；而到 4 月中旬进行移仓操作时，合约市值已经变成 19.2 亿元。市值下跌会给基金带来损失吗？显然不会，因为基金持有的是空头。那是否说明基金通过股指期货获得了收益呢？这样说也不准确，因为建立期货头寸的目的是为了规避股票下跌的风险。

事实上，用于套期保值的期货合约的市值，代表了被保值的股票组合的市值。基金之所以建立24亿元的期货空头，正是期待保值的股票组合市值和股票组合β系数相乘得到的结果。那么，当期货合约价值下跌到19.2亿元时，对应的股票组合的市值也应该发生了20%左右的下跌。否则，一定是期货市场的价格发生了扭曲，而在此之前就应该已经触发了风险控制的操作。

当然，股票市值的下跌不会恰好是20%。只要股票跌幅在一定范围之内，就都可以看作成功的套期保值，因为期货合约空头的价值变化可以在一定程度上覆盖股票的损失。那么，当进入移仓操作的阶段，把4月合约平仓之后，并不一定要参考4月合约的市值来建立5月合约的空头头寸，也可以根据被保值的股票组合市值的实际变化来操作。

**【5-9—续2】** 如果5月中旬基金管理的资产规模已经下降为95亿元，其中，股票组合的市值比例仍然为60%，β系数为0.96，并且仍然希望通过指数期货来把有效仓位控制在35%，则应当建立的5月空头合约数量为：

5月空头合约数量＝（60%－35%）×95亿元×0.96/（3650点×300元/点）

＝2 082（张）

## 十二、股票发行承销商如何利用套期保值策略规避一级市场发行风险？

由于新股从一级市场发行到二级市场上市要经过路演、发行、认购、申请上市和挂牌上市这几个阶段，时间跨度往往较长，因此，国外的投资银行经常利用套期保值策略来规避一级市场的发行风险。由核准制过渡到注册制的改革，我国上市公司新股发行方式将会日益国际化和市场化，证券公司的承销风险也会不断加大。在我国开设股指期货以后，国际上成功运用套期保值策略规避一级市场的发行风险案例，将为国内证券公司和投资银行提供很好的借鉴作用。

**【案例5-10】**

某证券公司与某家拟上市的创业板公司签订协议，1个月内按照20元/股的价格包销3000万股该公司股票。考虑到今后一段时间证券市场会持续低迷，该证券公司希望对冲股票发行承销风险，于是在股指期货市场卖出相应数量的期货合约。具体做法如下：

（1）计算股票发行承销的金额。

发行承销额＝20元/股×3 000万股＝6（亿元）

（2）计算套保头寸。

假设此时股指期货市场上未来1个月内到期交割的中证500股指期货合约当天的价位为5000点，则：

该期货合约1手的合约价值 =5 000 ×200 =100（万元）

需要卖出合约数量 =6亿元 ÷100万元/手 =600（手）

（3）在股票发行当天的同时平掉期货头寸。在1个月期间，到了股票发行期的当天前后，此时股指期货合约价位下跌到4800点，该证券公司将600手期货合约再买入平仓：

获利 =（5000 -4800）×200 ×600 =2 400（万元）

（4）由于受到整个证券市场行情低迷的影响，所承销的创业板股票最终的发行询价结果为19.2元/股，并以此价格发行完毕。为此证券公司共损失为：

损失 =（20 -19.2）×3 000万股 =2 400（万元）

（5）由于采取了套期保值措施，此次发行股票证券公司没有受到损失。

# 第六章　股指期货套利交易

## 本章要点

> 本章介绍了什么是股指期货套利，以及股指期货套利与单边投机交易、套期保值交易的区别；重点介绍了股指期货期现套利、跨期套利、跨市场套利和跨品种套利这四种套利类型的基本原理和方法，尤其是在股指期货期现套利中，对如何复制现货指数，以及如何运用股指期货理论定价模型计算无套利区间等难点进行了详细论述，并列举了大量的实际案例。

股指期货投资因其具有高收益、进出便利等特点而魅力四射，吸引着投资人在这个市场中拼搏，投资机构也青睐于在较低的风险下获取长期稳定的收益，但其较高的风险也令一大批投资者望而却步。那么，有没有风险较低同时收益相对稳定的投资方式呢？

在现实的股指期货市场中，确实存在一种风险较低、长期投资回报率稳定、适合较大规模资金量参与的投资方式，这就是股指期货套利交易。

## 一、什么是股指期货套利交易？

套利也称“叫价差交易”，是指在买进或卖出某种期货合约的同时，卖出或买进相关的另一种交易对象，并在某个时间同时将两种交易对象平仓的交易方式。

股指期货合约是以股票价格指数作为标的物的金融期货合约。有时，期货指数与现货指数间会产生偏离，当这种偏离超出不合理的范围时，就会产生利差，从而给投资者提供套利机会。有时，同种指数的各期货合约之间、世界不同期货市场同种指数之间、不同种期货指数之间也因各种原因出现不合理的价格偏差，针对不合理价格偏差进行套利的交易行为，统称之为“股指期货套利”。

在世界金融期货市场上，套利和套期保值、投机一样，是市场的一个重要组成部分。例如，我国香港股指期货交易的64%是来自于套利交易；美国、英国等主要期货市场中，套利交易也占有相当重要的地位。从市场来看，新兴市场股指期货上市初期的套利机会高于成熟市场。

## 二、股指期货套利交易与投机交易有什么区别?

股指期货套利交易广义上说也可归属于投机，但与投机交易相比，两者具有很大的区别。

第一，交易方式不同。投机者在一段时间是做买或卖，方向明确；套利者则是在同一时间买进并卖出不同的期货合约，同时扮演多头和空头的双重角色。

第二，面临的风险和收益不同。与单边投机交易相比，期货套利交易面临的风险和收益均较小，因为在市场价格的变化下，交易者在一种期货合约交易的亏损，会被另一种期货合约上的盈利所弥补。同时，形成套利投资组合以后，伴随市场价格波动追加保证金的风险也很小。而单边投机交易买、卖单方向的头寸受市场绝对价格波动的影响相对大，投资净风险和净收益也均比套利大得多。因此，套利是一种与投机者和套保者都不同的独立群体。

第三，交易策略不同。套利关注的是两个或两个以上雷同品种价格关联性和趋同性为基础的相对价格的变化。而投机更多的是关注期货绝对价格的变化，重点是关注期货市场买卖单向的交易策略。即：投机者关心和研究的是单一合约的涨跌；而套利者关心的则是不同合约之间的价差，与价格波动方向无关。

第四，交易成本不同。投机交易是持有单方向头寸，因此，对于占用的初始保证金规模相对来说比套利要小，所交纳的手续费也比套利交易少一半左右。

## 三、股指期货套利交易与套期保值交易有什么区别?

股指期货套利交易与套保交易在交易形式上雷同，均是同时双向持仓，但两者仍具有较大区别。

第一，交易目的不同。套期保值的目的是回避股票现货市场价格风险，不以获利为目的；套利则是获取较为稳定的价差收益。

第二，承担的风险不同。套期保值承担的风险最小；套利仍需承担一定的风险。

第三，交易策略不同。从交易策略上看，套保者与套利者相似，都属于厌恶风险型交易者。但相对而言，套利者表现得似乎更积极，更有进取性，他们紧盯住相关市场，只要出现套利机会就会去尝试抓住。而套保者却表现得更为稳健，对手中存货，只要能规避价格风险即可。

## 四、股指期货套利有哪几种类型？

根据不同的套利对象，股指期货套利可分为期现套利、跨期套利、跨市场套利、跨品种套利等四种类型。

## 五、什么是股指期货跨期套利？

跨期套利是指利用同一股指期货市场上不同月份的期货合约之间的价差，同时进行一买一卖相反交易以从中获利的交易行为。跨期套利的基础是：建立在不同月份期货指数合约价差会规律性地收敛或扩大，投资者获得的只是不同月份指数期货合约的价差收益。从跨期套利机会看，股指期货上市初期跨期套利机会较多。

股指期货跨期套利具体又分为多头跨期套利、空头跨期套利和蝶式跨期套利三种类型。

### （一）多头跨期套利

当股票市场趋势向上时，投资者发现，交割月份较远的期货合约价格往往会比近期月份合约价格更容易迅速上升，即涨幅会大一些。此时投资者可以考虑在卖出近期月份合约的同时买进同等数量的远期月份合约，等到未来价格上升后，远月合约与近月合约的价差将变大，在买入近期合约平仓的同时卖出远期合约平仓，从而赚取多涨的那部分价差。这种交易行为称为“多头跨期套利”。可见，多头跨期套利赢利的条件是股票市场趋势要向上，此时的操作策略是“卖近买远”。但如果对股票市场趋势判断错误，即股票市场趋势向下，则很明显多头跨期套利就会出现亏损（见图 6 - 1）。

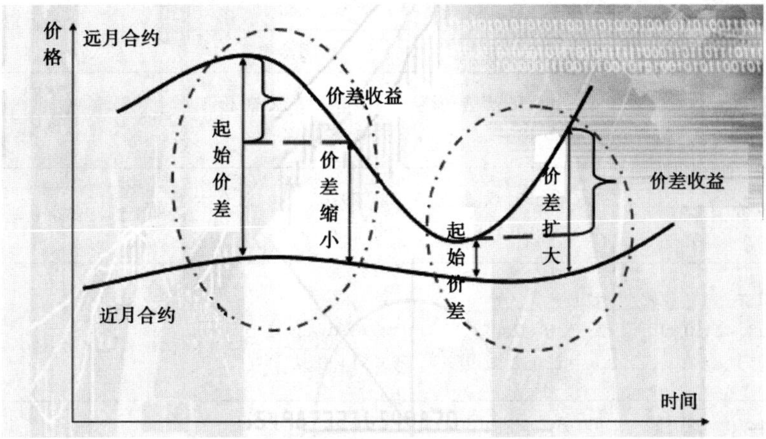


图6-1 股指期货跨期套利原理

**【案例6-1】**

2月8日，沪深300股指期货近期合约3月合约与远期合约6月合约两者价格基本持平，偶尔3月合约价格还高于6月合约。此时，投资者判断当时市场仍处牛市当中，正常情况下，远期合约的价格应高于近期合约，且远期合约上涨幅度也应大于近期合约。因此，该投资者抓住这个机会进行多头跨期套利。他采取的套利策略为：卖出3月合约的同时买进6月合约。

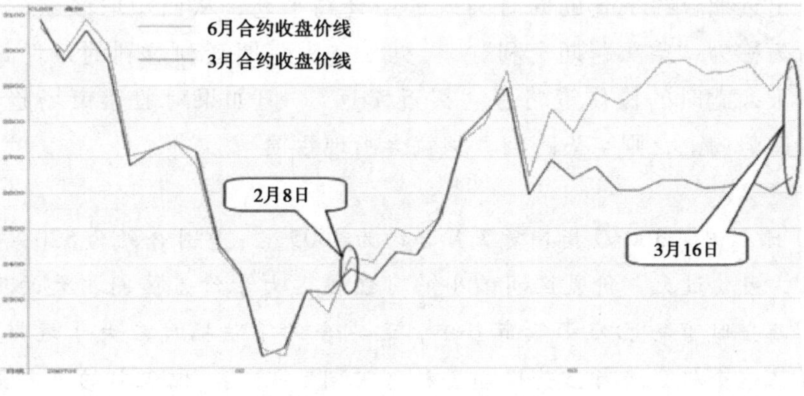


图6-2 股指期货多头跨期套利价差图

该跨期套利操作过程见表6-1。

表 6-1　　股指期货多头跨期套利过程分析

| 套利时间 | 股票市场沪深300指数 | 股指期货市场 | | 两者价差 |
|---|---|---|---|---|
| | | 3月合约 | 6月合约 | |
| 2月8日 | 收盘价2410.60 | 以2385.0收盘价卖出开仓10手 | 以2462.0收盘价买入开仓10手 | 2385.0-2462.0=-77.0点 |
| 3月16日 | 收盘价2604.23 | 以2605.2收盘价买入平仓10手 | 以2976.0收盘价卖出平仓10手 | 2605.2-2976.0=-370.8点 |
| 盈亏计算 | 指数上涨<br>2604.23-2410.60<br>=193.63点 | 亏损：<br>2385.0-2605.2<br>=-220.2点 | 盈利：<br>2976.0-2462.0<br>=514.0点 | 价差扩大：<br>370.8-77.0=293.8点 |
| 盈亏相抵后：(514.0-220.2)×300×10=881 400元 | | | | |

由于套利者对大市上涨判断正确，使得远期6月合约与近期3月合约之间的基差扩大，获利88万多元。但如果套利者对大市上涨判断错误，也就是说，大市下跌，结果会怎样呢？当然是出现亏损！

### （二）空头跨期套利

当股票市场趋势向下时，交割月份较远的期货合约价格往往会比近期月份合约价格更容易迅速下跌，即跌幅会大一些，此时投资者可以考虑买入近期月份合约的同时卖出同等数量的远期月份合约，等到未来价格下跌后，远月合约与近月合约的价差将缩小，在卖出近期合约平仓的同时买入远期合约平仓，从而赚取多跌的那部分价差。这种交易行为称为“空头跨期套利”。可见，空头跨期套利盈利的条件是，股票市场趋势如果向下，此时的操作策略是“买近卖远”。但如果对股票市场趋势判断错误，即股票市场趋势向上，则空头跨期套利就会出现亏损。

**【案例6-2】**

6月20日，沪深300股指期货7月合约为4605点，9月合约为5208点，两者价差达600余点，差价过大。价差区间缩小的可能性远大于价差区间扩大的可能性，特别是投资者判断当时市场已处于熊市当中，远期合约下跌幅度应大于近期合约。因此，该投资者抓住这个机会进行空头跨期套利（见图6-3）。他采取的套利策略为：买入7月合约的同时卖出9月合约。

该跨期套利操作过程见表6-2。

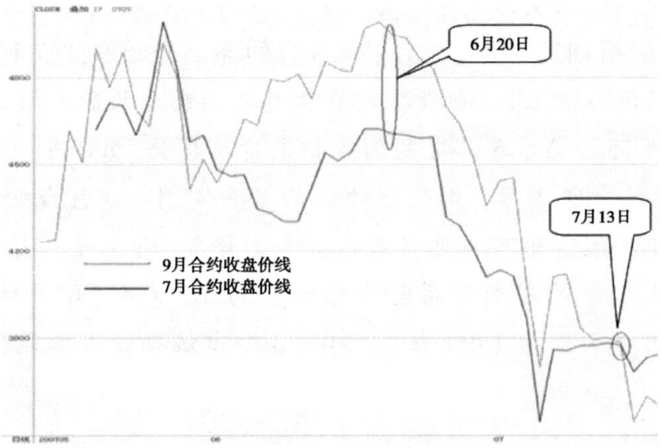


图 6－3　股指期货空头跨期套利价差图

**表 6－2　　股指期货空头跨期套利过程分析**

| 套利时间 | 股票市场 | 股指期货市场 | | 两者价差 |
|---|---|---|---|---|
| | 沪深 300 指数 | 7 月合约 | 9 月合约 | |
| 6 月 20 日 | 收盘价 4157.60 | 以 4605.0 收盘价买入开仓 10 手 | 以 5208.0 收盘价卖出开仓 10 手 | 4605.0－5208.0＝－603.0 |
| 7 月 13 日 | 收盘价 3820.12 | 以 3876.8 收盘价卖出平仓 10 手 | 以 4153.2 收盘价买入平仓 10 手 | 3876.8－4153.2＝－276.4 |
| 盈亏计算 | 指数下跌：3820.12－4157.60＝－337.48 点 | 亏损：3876.8－4605.0＝－728.2 点 | 盈利：5208.0－4153.2＝1054.8 点 | 基差缩小：603.0－276.4＝326.6 点 |
| 盈亏相抵后：（1054.8－728.2）×300×10＝979 800 元 | | | | |

由于套利者对大市下跌判断正确，使得远期 9 月合约与近期 7 月合约之间的基差缩小，获利近 98 万元。但如果套利者对大市下跌判断错误，也就是说，大市上涨，结果又会怎样呢？请读者思考。

### （三）蝶式跨期套利

蝶式套利是跨期套利另一种不太常用的形式，它也是利用不同交割月份的价差进行套期获利，由两个方向相反、共享居中交割月份合约的跨期套利组合构成。蝶式跨期套利的原理是，套利者比较三个相邻的期货合约价格时，认为中间月份的期货合约价格与两边月份合约价格之间的相关关系出现了差异。投资者同时进行三个不同月份的合约买卖，通过中间月份合约与前后两个月份合约的价差变化来获利。例如，卖出 1 手近期合约，同时买入 2 手中期合约，再卖出 1 手远期合约；或买入 1 手近期合约，同时卖出 2 手中期合约，再买入 1 手远期合约。这种套利做法称为蝶式跨期套利。

我们以上证 50 股指期货 3 月、4 月、6 月合约为例介绍蝶式套利如何操作。

**【案例 6－3】** 假设当前上证 50 股指期货 3 月交割的合约的价格为 1570 点，4 月交割的股指期货价格为 1550 点，6 月交割的股指期货价格为 1500 点。如果某投资者认为 4 月合约的价格被高估，即 3 月、4 月合约的价差和 4 月、6 月合约的价差均不合理，他希望从两个价差中获利，则可以选择买入 1 手 3 月合约、1 手 6 月合约，并卖出 2 手 4 月合约。假设在 3 月合约到期前某时间的价格为 1530 点，6 月合约的价格为 1460 点，而 4 月合约的价格则变为 1490 点。表 6－3 给出该投资者蝶式套利的操作方法和收益。

**表 6－3　　股指期货蝶式跨期套利过程分析**

<table>
<tr><th>时间</th><th colspan="3">蝶式跨期套利操作策略</th><th>收益计算</th></tr>
<tr><td>当前时间</td><td>1570 点买入 1 手 3 月合约</td><td>1550 点卖出 2 手 4 月合约</td><td>1500 点买入 1 手 6 月合约</td><td rowspan="2">（1） 1530－1570＝－40<br>（2） （1550－1490）×2＝120<br>（3） 1460－1500＝－40<br>（4） 盈亏合并 （120－40－40）×300 ＝12 000 元</td></tr>
<tr><td>未来某时</td><td>1530 点卖出平仓 1 手 3 月合约</td><td>1490 点买入平仓 2 手 4 月合约</td><td>1460 点卖出平仓 1 手 6 月合约</td></tr>
</table>

在案例 6－3 中，蝶式套利实际上由一个熊市套利（买 1 手 3 月合约，卖 1 手 4 月合约）和一个牛市套利（卖 1 手 4 月合约，买 1 手 6 月合约）组成。既然是一个牛市套利加一个熊市套利，为什么不分两次进行套利操作呢？如果将一个蝶式套利分成两个套利进行操作，有可能丧失第二个套利的机会。这是因为第一次套利结束后，4 月合约的价格在套利行为的影响下会趋于合理，即使 4 月合约的价格仍然被高估，其留给第二次套利的空间也大大变小。由此可见，一旦判断中间合约的价格与两头合约的价格相比被高估或低估，则应该采用蝶式套利来获取两个价差波动带来的利润。由于蝶式套利实际使用并不多，加上较为复杂，投资者只需了解。

从上述案例中我们可以总结出跨期套利的交易特点是：

两个相同：即交易的数量相同；买和卖的交易时间相同。

两个不同：即合约月份不同；合约价格不同。

严格来讲，跨期套利不是无风险套利，投资者需要对不同到期月份的期货合约的价差作出预测，具有一定的投机性，但因为交易行为是建立在价差基础上的，所以风险要远远小于纯粹的投机交易。跨期套利的重点在于判断不同到期月份合约的价差将来是扩大还是缩小，而不是判断整个市场未来的走势。

作为对跨期套利的小结，表 6－4 给出了如何对近期和远期股指期货进行操作以实现多头跨期套利和空头跨期套利。

表 6－4　　跨期套利操作总结

| | 套利机会触发点 | 套利操作 |
|---|---|---|
| 多头套利 | 当前价差低于正常水平，预期价差将增大 | 卖近期合约，买远期合约 |
| 空头套利 | 当前价差高于正常水平，预期价差将减小 | 买近期合约，卖远期合约 |

股指期货跨期套利买入和卖出交易均在期货市场实施，不涉及股票现货市场，整个交易策略制定和执行相对容易。在实际交易中，跨期套利所占用资金不多，交易灵活，风险较小而收益可观，比较适合资金不大的一般中小投资者。

## 六、什么是股指期货跨品种套利?

股指期货跨品种套利，指的是利用两种不同的但相关联的指数期货产品之间的价差进行交易。这两种指数之间具有相互替代性或受同一供求因素制约和影响。跨品种套利的交易形式是同时一买一卖相同交割月份但不同种类的股指期货合约。例如道·琼斯指数期货与标准普尔指数期货之间就可以进行跨品种套利交易。

跨品种套利的前提条件是不同品种期货合约在短期内其价差偏离平时正常合理范围时出现的套利机会，此时买入价格偏低品种的期货合约，同时卖出价格偏高品种的期货合约，当未来不同品种的期货合约价差回归正常合理水平时，再通过反向对冲平仓所持有的全部期货合约以获取收益。例如，1987 年全球股灾时，标准普尔指数与日经 225 指数的走势就不尽相同。在 10 月 19 日黑色星期一的股灾中，由于日本政府的大举入市，日经 225 指数跌幅轻微，而标准普尔指数则大跌超过 20%，随后日经 225 指数补跌。因此，当发现这种套利机会时，采用低成本、高效率的股指期货工具，买入标准普尔指数期货的同时卖出日经 225 指数期货就可以获得非常好的收益。

股指期货跨品种套利在国内期货市场也已常态化。目前国内推出的股指期货品种有沪深 300 股指期货、上证 50 股指期货和中证 500 股指期货三个品种，它们之间的套利机会时常出现。

跨品种套利需要解决三个问题：一是确定套利标的之间的相关性问题，相关性越高的标的品种，它们之间跨品种套利的效果才会越好；二是确定套利成本，包括交易手续费和套利资金借贷成本；三是考虑因合约乘数不同导致的每手交易金额变化不同而要确定标的合约之间的套利比例。

**【案例 6－4】** 某投资者长期跟踪和研究上证 50 股指期货、沪深 300 股指期货和中证 500 股指期货之间的相关性。发现同一时期上证 50 股指期货与沪深 300 股指期货同月份合约的价格相关性都在 90% 以上，而由于成分股的差异性，中证 500 股指期货与上述两种股指期货的同月份合约的价格相关性都低于 70%。因此，该投资者选取上证

50股指期货与沪深300股指期货进行跨品种套利策略研究。他以IF的差分DIF为因变量，以IH的差分DIH、滞后一期的误差修正项ECM（-1）为自变量建立模型，采取最小二乘法（OLS）进行线性回归，并通过协整检验得到非均衡误差项ECM的方程：

$ECM_t(-1) = IF_t - 268.7130 - 1.385096IH_t$

然后把IF、IH主力合约的历史数据代入方程式中，得到每一天相应的非均衡误差项EMC曲线图（见图6-4）。

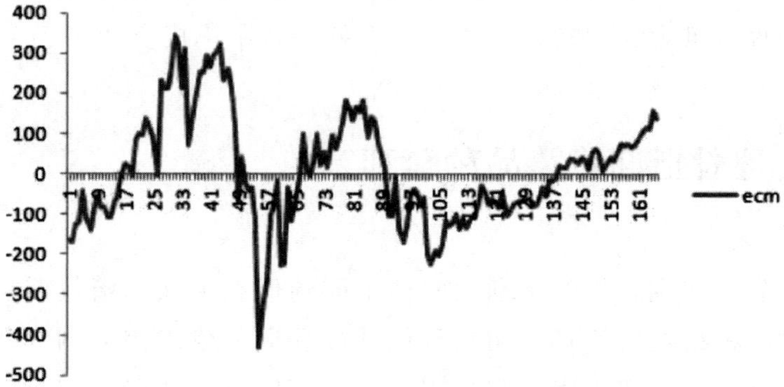


图6-4　上证50股指期货与沪深300股指期货主力合约
非均衡误差项EMC曲线图

图6-4中，当ECM线上升超过0时，意味着沪深300股指期货价格高估，上证50股指期货价格低估，所以按照套利原理，应该买入上证50股指期货合约的同时，卖出沪深300股指期货合约，然后在ECM线下降低于0时，把所持有的全部合约进行反向对冲平仓，盈亏相抵后获取套利利润；当ECM线下降低于0时，可进行相反的套利操作。按照上述公式，IF与IH的购买比例应为11.385096≈11.4。

某年4月20日某一时刻，沪深300股指期货主力合约价格为4551.6点，上证50股指期货主力合约价格为3212.8点。通过上述公式计算发现，当时两者的ECM=-167.149<0，显示出套利机会，应该按照11.4的比例买入N手沪深300股指期货主力合约的同时，卖出14N手（N≥10手）上证50股指期货主力合约。

到了5月13日某一时刻，沪深300股指期货主力合约价格为4873.6点，上证50股指期货主力合约价格为3323.2点。计算发现ECM数值上升至1923>0，此时选择平仓全部合约，即卖出N手沪深300股指期货主力合约，买入1.4N手上证50股指期货主力合约，结束本次套利。

本次套利盈亏：

$(4873.6-4551.6) \times 300 \times N + (3212.8-3323.2) \times 300 \times 1.4N$

$=50232N$（元）

按照股指期货手续费为成交金额的万分之五计算，投资者开仓和平仓两次手续费合计为：

手续费 = （4551.6 + 4873.6） × 300 × N × 0.0005 + （3212.8 + 3323.2） × 300 × 1.4N × 0.0005 = 2786.34N（元）

投资者本次跨品种套利实际盈亏 = （50232 − 278634）N = 47445.66N（元）

实际上，上述做法较为复杂，且每隔一段时间必须重新对已有的非均衡误差项 ECM 方程进行重新回归分析，以检验其有效性，而且计算繁琐。有没有较为快速判断跨品种套利机会的方法呢？我们来看下一个例子。

**【案例 6 − 5】** 某投资者观察到上证 50 股指期货与沪深 300 股指期货主力合约 2016 ~ 2019 年三年多来的日价差走势图（如图 6 − 5）。发现正常情况下，IH 主力合约—IF 主力合约数值范围为 − 1100 ~ − 1000 点。当两者价差值低于 − 1100 点以下是较好的买入 IH 卖出 IF 的套利时机。正好这一机会在某年 4 月 4 日出现（图中 A 点），于是他当机立断，于当天临近收盘时，以 2960.0 点买入 10 手 IH 主力合约，同时以 4085.0 点卖出 10 手 IF 主力合约，两合约价差为 − 1125 点。5 月 16 日，两合约价差在缩小至 − 900 点以内后，再次扩大到 − 950 点左右（图中 B 点），由于担心价差会再次回到 − 1100 ~ − 1000 点的正常范围，当天他决定结束本次跨品种套利，以 2785.0 点卖出平仓 10 手 IH 主力合约，同时以 3732.8 点买入平仓 10 手 IF 主力合约，此时两合约价差为 − 947.8 点。

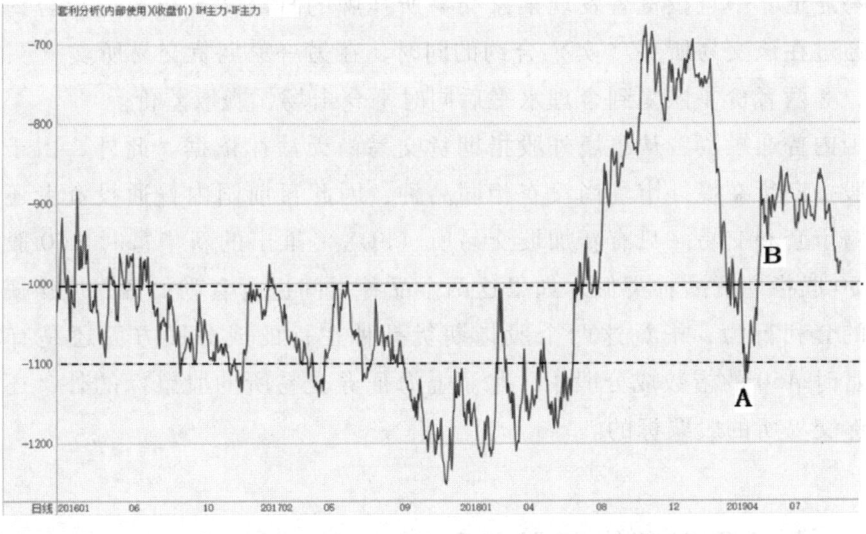


图 6 − 5　上证 50 股指期货与沪深 300 股指期货主力合约日价差走势图

按手续费为成交金额的万分之五计算：

本次套利的交易成本 = （2 960.0 + 4 085.0 + 2 785.0 + 3 732.8） × 300 × 10 × 0.0005
= 20 344.20（元）

投资者本次跨品种套利实际盈亏 = （1 125 − 947.8） × 300 × 10 − 20 344.20
= 511 255.80（元）

## 七、什么是股指期货跨市套利？

股指期货跨市套利是在世界各国和地区不同的期货交易市场之间对同一个期货品种的套利交易行为。尤其是当同一股指期货合约在两家或更多家交易所进行交易时，由于区域间的时区差别和地理差别，各合约间存在一定的价差关系。例如日经225指数期货合约分别在大阪证券交易所（OSE）、新加坡交易所（SGX）和芝加哥商业交易所（CME）上市交易。三种期货合约的标的物都是日经225指数，但合约乘数、报价单位及交易时间不尽相同。其中，大阪证券交易所上市的日经225指数期货合约，以日元报价，合约乘数为1000日元/指数点。新加坡交易所和芝加哥商业交易所则既有日元报价的日经225指数期货合约，又有美元报价的日经225指数期货合约。其中，日元报价的指数期货合约，合约乘数为500日元/指数点；美元报价的指数期货合约，合约乘数为5美元/指数点。而且在芝加哥商业交易所开仓买卖的日经225指数期货合约，可以在新加坡交易所对冲平仓。而新加坡交易所的开始交易时间比大阪证券交易所开市时间长，这就为三家交易所的日经225指数期货合约的套利提供了机会和方便、快捷的交易通道。一旦投资者发现某家交易所挂牌的日经225指数期货合约产生了异动，便可通过在该交易所买（卖）合约的同时，在另一家期货交易所卖（买）同等数量的合约，等两者价差恢复到合理水平后同时平仓出场，赚取差价。

目前国内普通投资者从事境外股指期货交易尚无法律依据。此外，由于中金所推出的三大股指期货在境外市场尚没有相同品种，因此目前国内普通投资者还无法进行股指期货跨市套利交易。只有新加坡交易所（SGX）推出的新华富时A50股指期货与国内上证50股指期货品种类似，如果这两个品种之间进行套利的话，应该属于跨市场和跨品种的套利行为，毕竟这两个股指期货品种在标的成分股方面还是有较大差别的。新华富时A50的指数成分股中，除了上海证券交易所的股票标的外，还包含了一些深圳证券交易所的股票标的。

## 八、什么是股指期货期现套利？

期现套利是股指期货套利交易的另一种主要交易方式。所谓期现套利，是指当股指期货的价格与股指现货指数价格出现偏差时，两者之间的差价就为投资者提供了套利的机会。当期货价格偏高时，投资者可以考虑买入股指成分股，卖出期货合约进行套利；当持有股票组合的成本偏高时，投资者可考虑买入股指期货合约，卖出成分股套利。期现套利实际上是把套利行为发展到现货与期货两个市场而已，这一点跟跨期套利有很大的不同。

根据中金所股指期货交易规则的有关规定，期货合约到期时的交割价是以当天股票市场上标的股票指数最后两小时算术平均价为准。这就使得无论前期期货合约价格如何围绕指数现货价格波动（如图6－6所示），在最后交易日收市时，期货合约价格将向现货指数价位收敛至几乎无差别。如果在交割前的时段内，只要期货合约与现货指数的价差出现正向或负向拉大，且价差幅度大于套利交易的成本，则通过买入低估值一方同时卖出高估值一方，等两方市场回到均衡价格时，或一直放到最后交割日再同时进行反向操作，结束交易，即可套取扣除套利成本后的差价利润，从而缩小现货市场与期货市场之间的价差。

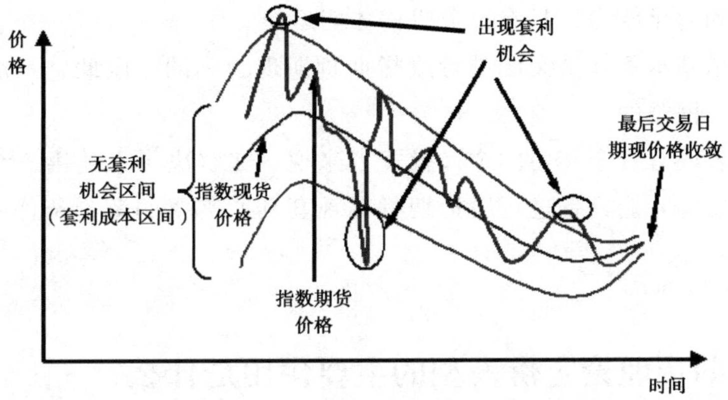


图6－6　股指期货期现套利原理

从上述原理中我们发现，期现套利存在正向套利和反向套利。

正向套利，是指指数期货合约的实际价格高于证券市场上的指数现货的价格。此时操作策略是买入指数现货的股票组合的同时，卖出指数期货合约，锁定两者之间的差额，待到到期日指数期货的价格收敛到现货的价格，进行双向平仓操作，从而获得无风险套利空间。

反向套利，是指指数期货的实际价格低于指数期货的理论价格。此时操作策略是卖出指数现货的股票组合的同时，买入指数期货，锁定两者之间的差额，待到到期日指数期货的价格收敛到现货的价格，进行双向平仓操作，从而平稳获得无风险套利空间。

期现套利对于股指期货市场非常重要。一方面，正因为股指期货和股票市场之间可以套利，股指期货的价格才不会离谱地脱离股票指数的现货价格。期现套利使股指价格更合理，更能反映股票市场的走势。另一方面，套利行为有助于股指期货市场流动性的提高。套利行为的存在不仅增加了股指期货市场的交易量，也增加了股票市场的交易量。市场流动性的提高，有利于投资者交易和套期保值操作的顺利进行。

从上述股指期货期现套利交易原理可以发现，从事股指期货期现套利需要具备比较苛刻的条件：

（1）只有当期货合约与现货指数之间的价差不合理时，套利者才能卖出（买入）期货合约，同时在股票现货市场买进（卖出）标的股票指数一篮子股票，在期货到期日结算则可获取套利利润。那么，如何确定两者价差是否合理，即两者之间有无套利空间的判断标准或依据是什么？这涉及股指期货的理论定价模型。

（2）既然是期现套利，那么投资者手中就必须要有一个一篮子标的股票指数成分股的股票组合。这个股票组合的走势必须要与标的股票指数的走势保持一致才行，因为投资者从事的是标的股票指数的期现套利，即存在复制标的股票指数的问题。

（3）期现套利因需要拥有现货股票头寸，占用的资金很大，而且需要有良好的股票现货筹码收集和消化能力，只有投资机构才能运作。

缺乏上述三个基本条件是无法进行股指期货期现套利的。因此，一般中小投资者进行期现套利是有困难的。

对机构投资者或有资金实力的个人投资者来说，在解决了上述第三个方面的问题即资金问题后，怎样才能具备进行股指期货期现套利所需要的苛刻条件呢？下面我们就来逐步讨论。

## 九、股指期货理论定价模型的主要作用是什么?

股指期货期现套利成功的一个前提是，投资者能够确定股指期货合约当前价格与现货指数差价是否合理，也就是判断两者之间是否存在套利空间。

目前，世界金融期货市场上进行期现套利决策的一个经常被使用的工具是利用股指期货的理论定价模型，通过对比股指期货的实际价格和理论价格来判断是否存在套利机会：

- 当实际价格高于理论价格时，卖空指数期货，买入指数现货；
- 当期货实际价格低于理论价格时，买入指数期货并卖空指数现货。

那么这个理论定价模型是怎么产生的呢？

经济学中有个基本定律称为“一价定律”。意思是说，两份相同的资产在两个市场中的报价必然相同，否则一个市场参与者可以进行所谓无风险套利，即在一个市场中低价买进，同时在另一个市场中高价卖出；最终，原来定价低的市场中因对该资产需求增加而使其价格上涨，而原来定价高的市场中该资产价格会下跌，直至两个报价相等。因此，供求力量会产生一个公平而有竞争力的价格以使套利者无法获得无风险利润。

根据上述定律，股指期货合约的价格与现货指数价格之间的差价在理论上应该处于一个合理范围。也就是说，投资者可以根据股票现货价格计算出股指期货价格在理论上的合理价位。于是，股指期货的理论定价模型应运而生。

### （一）股指期货理论定价模型的推导

由于影响股指期货价格的相关因素太多，无法设立包罗所有影响因素的数学模型，因此，只能筛选出主要影响因素来建立数学模型。

1. 股指期货是从股票指数衍生而来，因此，它的价格（F）与股票现货指数的价格（I）戚戚相关。股票现货指数价格的涨跌必然影响股指期货价格的涨跌。由此可以建立以下最粗糙的数学模型：

$F \sim I$

其中：符号 ~ 代表相关性。

2. 我们需考查在买卖过程中影响股指期货价格的主要因素。我们发现，由于期货有交割期，卖方要过一段时间后才能交付现货得到现金，买方到交割时才付出现金交收现货，相当于买方向卖方融资。这个融资成本用该时段的无风险利率（可以考虑用市场利率代替）R 表示。这样，当卖方卖出期货合约时，他需要得到相当于在交割前向买方“融资”的收益 I · R。这个收益应该加在期货价格 F 里。于是我们将原始的数学模型进一步精确化：

$F \approx I + I \cdot R$

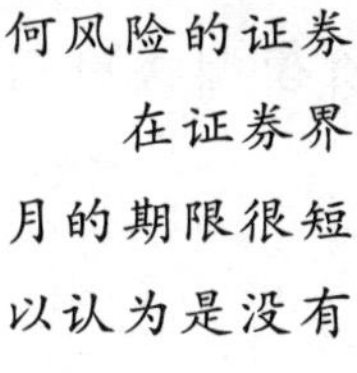


**无风险利率**

无风险利率，是指将资金投资于某一项没有任何风险的投资对象而能得到的利息率。这是一种理想的投资收益率。在证券市场上，无风险证券的利率为无风险利率。无风险证券是指能够按时履约的固定收入证券，即没有任何风险的证券。

在证券界通常将期限小于3个月的短期贴现国债视为无风险证券。这是因为3个月的期限很短，在这期间市场利率波动对债券的影响很小，其收益基本是恒定的，可以认为是没有风险的。我国目前还没有3个月的国库券，因此无风险利率可以参照一年期存款利率。

3. 我们还发现股票有分红机会，这是影响股指期货价格的第三大因素。期货卖方虽然卖出了股指合约，相当于把股票组合提前卖掉了，但在交割期到来前，仍持有股票组合，还可以收到股息，因而减少了其持仓成本，这对相当于已经买了这个股票组合的期货多头来说不太公平，因此期货价格要向下调整相当于股息的幅度。设股息率为D，结果期货价格还应减去对应资产收益I·D：

$$F = I + I \cdot R - I \cdot D$$

4. 期货合约交割时间的长短是影响期价的第四大因素。因为不同交割时间越长，相当于融资时间越长，就像定期储蓄一样，钱存的时间越长，利息越高，所以不同月份的期货合约挂牌价应存在不同的时间升水问题。设期货合约的交割期为T－t日，化为年份为（T－t）/365，最终股指期货理论定价模型为：

$$F = I + I \cdot R \cdot (T - t)/365 - I \cdot D \cdot (T - t)/365$$

即：

$$F = I + I \cdot (R - D) \cdot (T - t)/365$$

其中：F——股指期货理论价格；

I——现货股指价格；

R——无风险利率；

D——年股息收益率；

T——交割时间；

t——某一时间。

5. 其他影响因素怎么办？这些因素全部被假定处于理想条件下，因此不再在模型中予以考虑。这些次要因素被假定为：

①投资者构造出的投资组合与股市指数在组合比例、股指的价值与股票组合的市值方面都完全一致；

②投资者可以在金融市场很方便地借款和贷款以用于投资；

③无交易费用；

④当套利机会出现时，市场参与者将参与套利活动；

⑤无心理恐慌因素；

⑥对股指期货合约进行现金结算。

6. 如果考虑用连续复利形式的R、D，则上述股指期货的理论定价模型将更精确为：

$$F = I \cdot e^{(R - d)(T - t)/365}$$

其中：R——无风险利率；

d——以连续复利计算的年股息收益率（%）；

T——期货合约到期时间；

t——现在的时间；

T－t——期货合约到期天数。

### （二）连续复利下的股指期货理论定价模型的推导

首先要解决什么是复利。

【案例6-6】设100元钱投资一年，年利率10%，如果年底一次性发放红利，则：

本利 = 100 ×(1 + 10%) = 110.00（元）

如果每半年发放一次红利，则：

上半年本利 = 100 ×(1 + 10%/2) = 105（元）

年底本利 = 105 ×(1 + 10%/2) = 110.25（元）

改为连续式：

年底本利 = 100 ×（1 + 10%/2）×（1 + 10%/2）

　　　　= 100 × 1.05 × 1.05 = 110.25（元）

多出的0.25元就是利滚利带来的，称为“复利”。

那什么是连续复利呢？我们来看看提高计算复利的频率对100元在一年末的价值影响（见表6-5）。

表6-5　提高计算复利的频率对100元在一年末的价值影响（设利率为每年10%）

| 计算利息时间间隔 | 每一年计算利息的次数（m） | 100元年末到期时的本利总和（元） |
|---|---|---|
| 每一年一次 | m = 1次 | 110.00 |
| 每半年一次 | m = 2次 | 110.25 |
| 每季度一次 | m = 4次 | 110.38 |
| 每月一次 | m = 12次 | 110.47 |
| 每周一次 | m = 52次 | 110.51 |
| 每日一次 | m = 365次 | 110.52 |

当m趋于无穷大时，就称为连续复利。

我们发现，当计算利息时间间隔达到每周一次和每日一次时，当m趋于无穷大时，年末到期时的本利总和已相差无几了。从实用性来看，通常认为连续复利与每日计复利等价。

根据连续复利的概念我们来推导 $F = I \cdot e^{(R-d)(T-t)/365}$ 公式。

公式推导：由 $F = I + I \cdot (R - D) \cdot (T - t)/365$

$= I \cdot [1 + (R - D) \cdot (T - t)/365]$

设：$i = (R - D) \cdot (T - t)/365$

则：$F = I \cdot (1 + i)$

$$F = \lim_{m\to\infty} I\left(1 + \frac{i}{m}\right)^{\frac{m}{i}\cdot i} = I \lim_{m\to\infty}\left[\left(1 + \frac{i}{m}\right)^{\frac{m}{i}}\right]^{i} = Ie^{i} = Ie^{(R-D)(T-t)/365}$$

有了上述理论定价模型，我们就可以随时计算出当时股指期货合约的理论价格，然后与股指期货合约实际价格对比。当股指期货合约实际价格高于或低于股指期货合约理论价格时，进行套利交易可以盈利。但事实上，交易是需要成本的，如交易手续费、资金利率成本等。这导致正向套利的合理价格要向上移，反向套利的合理价格要向下移，形成一个区间。在这个区间里，套利不但得不到利润反而会导致亏损，因为所套的利润还不够交纳交易成本费用。这个区间称为“无套利机会区间”（也称“套利成本区间”）。只有当期货指数实际交易价格高于区间上界时，正向套利才能进行；反之，当期货指数实际交易价格低于区间下界时，反向套利才能进行。

现在的关键是如何确定这个无套利机会区间的上下限，这是期现套利成功与否的重要一环。

### （三）无套利机会区间上下限的确定

**【案例6－7】**8月22日，股票市场上现货沪深300指数为1224.1点，当年A股市场分红年股息率在2.6%左右，假设融资（贷款）年利率r＝6%，那么，10月22日到期交割的股指期货10月合约的目前理论价格应为：

F＝1224.1＋1224.1×(6%－2.6%)×1/6＝1231.04（点）

据此来计算股指期货合约的无套利区间。

又假设：投资人要求的回报率与市场融资利差为1%；期货合约的交易双边手续费为0.2个指数点；市场冲击成本为0.2个指数点；股票交易双边手续费及市场冲击成本为1%。折算成指数点是：

借贷利率差成本＝1224.1×1%×2/12（年份）＝2.04（点）

股票交易双边手续费及市场冲击成本＝1224.1×1%＝12.24（点）

期货交易双边手续费及市场冲击成本＝0.2＋0.2＝0.4（点）

合计（TC）＝12.24＋2.04＋0.4＝14.68（点）

前面已经求得目前股期期货合约的合理价格应为1231.04点，那么：

套利区间上界＝1231.04＋14.68＝1245.72（点）

套利区间下界＝1231.04－14.68＝1216.36（点）

无套利机会区间＝［1216.36，1245.72］

也就是说，在8月22日沪深300现货指数为1224.1点时，股指期货10月合约的价格如果在1245.72点以上时进行正向套利或者在1216.36点以下时进行反向套利才会有盈利，而且10月合约涨得越高正向套利盈利空间越大，跌得越低反向套利盈利空间越大或越安全。而10月合约价格在［1216.36，1245.72］内是无套利机会的。

**市场冲击成本**

市场冲击成本，是指在套利交易中需要迅速而且大规模地买进或者卖出股票时，未能按照预定价位成交，从而多支付的成本。例如：投资者以每股 15.50 元挂盘买入小盘股“海欧卫浴”，但无法成交。此时市场挂出的卖盘价为 15.70 元/股，而整个市场在上涨，该投资者担心买不到，最后不得不以 15.70 元/股价买到股票，使得购股成本每股多支付了 0.20 元，这就是冲击成本。再比如，某只基金的现价为 1.10 元，而投资者为了保证买入交易成功，很可能以 1.11 元成交，高出现价 0.01 元的费用便是市场冲击成本。

各国证券市场的数据表明，市场冲击成本一般为佣金与税收的 2 倍以上。冲击成本被认为是机构大户难以摆脱的致命伤。比如，机构大户看好一组股票时，必须花费很长时间才能实现自己的建仓目的。如果急于建仓，由于短时间内大量买进会抬高股价，势必会使建仓的成本远高于预期成本。同样，如果急于抛股，等于是自己在打压股价，最后实现的卖出价低于原来的预期价格。对散户而言，由于买卖交易量很小，冲击成本几乎为零。

冲击成本的大小，既与委托交易的数量有关，也与流动性大小有关。市场的流动性越小，冲击成本越大。股票市场上每天的成交金额有几百亿元，看上去规模不小，流动性也可以。但那是上千只股票共同交易的结果，如果细分到不同的个股，不难发现其中一些股票的流动性还是很差的。相对而言，买卖股指期货的冲击成本就非常小。这是因为相应的股指期货合约只有几个，交易集中导致流动性非常强，即使是机构大户，在其中进出也很方便。

## 十、在期现套利中如何复制股指期货标的指数?

从以上讨论中我们发现，股指期货理论定价模型的出现只是解决了在股指期货期现套利中确定股指期货近月合约当前的价格与现货指数差价是否合理这一个问题。那如何解决投资者手中股票组合的走势必须要与股票指数的走势几乎保持一致这一问题?

### (一) 完全复制

最简单也最直接的办法是将股票指数中全部成分股按它们的权重比例每股各买一定数量，组成一个股票组合，其走势应与标的股票指数走势完全相同，这种方法称为完全复制，但这是不现实的。

例如，某年 7 月 10 日沪深 300 指数收盘 3398.3 点，而当天沪深 300 股指期货 8 月合约收盘3483.2点，价差接近3%。如果投资者打算进行套利，就需要在卖空8月期货合约的同时买入沪深300指数现货一篮子成分股。如果投资者使用的是完全复制法，根据当天沪深300指数的成分股市值比例，他需要用总资金的4.26%买入招商银行，3.25%买入中国平安……同时买入全部300只成分股票各若干股。

可见，完全复制法的缺点是，当套利的资金量较少时，有些股票需要买入的数量将非常小，甚至根本无法买入。在当年7月10日，沪深300指数中权重最小的股票美邦服饰只占万分之三，即使投资者用于买入指数现货的资金达到1 000万元，用于购买美邦服饰的资金也只有3 000元，略多于一手。另一方面，同时买入300只股票对于交易系统的要求也比较高，所以完全复制很难精确实现。

**（二）抽样复制**

另一种用股票直接构造指数现货组合的办法，就是选择指数成分的一部分股票，根据这些股票的历史价格，通过计算来配置各股票的比例，使它们的组合尽可能贴近指数的表现。这种方法称为“抽样复制”。基于不同的复制模型，选择抽样股票的方法、计算股票配置比例的方法可能会有所差异。这些方法正是抽样复制方法的关键难点和技术核心。

假设在当年7月10日，另一个投资者采用抽样复制法构造用于套利的股票组合，他采取的方法是选择当日总市值最大的前20只股票，并按自由流通市值分配各股票的买入比例。他所构建的投资组合如表6－6所示：

**表6－6　　某投资者构建的投资组合**

| 序　号 | 代　码 | 证券简称 | 投资比例 |
|---|---|---|---|
| 1 | 600036 | 招商银行 | 10.88% |
| 2 | 601318 | 中国平安 | 8.30% |
| 3 | 600030 | 中信证券 | 8.13% |
| 4 | 600000 | 浦发银行 | 7.27% |
| 5 | 600050 | 中国联通 | 5.76% |
| 6 | 600028 | 中国石化 | 5.75% |
| 7 | 601328 | 交通银行 | 5.69% |
| 8 | 601166 | 兴业银行 | 5.60% |
| 9 | 600519 | 贵州茅台 | 5.44% |
| 10 | 600019 | 宝钢股份 | 5.36% |
| 11 | 600016 | 民生银行 | 5.31% |
| 12 | 000002 | 万科A | 5.08% |
| 13 | 601398 | 工商银行 | 2.97% |
| 14 | 000858 | 五粮液 | 2.97% |

续表

| 序　　号 | 代　　码 | 证券简称 | 投资比例 |
|---|---|---|---|
| 15 | 600837 | 海通证券 | 2.73% |
| 16 | 601899 | 紫金矿业 | 2.66% |
| 17 | 600900 | 长江电力 | 2.63% |
| 18 | 601601 | 中国太保 | 2.58% |
| 19 | 000001 | 深发展 A | 2.52% |
| 20 | 601169 | 北京银行 | 2.37% |

抽样复制的缺点是，选择的股票只是指数成分股的一部分。如果抽样组合中的股票表现和指数出现较大差异，那么套利交易的结果可能会有较大偏差。这也给套利交易带来了风险。

例如，从当年 7 月 10 日到 7 月 23 日，沪深 300 指数已经从 3398.3 点上涨至 3652.0 点，而沪深 300 股指期货 8 月合约从 3483.2 点只涨到 3611 点。期现基差从 -84.9点（3398.3 - 3483.2）增长到 +41 点（3652.0 - 3611.0）。采取完全复制法的投资者将获得 125.9 个指数点的套利收益。而另一方面，采用抽样复制法的投资所持有的股票组合平均上涨 6.46%，涨幅比沪深 300 指数少 1.01%，也就是说，采用抽样复制的投资者比采用完全复制的投资者要少赚 34.3 个指数点（3398.3 × 1.01%）。

那么，如何用较小的代价复制股票指数走势呢？可通过哪些途径呢？

### （三）复制股票指数的优化途径

1. 持有 ETF。

ETF（Exchange Traded Fund）全称为“交易型开放式指数基金”，是一种跟踪标的指数变化且在证券交易所上市交易的开放式证券投资基金。投资者既可以在二级市场像买卖股票一样买卖 ETF 份额，也可以在一级市场通过指定的 ETF 交易商向基金管理公司申购或赎回 ETF 份额，不过其申购和赎回必须以一篮子股票换取 ETF 份额或以 ETF 份额换回一篮子股票。由于两种交易方式同时存在，ETF 的价格不会偏离其资产净值太远，也就不会像封闭式基金那样出现大幅折价的情况。

为了使 ETF 市价能够直观地反映所跟踪的标的指数，可以将 ETF 的单位净值定为其标的指数的某一百分比。例如，上证 50ETF 与上证 50 指数包含的成分股票及其所占的权重相同，50ETF 基金份额净值设计为上证 50 指数的千分之一。因此，当上证 50 指数为 1223 点时，上证 50ETF 的基金份额净值应约为 1.223 元。

2. 持有封闭式基金。

封闭式基金与股指期货之间是否可以进行套利交易？以某沪深 300 封闭式基金为例，该基金以沪深 300 指数为跟踪标的，主要投资于标的指数成分股、备选成分股以及新股等。该基金主要进行被动的指数化投资，通过控制基金与标的指数的跟踪误差，实现对沪深300指数的有效跟踪。研究发现两者之间的相关系数为0.7922，存在正相关关系。当基金净值与股指期货价格出现明显背离时，亦可进行套利交易。但两者的相关性不及现有的沪深300 ETF产品与沪深300指数的相关性高，故在选择期现套利的现货产品时，应优先选取ETF产品。

3. 采用抽样复制原理构造小型投资组合。

投资者可以依据行业类别、市值比重、成交状况等根据自己的经验构建一个小型的投资组合，作为期现套利的现货基础。例如，投资者根据自己的资金实力及经验可以选择沪深300指数中权重最大的前10只或20只或若干只（建议最少不得低于5只）股票组建股票组合，并要经过与沪深300指数走势相关性的严格论证后才能用于期现套利。此种做法对投资者的要求较高。鉴于现有的ETF产品比较适合作为股指期货期现套利的现货基础，一般的中小投资者应谨慎选择自行构建投资组合进行期现套利。

至此，进行股指期货期现套利的除资金以外的两个最基本的条件都已经得到了解决。

## 十一、股指期货期现套利分哪几个步骤?

股指期货期现套利步骤如下：

第一，应用股指期货理论定价模型计算股指期货合约的理论合理价格；

第二，确定套利成本，计算期货合约无套利机会区间；

第三，根据当前的股指期货合约价格与所计算的无套利机会区间对比，判断是否存在套利机会；

第四，确定交易规模，同时进行股指合约与股票买卖交易；

第五，寻机结束套利。

完整的套利流程见图6－7。

## 十二、持有ETF指数基金如何与股指期货进行期现套利?

作为一种重要的指数化产品，ETF可以代表指数现货。ETF自身存在套利机制，因此ETF的每日涨跌和其标的指数基本一致。另外，利用ETF的申购赎回机制可以变相实现T+0交易，这对于捕捉日内的套利机会是非常有利的。

目前在国内股市ETF中，流动性最好的是华夏上证50ETF（510050），如果是进

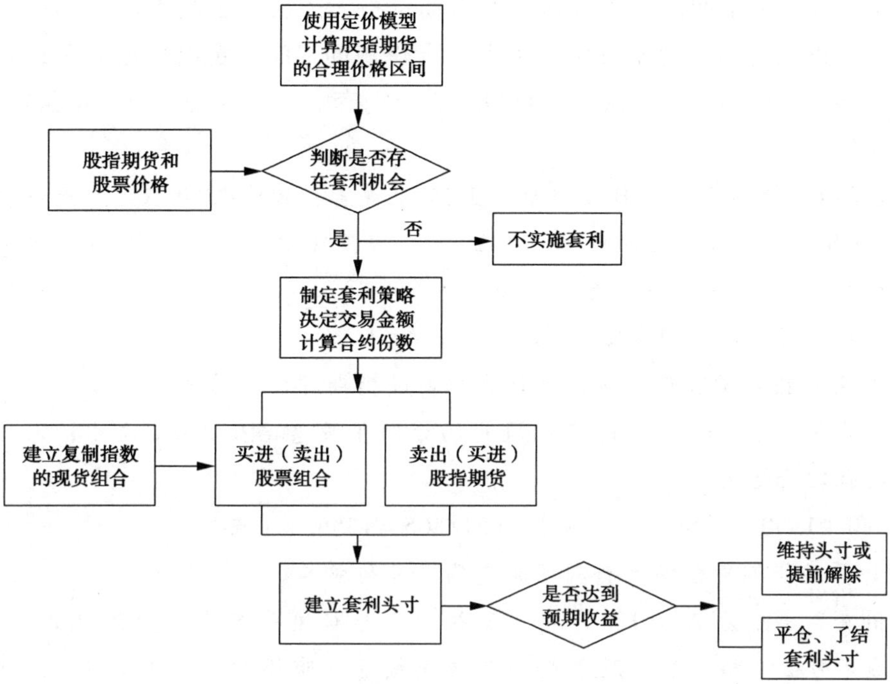


图 6－7 期现套利流程图

行正向套利操作的话，当上证 50 指数期货合约的实际价格高于现货 ETF 的价格，此时操作策略是买入 ETF，卖出上证 50 指数期货合约，我们的套利空间是指数期货和现货 ETF 之间的差价，在建仓时我们就已经锁定两者之间的差额，待到到期日指数期货的价格收敛到现货的价格，进行平仓操作，从而获得无风险套利空间。

在正向套利操作期间的成本主要有：①买卖 ETF 的佣金和冲击成本；②买卖指数期货合约的佣金和冲击成本。当套利空间大于套利的成本时，便可以进行实际操作，这样得到指数期货套利的上限是：现货 ETF 价格＋交易成本。

如果是进行反向套利操作的话，当指数期货的实际价格低于指数期货的理论价格，此时操作策略是卖出 ETF，买入指数期货，我们的套利空间是现货 ETF 和指数期货之间的差价。在建仓时我们就已经锁定两者之间的差额，待到到期日时指数期货的价格收敛到现货的价格，进行平仓操作，从而平稳获得无风险套利空间。

在反向套利操作期间，成本主要有：①买卖 ETF 的佣金和冲击成本；②买卖指数期货合约的佣金和冲击成本。当套利空间大于套利的成本时，便可以进行实际操作，这样得到指数期货套利的上限是：现货 ETF 价格－交易成本。

这样，我们得到了指数期货区间定价模型的上下限：

上限：现货 ETF 价格＋交易成本

下限：现货 ETF 价格－交易成本

当指数期货的市场价格在上限和下限之间波动时，我们认为指数期货价格比较合理，此时不存在套利空间。当指数期货的市场价格大于所给出的上限时，存在套利机会，可以进行正向套利，具体操作是买入一定份额的ETF，卖出指数期货；当指数期货的市场价格小于所给出的下限时，可以进行反向套利，也就是卖出一定份额的ETF，买入指数期货。

**【案例6-8】** 某年7月1日股票市场上证50现货指数为1350点，当天股指期货市场上上证50股指期货8月合约价位为1420点。假设交割期为8月20日（当月第三个周五），此时期现市场是否存在套利机会？

根据股指期货期现套利步骤：

（1）应用股指期货理论定价模型计算当前股指期货合约的合理价格。

假设融资年利率 $r=6\%$，目前A股市场分红年股息率在2.6%左右，则当前股指期货合约的合理价格为：

$F=1350+1350\times(6\%-2.6\%)\times 51/365=1356.4$（点）

（2）计算股指期货合约无套利区间，确定套利成本。

假设借贷利率差为 $\Delta r=1\%$，期货合约的交易双边手续费折合为0.2个指数点；市场冲击成本0.2个指数点；股票交易双边手续费及市场冲击成本为1%，那么折算成指数点：

借贷成本 $=1350\times 1\%\times 51/365=1.9$（点）

股票交易双边手续费及市场冲击成本 $=1350\times 1\%=13.5$（点）

期货交易双边手续费及市场冲击成本 $=0.2+0.2=0.4$（点）

合计 $TC=1.9+13.5+0.4=15.8$（点）

前面已经求得期货合约的合理价格为1356.4点，那么：

无套利机会区间上界 $=1356.4+15.8=1372.2$（点）

无套利机会区间下界 $=1356.4-15.8=1340.6$（点）

无套利机会区间 $=[1340.6,\ 1372.2]$

也就是说，当8月期货合约在1372.2点以上时进行正向套利，或者在1340.6点以下进行反向套利才会盈利；而且涨得越高正向套利越安全，跌得越深反向套利越安全。

（3）判断是否存在套利机会。

此时8月期货合约价格为1420点，大于1372.2点，因此可以确定存在正向套利机会。

（4）确定交易规模，同时进行股指期货合约与股票交易。

以做1手期货合约为例，假设股指期货合约的保证金为12%，每个指数点代表300元，首先在股指期货上做空1手合约：

需要保证金 $=1420\times 300\times 12\%\times 1=51\ 120$（元）

套利交易需要将股指期货合约持有一段时间，为防止价格的短期波动需要追加保证金，在资金管理上要留有余地，因此还应预备5万元资金。

同时在现货市场上买进上证50ETF，对应的上证50指数点为1350点，假设此时该基金的成交价格为1.350元，则需买进的基金份额为：

需买进上证50ETF份额 = 1420 × 300/1.350 = 315 555.6（份）

由于买进基金只能是100的整数倍，大约为315 600份。

（5）寻机结束套利。

最迟等到8月20日该股指期货合约交割时，无论它的结算价是多少，这笔套利交易可以盈利：

盈利点数 = 1420 − 1372.2 = 47.8（点）

盈利金额 = 47.8 × 300 × 1 = 14 340（元）

虽然套利动用了527 180元［51 120 + 315 600 × 1.350 + 50 000（备用金）］，只赚了14 340元（扣除所有成本后所得利润），收益率约为2.72%（14 340/527 180 × 100%），但这是无风险利润，比较适合对安全性要求较高的资金。

## 十三、持有LOF如何与股指期货进行期现套利?

LOF（Listed Open − Ended Fund）是指通过深圳证券交易所交易系统发行并上市交易的开放式基金。

上市开放式基金（LOF）获准在深交所上市交易后，投资者既可以选择在银行等代销机构按当日收市的基金份额净值申购、赎回基金份额，也可以选择在深交所各会员证券营业部按撮合成交价买卖基金份额。基金的申购、赎回操作程序与普通开放式基金相同。上市开放式基金在深交所的交易方式和程序则与封闭式基金基本一致，买入申报数量为100份或其整数倍，申报价格最小变动单位为0.001元。上市开放式基金交易价格的形成方式和机制与A股一致。

**【案例6－9】** 在深交所挂牌的上市开放式基金（LOF）"招商成长"与沪深300指数高度正相关，相关性达95%以上。6月7日，沪深300指数为2350点，该基金价格为2.35元，而当时股指期货9月合约价格为2550点。由于9月合约到期时，期货价格与现货价格必将收敛于几乎同一价格。而目前两者之间的差价为200点（2550 − 2350），投资者想做套利是否可能？

具体操作如下：

（1）应用股指期货理论定价模型计算9月合约的理论价格。

设股息的年平均收益率D = 3.5%，市场上借贷资金年利率R = 6%。该合约最后交割日为 9 月 25 日，投资持有期为 110 天。

9 月合约的理论价格为：

$F = I + I \cdot (R - D) \cdot (T - t)/365$

$= 2350 + 2350 \times (6\% - 3.5\%) \times 110/365 = 2367.7$(点)

而现在 9 月合约的实际价格为 2550 点，明显高估，因此初步判断期现指数两者之间存在巨大的套利空间。

(2) 计算期现套利所需资金量。

①期货市场上投入：设期货保证金率为 12%，则在期货市场拟卖出 10 手期货合约需用资金为：

10 手期货合约资金需求量 = 2550 × 12% × 300 × 10 = 91.8（万元）

投资者需另备 100 万元为预备资金，以防追加保证金用。

②现货市场上投入：拟在现货市场以 2.35 元的成本复制沪深 300 指数现货头寸，需买入的基金价值及基金数量分别为：

基金价值 = 2 550 × 300 × 10 = 765（万元）

基金数量 = 7 650 000/2.35 = 3 255 319 ≈ 3 255 300（份）

即在现货市场需购入价值达 765 万元的基金。由于买基金只能是其 100 的整数倍，即在现货市场需购入 3 255 300 份的基金。

总投入资金 = 91.8 + 100 + 765 = 956.8（万元）

(3) 计算期现套利成本。

①借贷成本。假设投入资金为借贷资金，借贷年利率 6%，则：

资金的使用成本 =（91.8 + 100 + 765）× 6% × 110/365 = 17.3（万元）

这个利率差称为套利的机会成本。

②交易费用。设期货合约的交易双边手续费及市场冲击成本为 0.5‰，开放式基金交易双边手续费及市场冲击成本为 6‰，则：

交易成本 = 765 × 0.5‰ + 765 × 6‰ = 4.97（万元）

(4) 计算期现套利收益。

9 月到期时，期货价格与现货价格必将收敛于同一价格。因此：

两者之间的差价收益 =（2 550 − 2 350）× 300 × 10 = 60（万元）

扣除相关费用后的净收益 = 60 − 17.3 − 4.97 = 37.73（万元）

收益率 = 37.73/956.8 × 100% = 3.94%

(5) 实施套利操作。

在期货市场卖出股指期货 9 月合约价格为 2550 点 10 手的同时，在股票现货市场以 2.35 元的价格购入 3 255 300 份的招商成长 LOF。

(6) 结束套利。

在最后交割日交易结束前2小时内，分批将3 255 300份的基金卖出，结束套利。期货市场上的头寸由交易所将其交割平仓后，将资金自动划入客户账户中。

## 十四、持有股票投资组合如何与股指期货进行期现套利?

**【案例6－10】** 某年11月19日，股票市场上沪深300指数收盘时为1953.12点。此时，12月19日到期的沪深300指数12月合约期价为2003.6点。假设该日市场无风险利率为4.8%，预计当年沪深300指数成分股年分红率为2.75%，此时是否存在期现套利机会?

操作步骤如下：

(1) 计算12月指数期货合约的理论价格。

沪深300指数I＝1953.12点，年利率R＝4.8%，年红利率d＝2.75%，到期时间(T－t)＝30/365，这一次我们采用连续复利公式$F=I\cdot e^{(R-d)(T-t)30/365}$计算，则目前12月期货合约的理论价格应为：

$F=I\cdot e^{(R-d)(T-t)/365}=1953.12\times e^{(0.048-0.0275)\times 30/365}=1956.4$ (点)

(2) 计算股指期货合约无套利机会区间，确定套利成本。

股票买卖双边手续费为成交金额的0.3%：

手续费＝1953.12×0.3%＝5.86 (点)

股票买卖双边印花税为成交金额的0.1%：

印花税＝1953.12×0.1%＝1.95 (点)

股票买卖的冲击成本为成交金额的0.5%：

冲击成本＝1953.12×0.5%＝9.77 (点)

股票资产组合模拟指数跟踪误差为指数点位的0.2%：

跟踪误差＝1953.12×0.2%＝3.91 (点)

借贷利差成本为指数点位的0.3%：

利差成本＝1953.12×0.3%＝5.86 (点)

期货买卖的双边手续费为0.2个指数点。

期货买入和卖出的冲击成本为0.2个指数点。

套利成本合计TC＝5.86＋1.95＋9.77＋3.91＋5.86＋0.2＋0.2
＝27.8 (点)

无套利机会区间的上界＝1956.4＋27.8＝1984.2 (点)

无套利机会区间的下界＝1956.4－27.8＝1928.6 (点)

无套利机会区间＝［1984.2，1928.6］

而沪深300指数12月合约的价格为2003.6点，2003.6点大于1984.2点，即12月期货合约的价格大于无套利机会区间的上界，市场存在正向基差套利机会。投资者可以在拥有沪深300指数成分股投资组合的同时，在期货市场上通过卖出12月期货合约进行套利。

(3) 实施套利操作。

①计算卖出1手12月期货合约价值为：

12月期货合约价值 = 2 003.6 × 300 × 1 = 601 080（元）

根据手中2 500万元资金情况进行分配，按保证金比例10%，设计大概投入2 000万元左右的套利方案。初步计算：

期货交易量 = 20 000 000 ÷（2003.6 × 300）≈33.3（手）

由于期货交易的手数为1的整数倍，应修正为34手，则期货交易金额为：

期货交易金额 = 2 003.6 × 300 × 34 = 2 043.67（万元）

(想多套点利就按34手计，想少套点利也可按33手计。)

也就是说，在期货市场以2003.6点的价格卖出12月合约34手。

投入初始保证金 = 2 043.67 × 10% = 204.4（万元）

同时，收盘前买入事先计划好的沪深300指数成分股中权重排名前100位的股票组合，其市值同为2 043.67万元。

共投入资金 = 2 043.67 + 204.4 = 2 248.07（万元）

剩余资金用于预备股指期货头寸的保证金追加需要。

(4) 市场追踪。

12月19日，沪深300指数期货12月合约到期交割，收盘时沪深300指数价格为2052.11点，而12月合约收盘价为2058.4点，期货价格与现货价格收敛基本一致。但它们都不是交割价结算价，交割价结算价是2062.66点。(知道是怎么来的吗?)

(5) 结束套利。

与11月19日相比，12月19日收市前，沪深300指数上涨了98.99点（2052.11 − 1953.12），涨幅为5.07%。此时，在股票市场上卖出股票投资组合的全部股票，价值约为2 147.28万元（2 043.67 × 1.0507）。收市后，在期货市场上以2062.66点自动交割34手12月期货合约空头头寸，从而结束全部套利交易。

(6) 盈亏统计。

在股票市场上：

卖出股票投资组合获利 = 2147.28 − 2043.67 = 103.61（万元）

在期货市场上：

34手12月期货合约交割后亏损 =（2 003.6 − 2 062.66）× 300 × 34 = −60.24（万元）

盈亏相抵后总利润 = 103.61 − 60.24 = 43.37（万元）

表6－7是11月19日至12月19日期现两个市场上沪深300指数的基差变化表。

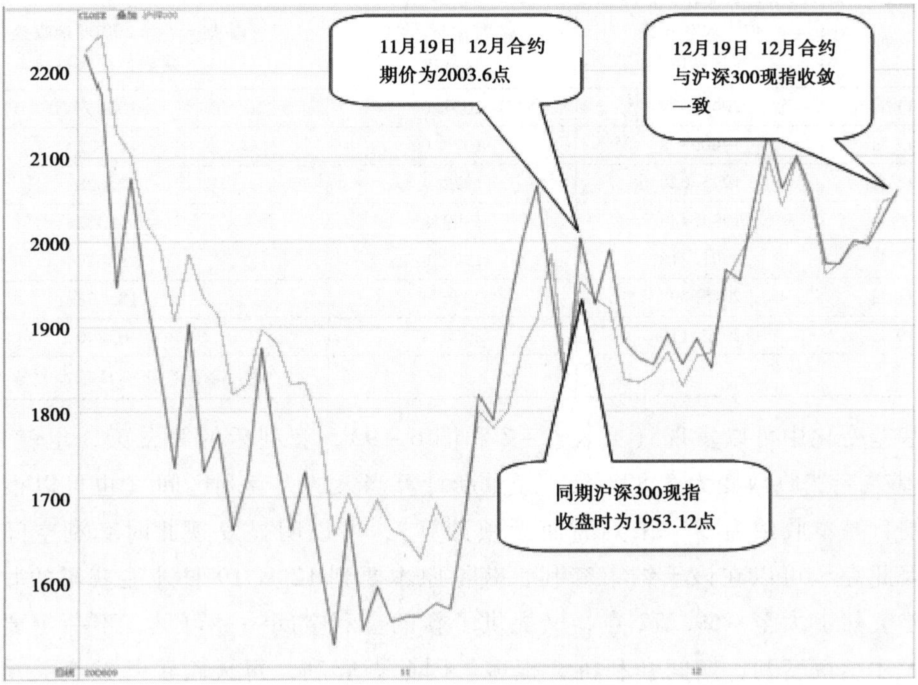


图 6-8　期现套利图示

表 6-7　基差变化表　（单位：点）

| 日　期 | 沪深 300 现指收盘价 | 12 月期货合约收盘价 | 基差 = 沪深 300 现指收盘价 - 期货合约收盘价 |
|---|---|---|---|
| 11 月 19 日 | 1953. 158 | 2003. 6 | -50. 442 |
| 11 月 20 日 | 1932. 428 | 1926. 6 | 5. 828 |
| 11 月 21 日 | 1920. 728 | 1990. 0 | -69. 272 |
| 11 月 24 日 | 1837. 638 | 1881. 6 | -43. 962 |
| 11 月 25 日 | 1834. 288 | 1863. 0 | -28. 712 |
| 11 月 26 日 | 1843. 488 | 1855. 0 | -11. 512 |
| 11 月 27 日 | 1870. 468 | 1891. 0 | -20. 532 |
| 11 月 28 日 | 1829. 918 | 1854. 6 | -24. 682 |
| 12 月 1 日 | 1864. 198 | 1885. 2 | -21. 002 |
| 12 月 2 日 | 1868. 628 | 1850. 2 | 18. 428 |
| 12 月 3 日 | 1952. 668 | 1966. 0 | -13. 332 |
| 12 月 4 日 | 1982. 928 | 1954. 0 | 28. 928 |
| 12 月 5 日 | 2013. 178 | 2044. 2 | -31. 022 |
| 12 月 8 日 | 2095. 038 | 2129. 0 | -33. 962 |
| 12 月 9 日 | 2040. 848 | 2061. 0 | -20. 152 |
| 12 月 10 日 | 2096. 388 | 2100. 0 | -3. 612 |

续表

| 日　　期 | 沪深 300 现指收盘价 | 12 月期货合约收盘价 | 基差 = 沪深 300 现指收盘价 - 期货合约收盘价 |
|---|---|---|---|
| 12 月 11 日 | 2046.338 | 2057.0 | -10.662 |
| 12 月 12 日 | 1960.378 | 1973.0 | -12.622 |
| 12 月 15 日 | 1975.028 | 1972.4 | 2.628 |
| 12 月 16 日 | 1994.448 | 1999.8 | -5.352 |
| 12 月 17 日 | 2001.418 | 1995.8 | 5.618 |
| 12 月 18 日 | 2045.098 | 2026.4 | 18.698 |
| 12 月 19 日 | 2052.110 | 2058.4 | -6.290 |
| | | | 注：基差在交割日基本收敛为零 |

从基差变化中可以发现（见表 6-7 和图 6-9），套利后的第二天，也就是 11 月 20 日的基差突然收敛变为 5.828 点。经重新计算当天的无套利区间（也可以根据“基差在交割日基本收敛为零”来判断而无须计算），可以明显发现此时套利空间已不复存在，因此完全可以在该天结束套利，获得原本要到 12 月 19 日才能获得的收益。第三天基差突然扩大至 -69.272 点，又提供了新的套利空间……可见，不一定要等到交割那一天才结束套利，期间套利机会很多。因此做套利，每天跟踪基差至关重要，它是投资者进行套利决策的基础和依据。

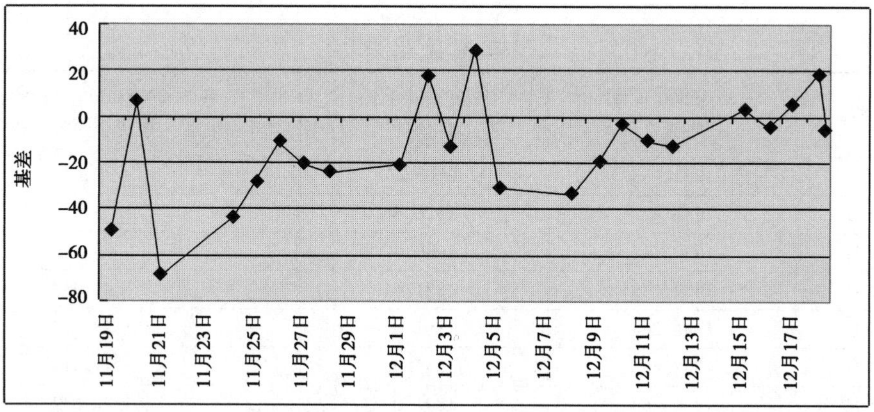


图 6-9　基差变化图

最后需要提醒投资者注意的是，套利机会通常稍纵即逝。进行套利交易时面临大量的数据处理，需要实时运算，并且需要大规模批量下单。因此，仅仅依靠人工侦测、捕捉套利机会是不现实的，需要依靠量化交易软件协助。套利策略的量化交易，可以实现精细的市场机会侦测，优化的交易策略模型可以让量化交易系统依据套利基差的波动（市场风险）决策每次交易的频率、保证金使用量和现货、期货的交易量。目前，国内不少软件开发商均开发出了股指期货套利的量化交易软件，如金仕达期货交易系统等。

# 第七章　股指期货在资产组合管理中的应用

## 本章要点

> 本章介绍机构投资者在资产管理中运用股指期货改善投资效率的基本原理和方法。针对股指期货在操作上的杠杆特性和多元化的交易方式，本章列举了机构投资者如何在不同的理财产品中和收益目标下运用股指期货在资产配置策略、投资组合的β值调整策略、指数化投资策略、传统的阿尔法（Alpha）策略及可转移阿尔法策略、现金证券化策略等方面的做法。

股指期货除了可以作为套期保值和套利的有效工具外，还为证券机构投资者提供了一个管理资产组合的良好工具。通过使用股指期货，可以从结构上优化资产组合的行为，如改变资产配置、投资组合的再平衡、现金管理（包括提前处理现金流入和预备不确定的现金流出）等，增加资产组合的流动性，降低交易成本，增加收益以及通过套期保值降低风险。

机构投资者能够使用股指期货实现各类资产组合管理策略的基础在于股指期货具备两个非常重要的特性：一是股指期货能够灵活地改变投资组合的β值；二是股指期货具备灵活的资产配置功能。这两个特性使得股指期货在资产配置策略、投资组合的β值调整策略、指数化投资策略、传统的阿尔法（Alpha）策略及阿尔法转移策略、现金证券化策略等五个方面的资产组合管理上得到了广泛的应用。

## 一、什么是股指期货资产配置策略?

股指期货的资产配置通常又可分为战略性资产配置、战术性资产配置与市场条件约束下的资产配置这三个层面。

### (一) 战略性资产配置

所谓战略性资产配置,是指确定股票、债券或其他资产的长期配置比例,从而满足投资者的风险收益偏好,以及投资者面临的各种约束条件。投资者确定的战略性资产配置不因短期资本市场的条件变化而波动,但短期资本市场条件的变化肯定会改变投资者的战略性资产配置。例如,如果股票市场价格相对债券市场或其他资产的市场价格发生变化,那么投资组合中股票的比例就会上升。为了重新建立预定的战略性资产配置,投资者需要改变资产组合的头寸。这可以通过股指期货交易进行。

在战略资产配置制定后的实施阶段,投资者可以按照战略资产配置中规定的比例,分别买入股指期货和债券期货。利用期货低成本且在没有什么市场冲击的情况下立刻建立头寸。在期货头寸建仓完成后,投资者可以逐步在股票市场或在债券市场买入实际资产,并逐步将期货头寸平仓。

在战略资产配置完成后的维持阶段,资本市场条件的变化会改变投资者的战略性资产配置。投资者可以在期货市场上分别建立股指期货及债券期货头寸迅速恢复其资产分配的原有比例。同样,在逐步从现货市场建立相应的股票及债券头寸后,期货头寸可以分别进行平仓。

### (二) 战术性资产配置

战术性资产配置,是指利用发现的资本市场机会来改变战略性资产配置,如预期股票价格上涨时增持股票(相应减少债券比例)。战术性资产配置是因为某种大类资产收益的预期变化而驱动。它经常是指由于市场过度反应而导致的“反向”买卖模式——在价值高估时出售,在价值低估时购买。战术性资产配置也可以通过股指期货等衍生品进行。

若投资者短时间内看空市场或某行业板块,则可以在期货市场上卖空股指期货;若投资者短时间内看多市场或某行业板块,则可以在期货市场上买入股指期货;若在市场发生调整或投资者改变其想法后,在期货市场上进行平仓操作就可以恢复原有的资产结构。

例如,许多证券投资基金,特别是平衡型基金,所投资的资产主要是股票、债券和货币市场工具，并且这三种资产都有一定的投资比例。随着不断变化的预期通胀率、公司盈利能力的信息，以及不断调整的利率政策等市场变化，每一种资产的收益和风险都会发生变化，实际的资产组合比例会偏离计划目标。证券投资基金需要重新配置不同资产的投资比例，把组合内部分债券转换为股票，或股票转换为债券等。在这种情况下，股指期货是最有效的方式。例如，某个证券投资基金计划的资产配置比例是60% 的股票和 40% 的债券，随着股票价格的上升，现在的资产组合配置比例变成 70% 的股票和 30% 的债券。为了维持计划的投资目标而不降低资产组合的收益，证券投资基金的管理人可以通过卖出股指期货使资产组合的配置比例达到意愿的水平，而不需要调整现有的资产组合。这种操作方式具有市场冲击成本低、资金成本低的优点。

对于证券投资基金来说，由于市场热点的变化，基金重仓股可能面临很大的流动性风险，如果基金同时面临赎回的风险，基金所持有的股票变现将带来基金净值较大幅度的下降，而通过股指期货来进行调整，基金管理人既可以维持投资组合的流动性，又不降低投资组合的收益。

对比两种资产配置策略可以发现，战术资产配置策略只需在期货市场上通过买卖股指期货来实现，无须在股票市场上进行股票的交易。战略资产配置则需要开始时在期货市场上进行，随后在现货市场进行永久性交易。

### （三）市场条件约束下的资产配置

虽然投资者的目标是使风险可控下的收益最大化，但绝大多数投资组合的行为都要受到众多条件的约束。如果基金经理希望将全部资产都投资于股票，而法规限制其必须保持 5% 的货币性资产，为了满足约束条件的同时达到投资目标，投资组合经理可以在持有 5% 的货币性资产的同时持有期货头寸，以期货头寸替代 5% 的股票组合，从而达到投资目标。

这种衍生品的使用方法对指数基金尤其重要。由于 5% 现金比例的硬性法律要求，我国现有的指数基金（不包括 ETF）最多只能保持 95% 的股票投资比例，而无法百分之百地跟踪相应的标的指数，这是目前指数基金普遍与标的指数产生一定偏差的主要原因。随着股指期货的推出，这种局面可以得到改善。例如，指数基金可以保持 94% 的股票仓位，同时用 0.6% 的资金投资股指期货，通过股指期货的杠杆效应可以补充另外 6% 的股票仓位，而剩余 5.4% 的现金资产可以满足 5% 的最低现金要求。

**【案例 7－1】**假设某投资者需经常平衡其投资组合内国债与股票的投资分配比例。某年国内股市恢复性上涨，令他考虑增持股票组合，同时减持国债组合。在 9 月初，其持有 2 000 万元上证 50 指数成分股组合及 2 000 万元国债组合。该投资者看好股市前景，打算把股票组合比例增至 75%，国债组合减至 25%。这就需要在增持 1 000 万元指数成分股的同时，减少 1 000 万元国债。

该投资者采取的配置策略如下：打算卖出最早到期的 1 000 万元国债，买入 9 月下旬到期交割的上证 50 股指期货。以上述期货交易操作取代买入 1 000 万元成分股的现货市场交易操作活动（手续费略）。

假如 9 月 2 日，该投资者所管理的国债市价为 101.125 元，当天股票市场上的上证 50 指数为 2890.93 点，上证 50 股指期货 9 月期货合约价格为 2895.2 点。

首先计算所需买入的 9 月合约数量：

需买入 9 月期货合约数量 = 1 000 万元/（2895.2 × 300 元/点）

= 11.513 手 ≈ 12（手）

由于股指期货交易须为 1 手的整数倍，则买入 12 手。

12 手合约所需资金 = 2895.2 × 300 × 12 = 1 042.272（万元）

于是当天收盘前，该投资者卖出 1 042.272 万元的国债，同时买入 12 手 9 月股指期货合约。

到了 9 月 18 日（第三个星期五），9 月股指期货合约最后交割日结算时，上证 50 现指为 3199.69 点，9 月股指期货合约的最终交割价为 3242.69 点。股票市场上涨了 308.76 点（3199.69 − 2890.93），相当于 10.68%（308.76/2890.93 × 100%）的回报；当天国债市价为 101.205 元，仅有 0.079%［（101.205 − 101.125）/101.125 × 100%］的回报。

而此时重新配置后的投资组合总价值为：

投资组合价值 = 期货合约价值 + 股票价值 + 国债价值

= 3242.69 × 300 × 12/10 000 万元 + 2 000 × 1.1068 万元 +（2 000 − 1042.272）× 1.079 万元

= 1 167.3684 + 2 213.6 + 1 033.3885 = 4 414.3569（万元）

此时，如果采用传统的到股票市场买入一篮子股票的做法而不买入期货合约，所得到的投资组合的价值应为：

投资组合价值 =（2 000 + 1 042.272）× 1.1068 +（2 000 − 1 042.272）× 1.079

= 4 400.5752（万元）

结论：在进行新的资产配置过程中，利用买进股指期货来替代在股票市场上买入一篮子股票操作，两者所得到的最终结果相近，但前者所需要的时间、精力及交易费用则大大降低，省心省力。

## 二、如何运用股指期货对投资组合 β 值进行调整？

β 作为衡量证券相对风险的指标，在资产管理的应用中有着非常重要的地位。

$\beta>1$ 的证券，意味着投资组合风险大于市场投资组合的风险，收益也相对较高，被称为“进攻型证券”；

$\beta<1$ 的证券，其风险小于市场投资组合的风险，收益也相对较低，被称为“防守型证券”；

$\beta=1$ 的证券则被称为“中立型证券”，风险和收益与市场水平相当；

如果 $\beta$ 值接近于0，那么该证券的风险就很低，收益则接近于无风险收益率。

在资产管理的日常工作中，投资者一般根据市场的不同状况，选择不同类型的证券进行投资。在牛市行情中，投资者一般倾向于持有进攻型证券，以图获得超过市场平均水平以上的收益；在熊市阶段，投资者一般倾向于持有防守型证券，尽量降低投资风险。

如何应用股指期货改变投资组合的 $\beta$ 值以增强获利能力呢？按照上述原理，我们可以将股指期货作为一项资产加入由传统股票和债券构成的投资组合中去，起到调节该投资组合总体 $\beta$ 值并增加投资组合回报的作用。

**【案例7-2】** 假如将总资金M的一部分投资于某个股票组合，这个股票组合的 $\beta$ 值为 $\beta_s$，占用资金S。剩余资金投资于股指期货，一张合约的价值为F，共买入N张多头合约，保证金比率假设为12%，那么股指期货占用的资金为 $P=F\cdot N\cdot 12\%$。

此外，股指期货价格相对于其标的指数也应该有一个 $\beta$ 值，设为 $\beta_f$（得到方式与个股相同）。股票组合的 $\beta_s$ 和股指期货的 $\beta_f$ 我们都可以计算出来，或在有关信息软件上查到，则根据计算投资组合的 $\beta$ 值公式 $\beta=\Sigma xi\beta i$，得到该组合总的 $\beta$ 值原本应为：

$$\beta=\beta_s\cdot S/M+\beta_f\cdot P/M$$

但有关学者研究表明，实际上从资金占用的角度看，股指期货的 $\beta$ 值还要把杠杆效应考虑进去，而股指期货的杠杆比率为保证金比率（x）的倒数，因此，该投资组合合理的总 $\beta$ 值应为：

$$\beta=\beta_s\cdot S/M+(\beta_f/x)\cdot(P/M)$$

假设上述投资组合中的股票组合部分 $\beta_s=1.10$，而股指期货的 $\beta_f=1.05$，则有以下几种情况：

（1）如果投资者看好后市，将90%的资金投资于股票，其余10%的资金做多股指期货（保证金率为12%）。根据 $\beta$ 计算公式，其投资组合的总 $\beta$ 值为：

总 $\beta$ 值 $=0.90\times1.10+0.1/12\%\times1.05=1.865$

一段时间之后，如果沪深300指数上涨10%，那么该投资者的资产组合市值就相应上涨18.615%。

（2）如果投资者非常看好后市，将50%的资金投资于股票，其余50%的资金做多股指期货。根据 $\beta$ 计算公式，其投资组合的总 $\beta$ 值为：

总 $\beta$ 值 $=0.50\times1.10+0.5/12\%\times1.05=4.925$

如果后市沪深300指数上涨10%，那么该投资者的资产将相应地上涨49.25%，远远跑赢了大市。

（3）如果投资者对后市比较看淡，将90%的资金投资于基础证券，其余10%的资金做空股指期货。根据β计算公式，其投资组合的总β值为：

总β值 $=0.90\times1.10-0.1/12\%\times1.05=0.115$

如果后市股票指数下跌10%，那么该投资者的资产将相应下跌1.15%，股指期货对股票组合起到了套期保值作用。

（4）如果投资者对后市非常看淡，将50%的资金投资于基础证券，其余50%的资金做空股指期货。根据β计算公式，其投资组合的总β值为：

总β值 $=0.50\times1.10-0.5/12\%\times1.05=-3.825$

如果后市股票指数下跌10%，那么该投资者的资产反而会上涨38.25%，投资者通过股指期货达到了反向投机的目的。

虽然股指期货对投资组合的β值有非常灵活的调整能力，通过使用股指期货工具，投资者的获利能力得以大大增强。但是，上述研究模型假设了投资者是满仓操作的，即客户保证金全部被持有的头寸占用。如果方向判断得不准确，股指期货价格向不利的方向变动，投资者将很容易面临被强迫平仓的风险，所以在实际应用中要注意保证金比率的控制。此外，收益和风险是相生相伴的。β值放大或者变为负值以后，如果投资者对方向的判断准确，收益将大幅增加；如果方向判断错误，亏损幅度也会相应扩大。股指期货增强了投资者获利的能力，但并不代表投资者使用了股指期货工具就能增加投资收益。在有效的市场里，收益和风险是相结合的，愿意承担高风险才可能获得高收益。

## 三、什么是股指期货指数化投资策略？

1976年8月，美国先锋500指数基金（Vanguard 500）成为向公众推出的第一只指数基金。起初这只新基金举步维艰，募集资金只有区区1 140万美元。第二只指数基金直到先锋500指数基金成立7年后的1984年才问世。进入20世纪90年代，历经时间考验，随着指数基金业绩在共同基金中逐渐突出，指数基金在全球证券市场得到了迅猛发展。先锋500指数基金的规模到2004年12月成长到991亿美元，28年该基金规模增长了8 693倍。目前，欧美地区的养老金、共同基金和保险公司资金都大量使用指数化投资。在美国，机构投资者的投资中将近30%的份额被指数化了，英国的指数化程度达到20%左右。近年来，指数基金在中国也获得快速增长，年发行的指数基金达到数十只。

指数化投资主要是通过投资于既定市场里代表性较强、流动性较高的股票指数成分股，来获取与目标指数走势一致的收益率。

就投资策略而言，指数化投资最为突出的特点便是与传统的主动管理型投资的区别。

主动管理型投资策略是基于对市场总体情况、行业发展和个股表现的分析，试图通过时点选择和个别成分股的选择，在基本拟合指数走势的同时，获取超越市场的收益率。

被动型投资策略则是指投资者在投资期内按照某种标准买进并固定持有一组证券，而不是在频繁交易中获取超额利润。

指数化投资策略正是一种被动型的投资策略，即建立一个跟踪基准指数业绩的投资组合，获取与基准指数相一致的收益率和走势。

被动型管理策略主要是复制某市场指数走势，达到优化投资组合与市场基准指数的跟踪误差最小，而非最大化收益。那么如何复制指数，如何界定跟踪误差的业绩评价成为指数化产品策略的核心内容，也是众多研究机构现在集中投入研究的焦点。

### （一）为什么要进行股指期货指数化投资

在股指期货诞生前，唯一可以实行指数化投资的途径是通过按该指数中权重比例购买该指数中的所有股票，或者购买数量较少的一篮子股票来近似模拟市场指数。由于个股的股本变动、股利发放、股票分割、资产剥离或并购等均会影响股票组合对标的指数的跟踪误差，还有其他诸如投资组合的规模、流动性、指数成分股的调整、即时平衡持股交易等也会增加基金经理人对标的指数跟踪的难度，因此，以现金基础的复制指数组合出现高跟踪误差就不足为奇了。相对地，股指期货的出现允许投资者创造一种所谓的“合成指数基金”。这种替代实际购买股票的方法是利用买卖股指期货和固定收益债券来构造一个和目标市场指数相同或高于市场指数表现的组合，从而极大地降低了传统投资模式面临的交易成本及指数跟踪误差。

**表 7-1　股指期货指数化策略与股票组合指数化策略的成本与跟踪误差比较**

| 项目 | 股指期货 | 对应指数成分股 |
|---|---|---|
| 手续费 | 成交金额的万分之零点五 | 成交金额的万分之五至千分之三 |
| 市场冲击成本 | 流动性好，冲击成本低 | 冲击成本较高 |
| 指数成分股调整成本 | 不需要调整 | 每半年调整一次，产生交易成本 |
| 跟踪误差 | 小 | 较大 |
| 总计 | 成本很小，跟踪指数误差小 | 成本较高，跟踪指数误差较大 |

### （二）股指期货指数化投资策略原理

股指期货为何能合成与大盘指数走势相吻合的指数基金呢？

1990 年，美国学者 Hans R. Stoll 和 Robert E. Whaley 从股指期货的理论定价模型 $F=I\cdot e^{(R-d)(T-t)/365}$ 入手，通过对公式两边取对数并加以推导，得出以下公式：

$$r_{s,t}=r_{f,t}+(r-d)$$

其中，r 代表无风险利率；d 为股票市场的年股息率；$r_{s,t}$ 表示股指现货当期的报酬率；$r_{f,t}$ 表示股指期货当期的报酬率。

由于 r－d 可以看成是现金流，上述公式所蕴含的意思可用图 7－1 表示如下：

图 7－1　合成指数基金示意图

也就是说，合成指数基金可以通过保持现金储备与购买股指期货合约来建立。

更进一步，如果积极管理现金资产，产生的收益率超过无风险利率，指数基金的收益率就将会超过证券指数本身，获得超额收益，这就是增强型指数基金（见图 7－2）。

图 7－2　合成增强型指数基金示意图

### （三）股指期货指数化投资策略实际运用

1. 期货加固定收益债券增值策略。

期货加债券增值策略（见图 7－3）是资金配置型的，也称为“期货加现金增值策略”。这种策略是利用股指期货来模拟指数。股指期货保证金占用的资金为一小部分，余下的现金全部投入固定收益产品，以寻求较高的回报。这种策略被认为是增强型指数化投资中的典型较佳策略，这样的组合首先保证了能够很好地追踪指数。当能够寻找到价格低估的固定收益品种时，还可以获取超额收益。

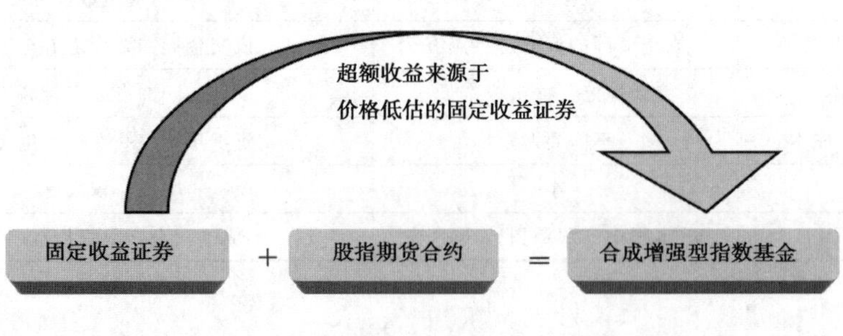


图 7－3　期货加固定收益债券增值策略图解

期货加现金增值策略中期货头寸和现金头寸的比例一般是10:90，也可以在这一比例上下调整。有的指数型基金只是部分资金采用这种策略，而其他部分依然采用传统的指数化投资方法。

2. 期现互转套利策略。

期现互转套利策略（见图7－4）是利用期货相对于现货出现一定程度的价差时，期现进行相互转换。这种策略的目的是使总报酬率除了原来复制指数的报酬之外，也可以套取期货低估价格的报酬。这种策略仍随时持有多头头寸，只是持有的可能是期货，也可能是股票现货。

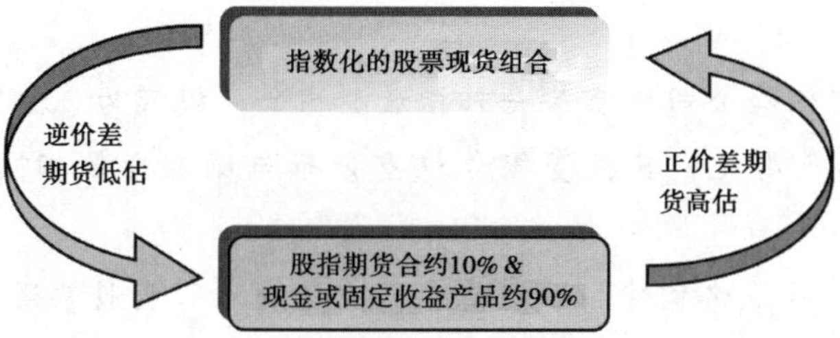


图7－4　期现互转套利策略图解

这种策略本身是被动的，当低估现象出现时，可进行头寸转换。该策略执行的关键是准确界定期货价格低估的水平。期货价格低估的程度、转换交易的频率，交易成本高低将对超额报酬率造成决定性影响。所以，这个策略要精确测算每次交易的所有成本与收益。

其基本操作模式是：用股票组合来复制标的指数，当标的指数和股指期货出现的逆价差达到一定水准时，将股票现货头寸全部出清，以10%左右的资金转换为期货；其他约90%的资金可以收取固定收益，待期货的相对价格高估，出现正价差时再全部转回股票现货。期货各月份出现可套利的价差时，也可以通过跨期套利来赚取利润。

该策略在操作上的限制是股票现货头寸的买卖。大量卖出股票组合对股票现货市场有冲击，会产生冲击成本。这个成本的计算受股票现货仓位的大小、交易时机等因素影响。

3. 避险策略。

避险策略是指以90%的资金持有现货头寸，当期货出现一定程度的价差时，将另外10%的资金作为避险，放空股指期货，形成零头寸达到避险的效果。该策略的关键因素是要对交易成本和收益做准确测算，选取好放空期货点和平仓点。择时能力的强弱对能否利用好该策略有显著影响，因此，在实际操作中较难获取超额收益。

4. 权益证券市场中立策略。

权益证券市场中立策略是指持有一定头寸的股指期货，一般占资金比例的10%，其余90%的资金用于买卖股票现货。至于买入持有股票还是卖出某些个股或整个组合，还是需要预测个股、行业板块和市场风险等因素与未来报酬率之间的关系。

该策略典型的资产配置为：以10%持有短期国债，并可作为期货的保证金；90%持有标的指数股票组合或标的指数的优选组合。当股票被高估时，可以通过融券放空股票组合，同时使期货头寸完全覆盖，也就是100%期货头寸。

不论使用哪种衍生性策略都必须特别注意保证在所有时间内持有正确数量的期货合约头寸，并且需要注意控制从一个期货到期月向下一个到期月移仓时的相关风险，比如移仓成本、流动性等。

下面举例说明保险公司、银行理财产品（低风险偏好基金）如何利用股指期货进行指数化投资。

**【案例7-3】** 某保险公司拥有某一只指数型基金，规模为20亿元，跟踪的标的指数为沪深300，为简单起见，其投资组合权重分布与现货指数相同。当时沪深300指数为2800点。

方案一：现金基础策略构建指数型基金。直接通过买卖股票现货构建指数型基金，获得资本利得和红利。其中，未来6个月的股票红利为1 195万元。

方案二：运用期货加现金增值策略构建指数型基金。将18亿元资金投资于政府债券，期末获得6个月无风险收益为2 340万元（以年收益2.6%计算），同时2亿元（10%的资金）买入跟踪该指数的沪深300股指期货头寸。

沪深300股指期货合约规模 = 2800点 × 300（元/点）

= 840 000（元）

保证金 = 840 000 × 10% = 84 000（元）

半年分红率 = 1 195万元/20亿元 × 100% = 0.6%

现在应购买的6个月后交割的沪深300期货合约数量为：

N = 20亿元/[(1 + 1.3% − 0.6%) × 84万元] = 2 365（张）

设6个月后指数为3500点，假设忽略交易成本和税收等，并且整个期间指数的成分股没有调整。

方案一的收益：

股票资本利得 = 20亿元 × （3500 − 2800）/2800 = 5（亿元）

红利终值 = 1 195 × 1.013 ≈ 1211（万元）

总的增值 = 51 211（万元）

方案二的收益：

政府债券的收益 = 2 340（万元）

期货盈利 = （3500 − 2800） × 300 × 2365 = 49 665（万元）

总的增值 = 52 005（万元）

## 四、什么是股指期货阿尔法（Alpha）策略？

阿尔法策略源于资本资产定价模型（CAPM）。其最初是由 William Sharpe 在 1964 年其著作《投资组合理论与资本市场》中首次提出，并指出投资者在市场中交易面临系统性风险和非系统性风险，公式表达如下：

$$E(R_p) = R_f + \beta(R_m - R_f) \qquad \beta = \frac{Cov(R_i, R_m)}{Var(R_m)}$$

式中：$E(R_p)$ 表示投资组合的期望收益率；$R_f$为无风险报酬率；$R_m$表示市场组合期望收益率；$\beta$ 为某一组合的系统风险系数。

CAPM 主要表示单个证券或投资组合同系统风险收益率之间的关系，即单个投资组合的收益率等于无风险收益率与风险溢价之和。

资本资产定价模型（CAMP）认为，在有效的市场里，只有承担系统风险才可以得到一定的收益补偿，非系统风险无法获得补偿，所以一种证券的预期收益主要由其 $\beta$ 值决定。$\beta$ 值越高的证券，预期收益就越高；$\beta$ 值越低的证券，预期收益就越低。

根据此模型，我们可以将投资组合的总体收益分解为两个部分：一部分来自于市场系统性风险相匹配的市场收益（也称为 β 收益）；另一部分则来自于投资组合管理者个人操作水平和技巧有关的高额收益，即超越市场收益部分的超额收益（也称为 Alpha 收益）。来自市场的收益比较容易获得（例如采用跟踪市场大盘指数的投资方式即可获得），但是要获取超越市场收益的 Alpha 部分则不是件容易的事情，而如何获得此收益正是投资者最感兴趣的部分。

投资者都希望能在同一市场或者同一类资产中同时获得阿尔法收益和贝塔收益，而事实证明，随着市场效率的提高，例如在成熟的大盘股市场或债券市场上，想赚取超额收益是困难的，找到更有可能获取超额收益的新兴市场（如创业板市场）才有可能获得超越市场收益的 Alpha 收益。

许多分析师都认为，超额收益在对冲基金、商品市场、房地产基金、小盘股、新兴国家资本市场等市场中更容易被发现，但是往往基金公司并不愿意承担这些市场的系统性风险。随着股指期货等衍生工具的不断发展，基金经理拥有卖空和杠杆两大手段使得他们可以利用衍生品将资产收益分离重组，这样既可规避上述市场中的系统性风险，又能通过选股选时获得超额收益（又称积极风险收益）。这种策略就是阿尔法策略。

阿尔法策略的实现原理并不复杂：首先寻找一个具有高额、稳定积极收益的投资组合，然后通过卖出相对应的股指期货合约来对冲该投资组合的市场风险（系统性风险），使组合的β值在投资全程中一直保持为零，从而获得与市场相关性较低的积极风险收益（Alpha收益）（见图7－5）。

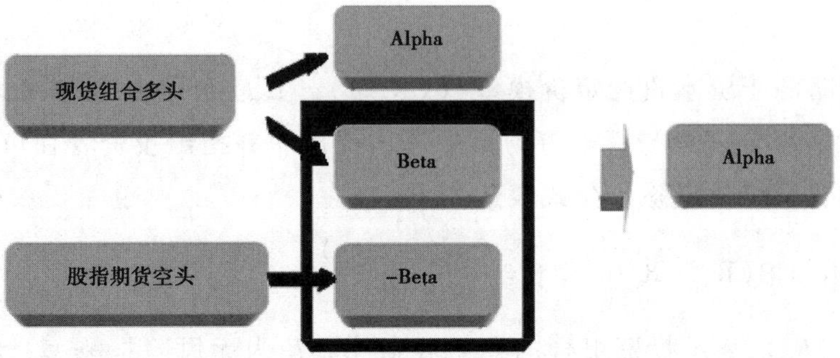


图7－5　阿尔法策略实现原理图解

构建好阿尔法策略组合后，需要密切跟踪检验组合的表现。即使历史时期曾经具有非常稳定和出色的阿尔法收益，未来时段也可能发生改变。当某个资产表现不佳时，应及时调整资产组合，调出表现“差”的资产，调入表现“好”的资产，并重新计算资产组合的系统风险和相应地调整期货头寸。

而在股指期货头寸方面，除了需要关注系统风险β变化之外，还应该留意期货行情的波动。当组合风险敞口达到一定阈值，应该及时调整期货头寸，以匹配资产组合的系统风险。

另外值得注意的地方时，在动态调整之前，还应该充分考虑交易的费用和成本。频繁地调整必然增加交易成本，降低整体收益。而期货头寸方面，除了需要关注系统风险β的变化之外，还应该留意期货行情的波动。当组合风险敞口达到一定阈值，应该及时调整期货头寸，以匹配资产组合的系统风险。

总之，阿尔法策略成败的两个关键要素是：其一，现货组合的超额收益空间有多大；其二，交易成本的高低。两者相抵的结果，才是阿尔法策略可获得的利润空间。在股指期货阿尔法策略中，最考验策略运用者水平的因素在于股票投资组合的构建方法和选股能力。

因此，阿尔法套利在实际操作中主要面临的难点包括：一是如何选取能够获得阶段性超额收益的股票；二是应选择在股票组合与指数期货价差较窄时建立套利头寸；三是当价差扩大获得套利收益后，如何根据市场状况则机选择平掉套利头寸获取收益的时机。

阿尔法策略具有的优点主要包括以下几个方面：

第一，扩大了投资的可选择范围，提供了广阔的投资领域。采用阿尔法策略，投资者不再被限制在几个传统的、与获取贝塔相同的资产类型中追求超额收益。该策略为投资者和基金经理提供了广阔的投资领域，大大增加了获取阿尔法的机会。

第二，优化资产配置。传统策略下，投资者要么在高波动性的资产类型中承担巨大风险，要么在安全的资产组合中面对较低的收益。阿尔法策略轻松地避开了这两个极端，让投资者在发掘阿尔法的同时优化了资产配置。

第三，有效构建组合。投资者能够使得阿尔法部分和贝塔部分分离并重新进行组合，能形成更分散化、更有效的投资组合。

第四，节约管理费用。传统的积极投资管理获取的收益中，积极收益和市场收益是混合在一起的，其中的市场收益部分也收取了较高的积极管理费用。阿尔法和贝塔的分离使得基金能以低廉的费用获取市场收益，从总体上降低了投资者的管理成本。

对于风险偏好较低而研究能力较强的机构来说，Alpha 策略是一种风险较低而且收益较高的投资策略。

具体做法是：首先，构造出具备 Alpha 收益的股票组合，该组合在投资期内涨幅要大于大盘指数。然后，根据投资期限选择合适的股指期货合约。接下来，根据该组合和指数的相关系数以及 β 值，计算出要把 β 值调整为零，需要卖空的指数期货合约数量，并在买入股票组合的同时建立期货合约空头。最后，在投资期结束时，回补期货合约空头，并卖出股票组合，获取 Alpha 收益。

**【案例 7－4】**8 月，某银行 Alpha 策略理财产品的管理人认为市场未来将陷入震荡整理，但前期一直弱势的消费类股票的表现将强于指数。根据这一判断，该管理人从家电、医药、零售等行业选择了 20 只股票构造投资组合，经计算，该组合的 β 值为 0.92。

8 月 24 日，产品管理人开仓买入消费类股票组合，共买入市值 8 亿元的股票。同时，在沪深 300 指数期货 10 月合约上建立空头头寸，此时的 10 月合约价位在 3263.8 点，建仓规模为：

建仓合约数 = 8 亿元 × 0.92/（3263.8 点 × 300 元/点）= 752（张）

该组合的 Beta 值恰好为零。

到 10 月 12 日，10 月期货合约临近到期，而此时产品管理人也认为消费类股票超越指数的走势将告一段落，因此，他把全部股票卖出，同时买入平仓 10 月期货合约空头。在这段时间里，10 月期货合约下跌到 3132.0 点，跌幅约 4%，而消费类股票组合的市值增长了 6.73%。此次 Alpha 策略的操作共获利：

获利 = 8 亿元 × 6.73% +（3263.8 − 3132.0）× 752 × 300

　　= 8 357.4（万元）

## 五、什么是股指期货可转移阿尔法策略？

可转移阿尔法策略是在传统阿尔法策略的基础上，通过股指期货等衍生品，用较少的资金成本涵盖所需头寸，从而“抽出”部分资金，抽出来的资金再用于投资于那些与所涵盖头寸资产类别相关性较低的其他资产类别。简而言之，可转移阿尔法策略是指在不影响组合战略资产配置的情况下，利用金融衍生工具将一种投资战略产生的超额收益转移到另一种投资战略的市场收益中去（见图7－6）。

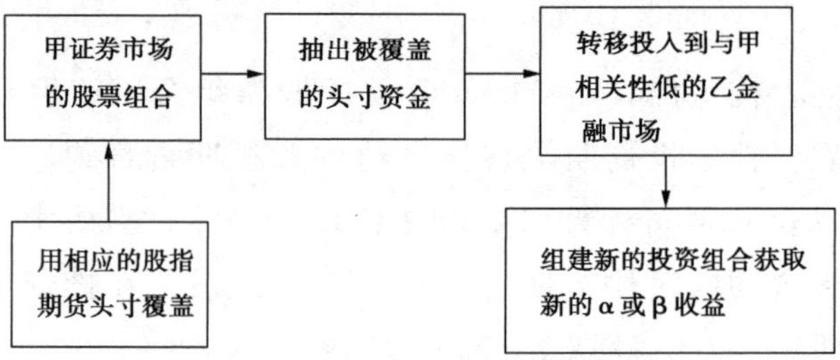


图7－6　可转移阿尔法策略实现原理图解

假设一个投资者有1 000万元资金，他本来计划全部投资于股市，以获取市场基准收益率。现在有一个可转移阿尔法策略可供他选择，他可以先买入100万元股指期货，假设股指期货的杠杆率为10倍，这样此投资者涵盖了股市的头寸仍然为1 000万元，剩下900万元就好像是从股指期货市场中“借”来的，投资者就可以把这剩余的900万元用来买入提供固定收益的某债券资产。这种利用衍生品将资产收益分离重组的策略就是可转移阿尔法策略。

从上面的例子我们发现，在运用可转移阿尔法策略之后，投资者的组合收益为股市的收益与投资于债券的收益之和。只要找到能提供高额、稳定积极收益的投资品种，都可以利用可转移阿尔法策略对市场基准收益和超额收益重新进行自由组合，以提高投资收益率。

又如，假设某基金拥有1亿元的资金，其中8 000万元配置给以沪深300指数为基准的大盘股，其余2 000万元配置在国债市场。由于大盘股市场表现一般，投资经理在沪深300指数中获取的超额收益平均仅为0.6%，而在创业板市场上，投资经理可获取平均为4.1%的超额收益。但受制度限制，该基金只能投资于沪深300股票指数成分股，而不能投资于创业板市场上的股票。这将极大地限制基金的获利能力，而运用可转移阿尔法策略可以解决这一问题。

假设中证500股指期货保证金率为10%，基金经理可从配置给以沪深300股票指数为基准的大盘股的8 000万元中转移出3 000万元用于投资创业板市场。首先，买入价值为3 000万元的沪深300股指期货合约，需要300万元的保证金。该项操作使组合对沪深300股票指数的市场涵盖头寸依然保持为8 000万元（5 000万元的沪深300大盘股投资 + 价值3 000万元的股指期货合约）。其次，将剩余出来的2 700万元配置给创业板投资经理，并作为建立中证500股指期货空头头寸的质押保证金，卖出价值2 700万元的中证500股指期货合约，以对冲掉创业板投资的市场风险。因为该超额收益完全来自于投资经理的选股技能，与市场趋势无关，并没有增加整个组合的风险，所以不论创业板市场是上升还是下降，该策略都可增加组合的收益或减少组合的损失。

对基金公司来讲，采用阿尔法策略转移的目的，是想把投资组合经理的业绩与市场表现区分开。这种策略对QDII基金而言非常重要。例如，某中国基金管理公司非常了解中国上市公司，即能取得中国股票的阿尔法收益，现在这家基金公司发行了一只QDII基金投资于其他国家市场（比如美国），这家公司想把基金资产投资于美国市场的同时保留其中国市场的阿尔法收益。这是一个两难选择，但阿尔法转移策略可以两全其美。具体做法如下：该QDII基金可将资产投资于中国股票，同时通过沪深300股指期货的空头头寸把中国市场的系统风险对冲掉，把该基金在中国的阿尔法收益保留下来。而基金获得美国市场的指数收益，则可以通过配置美国的标准普尔500期货合约来实现。这样，该QDII基金就可以在获得中国阿尔法收益的同时，也获得美国市场的指数收益。

**【案例7－5】**某国际投资公司拥有1亿元的国内股票投资基金，希望运用可转移阿尔法策略来获得超越国内股市的收益。假如该公司打算从配置给国内股票组合经理的资金中转移出大约2 000万元，配置给美国股市以拉塞尔2000股票指数为基准的小盘股投资经理，则该公司可进行如下操作（见图7－7）：

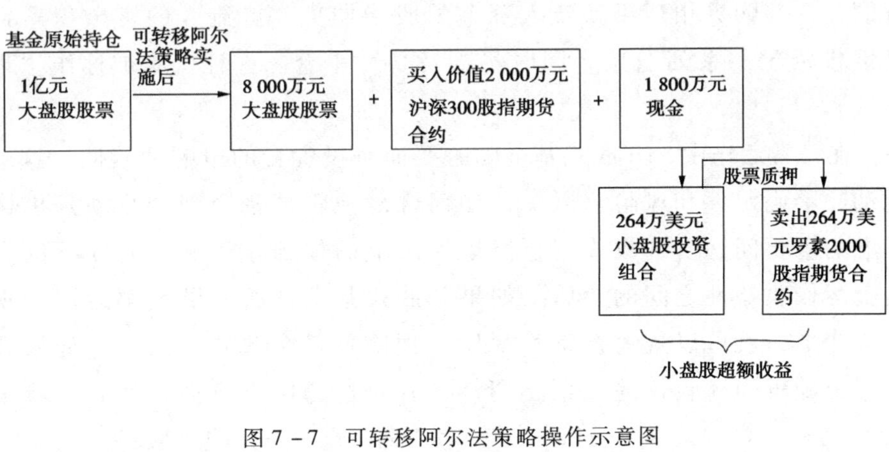


图7－7　可转移阿尔法策略操作示意图

首先，按权重比例卖出2 000万元沪深300股指成分股的股票，同时买入价值为2 000万元的沪深300股指期货合约。假设股指期货的保证金为10%，则买入期货合约需要200万元的保证金。该项操作使对国内大盘股的市场暴露头寸依然保持为1亿元（8 000万元的大盘股投资+2 000万元的股指期货合约）。

其次，将剩余的1 800万元按当时的美元兑人民币汇率1:6.82换成美元后（假设投资期内汇率不变），约为264万美元配置给美股投资经理，用于购买拉塞尔2000股票指数为基准的小盘股。

最后，将市值264万美元的股票抵押给当地的期货经纪商，作为履约保证金。同时，卖出264万美元价值的罗素2000股指期货合约，对冲掉小盘股投资的市场风险。

以上操作的最终结果是，该公司既保持了原有的国内股票资产配置，又获取了美国股票市场投资经理的积极收益，将原来1亿元国内大盘股的投资收益转变为8 000万元的国内大盘股指数收益加美国小盘股的积极收益。

## 六、什么是股指期货现金证券化策略?

### （一）什么是“现金证券化”

对于机构投资者，随着所投资证券的利息、股息、红利的发放以及新的投资资金的增加，资产组合中的现金会不断增加，现金的增加使机构投资者的投资收益有可能低于基准收益。为了增加收益，投资者必须增加持有的证券头寸或者维持证券头寸在资产组合中的原有比重。如果机构投资者希望维持一个充分分散化的投资组合，每次新资金流入就要求分散到很多股票上，这可能会导致很高的交易成本，而运用股指期货等金融衍生品有助于该问题的解决。如投资者可以先将流入的资金投资于短期政府债券，并购买相当于新流入资金的股指期货，待流入的资金积累到一定程度后再直接投资于一系列股票，同时将期货头寸平仓。这种机制被称作“现金证券化”。

此外，在日常运作中，开放式基金随时要面对投资者的申购和赎回，这就造成大量资金流动的不确定性和风险。因此，如何合理地管理基金现金流动是机构投资者不得不考虑的重要问题。开放式基金流动性风险的根源在于赎回制度下的高流动性需求与基金运作收益性之间的矛盾。如果开放式基金把所有资金都运用于现金资产或易变现资产上，就可以规避流动性风险，但降低基金收益；反之，如果开放式基金将所有资金配置为高收益的股票类资产，一旦遭遇巨额赎回，就有可能发生流动性危机。

当基金面临新的现金流入流出时，基金经理需要决定基金中现金和证券持仓比例的变化以满足流动性要求。而运用股指期货等金融衍生品有助于基金现金流管理问题的解决。这种机制也被称作“现金证券化”。基金运用这一机制可以迅速以低成本在现金与证券之间进行转换。

### （二）运用股指期货管理现金流（现金证券化）策略的原理

当基金面临申购和赎回时，基金经理通常面临两种选择。一是立刻进行交易。在此情形下，快速的市场交易操作会产生较大的市场冲击成本。二是保持现有头寸并推迟市场交易操作。这样可以减少市场冲击成本，然而会产生一定的时滞成本。

利用股指期货有助于解决以上问题。当基金面临净资金流入时，基金经理可以选择持有合理数量的股指期货合约多头，这样就可使新流入的资金迅速获得股票头寸，因而能够减少时滞影响。当基金面临非预期的净资金流出时，基金经理则可以借入现金或动用现金留存以应对基金赎回，并且持有合理数量的股指期货合约空头。尚未出售的资产与空头指数期货合约就构成了一个市场风险几乎为零（或大大降低市场风险）的投资组合。这样，基金的部分资产就可迅速转换为现金资产以应对基金持有人的流动性需求。

### （三）现金证券化的主要优点

第一，更少的时滞。现金证券化可以使基金迅速获得相应的投资组合头寸。

第二，更少的资金占用。较低的保证金比例使期货能够以较少资金复制指数现货头寸。

第三，更低的成本和更好的交易时机的选择。由于期货市场的流动性更好，基金经理可以在适宜的市场条件下耐心选择建仓平仓的交易时机。

第四，更少基金业绩的波动。由于现金可以迅速以低成本进行投资，进行现金证券化的基金将会获得独立于投资者现金冲击的合理 Alpha。

根据国际市场实践检验，利用股指期货等衍生品进行现金证券化的基金业绩更好，其择时能力也要好于非使用者。不进行现金证券化的基金，当面临基金规模 5% ~ 10% 的现金冲击时，平均业绩将下降 25 个基点；当面临大于基金规模 10% 的现金冲击时，平均业绩将下降 60 个基点。

### （四）基金公司应用股指期货进行现金流管理的情景分析

基金公司可在两个方面运用股指期货进行现金流管理：（1）基金公司利用股指期货应对申购赎回的情景；（2）基金公司利用股指期货进行主动（或被动）调仓的情景。各种现金流管理的情景分析见表 7 – 2 和表 7 – 3。

表 7－2　　基金公司利用股指期货应对申购赎回的情景分析

| | (预期) 市场上涨 | | | | (预期) 市场下跌 | | |
|---|---|---|---|---|---|---|---|
| 情景假设：不同情况下，对申购赎回的预期 | 预期新进入资金大量申购 | 非预期申购（如套利资金），而后大量赎回 | 预期前期套牢或获利盘的大量赎回 | 非预期的前期获利或套牢盘的大量赎回 | 预期前期套牢或获利盘的大量赎回 | 非预期的前期套牢盘的大量赎回 | 非预期申购（如套利资金），而后大量赎回 |
| 期货策略 | 前期买入期货，待资金流入后逐步买入股票、平仓期货 | 用流入的申购资金买入期货，待赎回需求出现时平仓期货 | 前期调整组合，留出适量现金，买入期货，当赎回发生时，平仓期货 | 待赎回时，在卖出股票的同时、同时卖出期货，结合市况实施短期平仓 | 前期调整组合，留出适量现金，可采取“卖出期货”、或“买入期货”，赎回结束时平仓 | 待赎回时，在卖出股票的同时、同时卖出期货，平仓时机结合市况而定 | 对于流入的申购资金，视情况采取“持有现金”、或“买入期货”策略，后者尤其是针对要求跟踪基金误差较小的基金 |
| 收益与风险特征 | 组合β增强，损益状况取决于对未来市况的判断 | 相对于“不作为”策略相比，短期β增强，损益状况取决于对未来市况的判断 | 优于“一直持有现货”策略。在组合β特征变化较小的情况下，在一定程度上降低了冲击成本 | 可在一定程度上降低冲击成本 | “卖出期货”策略基于对市场下跌的判断，改变了原组合的风险收益特征。“买入期货”策略维持了与原组合相似的风险特征 | 优于“一直持有现货”策略。在组合β特征变化较小的情况下，在很大程度上降低了冲击成本 | 在组合β特征变化较小的情况下，可在一定程度上降低了跟踪误差与操作成本 |

资料来源：国泰君安证券研究所。

**表 7－3　基金公司利用股指期货进行主动（或被动）调仓的情景分析**

| | （预期）市场上涨 | | | （预期）市场下跌 | |
|---|---|---|---|---|---|
| 情景假设 | 基金留有一定现金，在不改变现有持仓配置的情况下，大幅提高仓位 | 基金现金较少，采用先卖、后买的方式，调整持仓结构 | 基金有一定现金，采用同时买入、卖出的方式，调整持仓结构 | 在不改变现有持仓配置的情况下，大幅降低仓位 | 不增加整体仓位的情况下，买卖股票，调整持仓结构 |
| 期货策略 | 为控制买入冲击成本，在买入股票前先买入期货，增仓结束后平仓期货 | 为分别控制买入、卖出冲击成本，前后采取事前买入、卖出期货的操作，事后分别平仓如卖出冲击较小，可不考虑期货卖出对冲 | 综合考虑买入、卖出的冲击成本，针对性采取买入或卖出期货的单向操作 | 为控制卖出冲击成本，在卖出股票前先卖出期货，减仓结束后平仓期货 | 综合考虑买入、卖出的冲击成本，针对性采取买入或卖出期货的单向操作 |
| 收益与风险特征 | 对冲买入冲击成本，对冲程度取决于期货标的指数与买入股票的相关度 | 上涨市中卖出冲击成本可能较小，是否进行卖出对冲视情况而定 | 上涨市中卖出冲击成本可能较小，因此综合影响可能是单向买入期货对冲 | 对冲卖出冲击成本，对冲程度取决于期货标的指数与卖出股票的相关度 | 下跌市中买入冲击成本较小，因此综合影响可能是单向卖出期货对冲 |

资料来源：国泰君安证券研究所。

# 第八章　如何防范股指期货交易风险

## 本章要点

充分认识股指期货交易风险并加以防范是投资者理性参与股指期货交易的前提条件。根据金融期货投资者适当性制度的有关规定，投资者应审慎决定自己是否适合从事股指期货交易。由于股指期货交易从选择代理机构到最终的交割完成，包括代理风险、操作风险、市场风险、现金流风险、流动性风险、法律风险，以及如果采用量化交易可能导致的模型风险、技术风险、合规风险、价格闪崩风险等在内的诸多风险始终贯穿于整个交易环节中，因此，控制风险的主要手段是通过科学的资金管理、止损方法的运用，以及严谨认真的工作态度防范和化解风险的发生。

## 一、为什么要制定金融期货投资者适当性制度？

2010年2月8日，中国证监会正式发布实施《关于建立股指期货投资指数者适当性制度的规定（试行）》。同日，中国金融期货交易所也正式发布了《股指期货投资者适当性制度实施办法（试行）》和《股指期货投资者适当性制度操作指引（试行）》。这是中国证券、期货市场头一次发布这样的制度。

2013年8月2日，为适应国债期货以及未来金融期权等金融衍生品市场的发展，中国证监会对《关于建立股指期货投资者适当性制度的规定（试行）》进行了修订，并将名称修改为《关于建立金融期货投资者适当性制度的规定》；同期，新的《金融期货投资者适当性制度实施办法》也由中金所公布并于 2013 年 8 月 30 日开始实施；2010 年公布并实施的《股指期货投资者适当性制度实施办法（试行）》和《股指期货投资者适当性制度操作指引（试行）》同时废止。

2017 年 7 月 1 日，为适应金融期货市场发展的新要求，中金所再次修订并实施新的《金融期货投资者适当性制度实施办法》和《金融期货投资者适当性制度操作指引》。可见，监管层对金融衍生品市场的稳健发展和保护投资者权益的高度重视。

### （一）为什么要在包括股指期货在内的金融衍生品市场实行投资者适当性制度

随着我国多层次资本市场体系建设的推进，积极探索建立与我国资本市场创新相适应的制度安排，使参与者的风险认知和风险承受能力与金融创新产品相适应，切实保护投资者的合法权益，已成为市场发展的迫切要求。金融期货市场投资者适当性制度的制定充分考虑了金融期货的产品特性和风险特征，体现了将适当的产品销售给适当投资者的理念。

与股票、债券相比，作为风险管理工具的股指期货等金融衍生品具有专业性强、杠杆高、风险大的特点，客观上要求参与者具备较高的专业水平、较强的经济实力和风险承受能力，不适合所有投资者广泛参与。为了保护投资者，特别是中小投资者的合法权益，提示投资者审慎参与股指期货等金融衍生品交易，金融期货市场建立了投资者适当性制度。通过设置适当的程序和要求，使投资者能够真正理解股指期货等金融衍生品市场的风险，有效避免投资者盲目入市，从源头上真正做到保护投资者的合法权益。

### （二）金融期货投资者适当性制度的体系架构

目前初步构建的金融期货投资者适当性制度体系由三个层面组成：

一是中国证监会制定的《关于建立金融期货投资者适当性制度的规定》对投资者适当性制度提出的原则要求，同时授权自律组织制定具体实施办法；

二是中国金融期货交易所制定的《金融期货投资者适当性制度实施办法》《金融期货投资者适当性制度操作指引》，明确金融期货投资者适当性的基本要求、程序、工作机制以及自律管理措施等；

三是中国期货业协会制定的《期货公司执行金融期货投资者适当性制度管理规则（修订）》和《金融期货交易特别风险揭示书》，修订的《证券公司为期货公司提供中间介绍业务协议指引》，督促期货公司和从事中间介绍业务的证券公司向投资者充分揭示金融期货交易风险，严格执行金融期货投资者适当性制度。

### （三）海外成熟市场投资者适当性制度的相关情况

作为金融监管重要环节的投资者适当性管理制度在海外成熟资本市场已经较为普遍。海外成熟市场大多在法律层面规定了投资者适当性制度，主要包括两方面的涵义：一是要求某些高风险金融产品的参与者必须具备一定的资质；二是要求金融机构在销售产品时应将适当的产品销售给适当的投资者。

首先，根据市场的不同特点，要求某些高风险金融产品的参与者必须具备一定的资质，法律法规对特定类型的投资者实行市场准入限制。如美国《证券法》规定了参与私募证券认购的投资者资格，对投资者的净资产和专业知识规定了要求；在日本东京证券交易所与伦敦证券交易所合作设立的 TOKYO AIM 创业板市场上，东京证券交易所为保护个人投资者的利益，特别规定了较高的准入门槛，仅允许净资产或金融资产在 3 亿日元以上、并有 1 年以上交易经验的投资者参与交易。日本《金融商品法》还规定，禁止中介机构劝诱 75 岁以上的人士从事期货交易。

其次，依据投资者适当性分类，要求金融机构在为普通投资者提供服务时应遵守更严格的行为准则，避免投资者盲目或轻率投资。例如，美国全美期货业协会（NFA）要求，对于特定人群，如已退休人士、年收入低于 2.5 万美元者、净资产低于 2.5 万美元者、无期货期权投资经验者、年龄低于 23 周岁者等等，期货经纪商除了要求客户签署风险揭示书外，还要再签署一份附加风险揭示书；欧盟金融工具市场指令（MiFID）提出新的投资者保护规定，主要从销售适当性的角度，要求金融机构必须对客户的金融工具交易经验与知识进行评估。金融机构必须收集有关客户的经验、知识、财务状况及投资目标的相关信息，评估金融工具交易是否适合于客户。

### （四）金融期货投资者适当性制度对投资者的主要要求

投资者适当性制度包含对投资者分类、对产品分级和按照风险级别匹配适当的投资者三方面的含义。

根据中金所《金融期货投资者适当性制度实施办法》的规定，金融期货投资者适当性标准分为自然人投资者、一般单位客户和特殊单位客户。这里所称的“特殊单位客户”，是指证券公司、基金管理公司、信托公司、银行和其他金融机构，以及社会保障类公司、合格境外机构投资者等法律、行政法规和规章规定的需要资产分户管理的单位客户，以及交易所认定的其他单位客户；一般单位客户系指特殊单位客户以外的单位客户。

自然人投资者适当性标准包括以下条款：

（1）资金门槛要求。申请开户前连续 5 个交易日客户保证金账户可用资金余额不低于人民币 50 万元。

（2）具备金融期货基础知识，客户必须通过相关金融期货知识的测试。

（3）股指期货交易经历或者商品期货交易经历要求。客户须具备至少有累计10个交易日、20笔以上（含）的金融期货交易成交记录或者最近三年内具有至少10笔以上（含）的商品期货成交记录。

（4）不存在严重不良诚信记录；不存在法律、行政法规、规章和交易所业务规则禁止或者限制从事金融期货交易的情形。

对一般单位客户，投资者适当性标准前四条与上述自然人投资者的适当性标准相同，只是增加了第五条："具有参与金融期货交易的内部控制、风险管理等相关制度。"

期货公司为其他经济组织申请开立股指期货交易编码的，参照上述条款执行。

期货公司可以为特殊单位客户申请开立金融期货交易编码。

建立金融期货投资者适当性制度是我国资本市场的一项重要制度创新。适当产品提供给适当客户的理念得到有力贯彻。对切实保障投资者的合法权益、促进市场功能的正常发挥、实现市场的平稳运行发挥了不可或缺的作用。

## 二、参与股指期货交易应该具备哪些基本条件?

从金融期货投资者适当性制度的要求可以发现，并不是什么人都可以参与股指期货交易的。那参与股指期货交易到底应该具备什么样的具体条件呢?

### （一）审视自己的资金实力是否达到了股指期货投资的门槛

除了适当性制度所要求的投资者开户资金门槛标准外，仅仅从交易的角度分析，股指期货交易也要比买卖股票的资金门槛高得多。一般买卖股票，只要资金账户中的资金足够买入1手股票（即100股）就可以了，所以股票交易的资金起点可以很低，账上有几千元资金甚至几百元都可以买股票，而参与股指期货交易则不同。按照交易所的规定，股指期货合约的最低交易保证金比例定为合约价值的8%以上。相应的期货公司为了更严格地控制客户的风险，一般会在中金所规定的保证金比例基础上再上浮2~5个百分点，具体比例依客户开户的期货公司而定。如此，客户须缴纳的保证金要高于8%的最低限定。

具体来说，参与股指期货交易的资金门槛到底有多高？假如目前沪深300股指期货的点数为5000点，合约乘数为每点人民币300元，则1手期货合约的价值 = 5000 × 300元 = 150万元。如果投资者想买入或卖出1手期货合约，按15%保证金率计算（还不计交易手续费），则需要保证金 = 150万元 × 15% = 22.5万元。

不过，这并不是说投资者只要有了 23 万元就万事大吉。因为股指期货与股票交易最大的不同在于，只要价格出现不利于持仓方向的变动，就有追加保证金的风险。假设投资者看多，在 5000 点买入了 1 手期货合约，而买入后恰好期指出现了下跌，那么，期指每下跌 1%，投资者都要追加约 1.5 万元（150 万元 ×1%）的保证金，否则将被强行平仓。而价格下跌一旦达到 15%，投资者最初买入的那一手指数合约的保证金将全部亏掉，如果想一直保持那一手多单，就要不断再追加 22.5 万元的资金。

成熟期货市场的实际操作经验表明，本着合理配置资金和防范风险的原则，实际交易时合约占用的保证金一般不应超过保证金账户资金总额的1/3。也就是说，投资者买卖 1 手股指期货合约应准备大约 50 万 ~60 万元的资金。可见，股指期货交易对投资者的资金要求比买卖股票高得多。50 万元左右的资金只是可以参与股指期货交易的最低保障性资金门槛。所以，提醒投资者，参与股指期货投资一定要有较为充足的资金实力。

### （二）审视自己是否具有较强的风险承担能力和心理承受能力

人的性格，是一种双重组合：坚定与动摇、顽强与脆弱、胆识与畏缩、耐心与急躁、细心与大意、骄傲与谦虚、知足与贪婪、果断与迟缓……成功人士之所以成功，并非他们天生没有缺点，而是他们在实践的磨炼中，努力发挥自己的优点，注意克服自己的缺点。期货市场变幻无穷，大赢大亏，对投资者人性的考验、性格的陶冶，相信没有哪种行业能够比得上。选择入市时机，需要耐心捕捉，不容急躁；加码扩大战果，全靠胆识，不能畏缩；及时获利平仓，知足才行，太贪婪会误事；看错认赔，全凭当机立断，绝不许患得患失；小反复要固守，依靠的是坚定而非动摇等等。从某种意义而言，期货交易的获利，是对性格优点的奖赏；反过来说，亏损则是对人性弱点的惩罚。

股指期货市场是高风险、高收益的博弈市场，在期望得到高回报前，投资者首先要考虑的是自己的风险承受能力。对于那些入市后因出现亏损而不堪一击、患得患失、夜不能寐、甚至于精神崩溃的投资者，以及心血管病患者，还有对出现盈利后也会出现心理承受问题的人是不宜参与股指期货交易的。

### （三）审视自己是否已具备了一定的期货专业知识

对股指期货一无所知的投资者不适合参与股指期货交易。此外，投资者应安排一定时间专心于期货投资，这对于期货投资成功是非常必要的。与投资者自己的工作和事业相比，期货对大多数投资者来说是辅助性的投资活动，容易被忽略，而期货又是一项专业性较强、智力要求较高的投资活动，需要市场经验的长期积累以及经常关注经济、政治等影响期货市场的新闻事件，挤出时间在期货交易上，透过分析涨跌的背景因素，增加自己知识的深度和广度，无疑是值得的。

**（四）审视自己是否能正确对待投资失误**

期货走势非涨即跌，获胜概率是一半对一半。在期货市场，既没有人包赚，也没有人包亏。以往赢不等于以后都会赢，以往输不等于以后都会输。俗语："吃一堑，长一智。"以前做期货亏过，总有个原因，检讨的时候应对症下药。以往逆市而行的，以后就顺市而行；以往错了仍坚持死守的，以后就果断不要拖；以往贪，捡芝麻，而丢了西瓜，以后就摘西瓜不贪芝麻；以往孤注一掷，以后就分兵渐进。从前犯过的错误应该不会再明知故犯，将可自律，可以改正。但是，改掉以前犯过的错误不等于以后会次次赚。如果对以前亏损不作具体情况具体分析，而是笼统地感到怕，从此敬而远之，这不是吸取教训的正确态度。科学地检讨缺失，才能理智地策划未来。反正学费已缴过了，以后应该重整旗鼓，卷土重来，转亏为盈。其实，以前亏过，现在敢不敢再度上阵，并不是单纯要赚多少的问题，而是考验一个人面对挫折有没有一种"在哪里跌倒，就在哪里爬起来"的勇气和毅力。失败是成功之母。只要对以往的亏损重新检讨，从中吸取教训，摸索出几条实战经验，强制自己遵守，总会有机会站到赢家行列。

总之，以下四类人员——即资金实力不济者、风险承受力较弱者、对股指期货知之甚少者，以及无暇顾及者应避免盲目参与股指期货交易。

在决定是否参与股指期货交易之前，投资者应当全面评估自身的经济实力、期货认知能力、风险控制能力、生理及心理承受能力等，审慎决定是否参与股指期货交易。如果决定参与，就应该以负责任的态度，如实申报开户材料，不采取虚假申报等手段规避投资者适当性标准要求；应当遵守"买者自负，卖者有责"的原则，承担股指期货交易的履约责任。此外，投资者应遵守法律法规，通过正当途径维护自身合法权益，不得侵害国家利益及他人的合法权益，不得扰乱社会公共秩序。

## 三、哪些资金不适用于投资股指期货交易？

作为进入股指期货市场的投资者来说，树立稳健的投资理念显得十分关键。具体来说就是资金的来源要健康。这里之所以用到"健康"这个词，是因为有的投资者入市的资金来自亲友的集资、借款、贷款，甚至还有挪用的公款等。对中小投资者来说，保持一份清醒与平常心，"有多大本钱办多大的事"是最实际不过的。入市的资金必须是安排好家庭生活后不急用的那部分资金，而"借钱生钱"只适用于生产经营活动，不适于期货投资。

以下资金不宜入市：

1. 家庭生活开支、生产经营流动资金。用于家庭吃穿住行日常生活消费的资金绝不可以投资期货，就是压缩正常消费也不可取。做生意办企业，流动资金是血液，断不可挪作他用。期货投资只是生财之道，切不可本末倒置，影响正常生活、经营。

2. 购房、结婚、上学、养老等资金。上述这些资金特点是量大、急需用。原则是一定要把握的，专款专用、不能挪作他用。属于百分之百的稳健型资金宜储蓄，不能有一点闪失。拿这些钱入市炒期货是典型“投机”，切莫“投机不成蚀了本”，影响生活质量。

3. 非本人资金。借他人的存放款炒期货、贷款炒期货等都是万万不可取的。要做期货，必须是自有资金。用非本人资金，一旦到期不能归还便陷入困境。而且，用这些资金炒期货，从一开始操作心态就不稳。心态不稳，后果可想而知。

## 四、股指期货市场中存在有哪些类型的风险？

任何投资活动都有风险，股指期货交易也不例外。由于股指期货交易具有的杠杆效应，股指期货交易具有高风险高收益的特征。按照普遍的划分标准，股指期货交易风险可分为代理风险、操作风险、市场风险、现金流风险、流动性风险和法律风险等（见图 8－1）。尤其是，如果投资者采取的是量化交易模式，则还必须防范量化交易所带来的特殊风险，包括模型风险、技术风险、执行风险、合规风险、价格闪崩风险等。

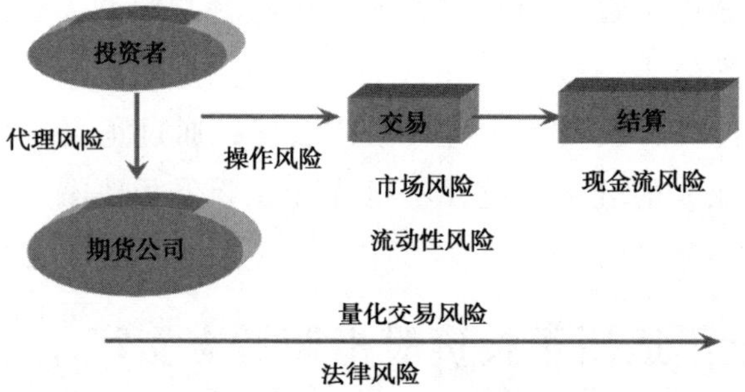


图 8－1　股指期货交易中可能面临的各类风险

## 五、什么是股指期货代理风险？

股指期货交易代理风险，主要是指投资者在参与股指期货交易时由于选择期货中介机构不当而给投资者带来损失的风险。

代理风险的主要表现是：投资者所选择的公司不具有合法的代理期货交易的资格，如地下投资公司、境外期货代理机构等非法从事国内期货交易的组织或个人。此外，极少数期货公司在从事代理业务时，利用投资者期货风险意识不强的弱点，采取过度投机、信息误导等欺骗手段，给投资者带来损失和风险，侵犯客户利益。因此，选择好的期货公司，是规避股指期货代理风险的有效防控手段。

此外，投资者对委托他人（包括期货公司工作人员及居间人）交易应该慎之又慎。有些投资者由于对期货专业知识不了解、经验不足或没有时间而选择将资金委托给他人进行交易，这种做法缺乏有效的法律保障。目前，法律不允许期货公司接受投资者的全权委托。

## 六、什么是股指期货操作风险？

股指期货操作风险，是指进行股指期货交易时由于人为操作错误或计算机系统故障而带来的风险。

投资者减少操作风险的方法除了要熟练掌握交易软件的操作方法外，更要在行情波动剧烈时及周围有干扰时注意力集中。首先，注意防止出现下单方向的错误，也就是买卖方向的错误；其次，防止下单数量的错误；最后，注意不要犯开平仓方向的错误。一旦出现错单，及时处理，避免损失进一步扩大。

网上交易应注意哪些事项呢？采用网上交易的交易者最应该重视的两件事为：安全保密与应急方案。安全保密极其重要。在互联网上交易，必须输入自己的账户号码及密码，一旦账户号码及密码被不怀好意的人知晓，并且非法进入后进行交易，很可能带来很大损失。年轻人和上班族习惯的网络委托交易，往往是病毒程序重点盯梢的对象，股指期货交易账户一旦被病毒控制，便会面临被恶意“操盘”的风险。投资者通过网络交易时应及时更新杀毒软件病毒库，开启系统监测、网页监控等功能，及时安装操作系统的安全补丁程序，以有效防范计算机病毒的攻击。应急方案，是指一旦因为电脑、电话或网络连接上出现暂时故障，导致无法交易时的应对方法，应记住期货公司提供给的应急热线服务电话。出现上述情况，可以通过该电话询问行情或下达交易指令。

电话下单应注意哪些事项呢？根据《期货经纪合同》约定：客户通过电话方式下达交易指令的，应当设定电话交易密码。在进行交易时，要按照资金账号、名称或姓名、电话交易密码下达交易指令。只要三者相符，相应的交易指令就视为客户下达。需要提醒投资者注意的是，电话下单密码与电子化交易密码是不同的，投资者须妥善保管电话下单密码。此外，在电话委托时，投资者需清楚叙述自己交易账户号或交易编码及自己要交易的品种、合约月份、买卖方向、开平仓方向、价格、指令类型和手数等委托信息。当完成下达指令后，应注意保持自己的指定联系方式的通畅，以便期货公司下单员进行成交回报。

## 七、什么是股指期货市场风险？

股指期货市场风险，主要指由于股指期货价格发生剧烈变动造成的亏损风险。股指期货的杠杆性使得微小的价格变动可能造成客户权益的重大变化，在价格波动很大的时候甚至造成爆仓的风险，也就是损失超过投资本金。因此，投资者进行股指期货交易在获得高额投资回报的同时，会面临重大的市场风险。

股指期货投资者如何管理市场风险？

要管理好市场风险，能够在股指期货中生存及盈利，必须找到适合自己的投资策略。对于新进入股指期货市场的投资者，特别是从未进行过期货交易的投资者，必须注意学习，在交易起初先从小单量开始。股指期货要获得成功，必须培养正确的交易理念，学会尊重市场，适应市场顺势而为。要切忌孤注一掷。抱着孤注一掷的心理投入期货市场，不仅会使人无视支配行情涨跌背后的基本因素，从而懒于分析，导致分析行情靠乱猜，投资方向凭灵感，输了不知为何输，赢了也不知为何赢。而孤注一掷者即使偶尔成功，但最终都逃不脱惨败的命运。这种情况在期货交易中是常见的。因为孤注一掷者在开始的几次成功后，心理会得到极大满足，更愿意在下次交易中继续采用孤注一掷的方法。而下一次交易中一旦遭遇厄运，极有可能全军覆没，不仅将过去的盈利全部吐出去，连最初的老本也输光，更惨的甚至还会因爆仓而倒欠期货公司一笔钱。

## 八、什么是股指期货现金流风险？

现金流风险，是指当投资者无法及时筹措资金满足维持股指期货头寸的保证金要求的风险。如果在持仓阶段，价格发生不利变化使得持仓亏损增加，资金余额将大幅度减少，可能会出现所余资金无法维持当前头寸的问题。按照当日无负责结算制度的要求，如果在下一交易日无法按时追缴不足的保证金，其持有的头寸将面临强制平仓的风险。这对投资者资金的管理提出了非常高的要求。也就是说，投资者必须有便利、快速的融资渠道能够在较短时间内融通资金，随时满足价格不利变化时的保证金要求。否则，即使再准确的行情判断，可能还没有等到结出“硕果”，就已经被“清理出局”，没有再“翻身”的机会了。

投资者如果在调增保证金比例前满仓或重仓操作，会面临因保证金调高后账上资金不足而被强行平仓的风险。

## 九、什么是股指期货流动性风险？

流动性风险，是指股指期货投资者由于缺乏交易对手而无法及时以合理价格建立或者了结股指期货头寸的风险。通常可分为两种情况：一种是在行情急剧变化时价格限制制度导致委托指令无法成交；另一种是由于市场交投不活跃，或市场深度、广度不够造成的委托指令无法成交。常常表现为“想买买不到，想卖卖不掉”。其后果是：减少获利空间，增加亏损幅度。

如何应对价格限制制度造成的流动性风险？股指期货采用涨跌停板制度。当价格波动达到涨跌停板时，与波动同方的委托指令通常无法成交。如价格达到涨停板时，由于大量的买入委托指令，而对应的卖出委托量非常稀少，致使买入开仓及买入平仓指令无法成交；如果买入平仓无法成交，第二天开市后价格波动继续不利变化，投资者的损失将会进一步扩大。为了应对价格限制制度造成的流动性风险，投资者需在每日开市前了解当天价格涨跌停板价位对应的具体价位，在价格波动至价格限制点位之前及时采取相应措施。

投资者如何应对交投不活跃造成的流动性风险？投资者如果所选择的合约交投不活跃，成交量小或持仓量小，投资者一旦参与其中会因为无法在预期的价位成交而减少盈利或者扩大损失。为了应对交投不活跃造成的流动性风险，投资者在进行股指期货开仓交易之前，就应注意所选择合约月份成交量及持仓量以及它们的分布状况是否足够满足自己的即将进行的交易对市场深度和广度的需要。一般选择成交量和持仓量均较大且交易活跃的月份合约。

## 十、什么是股指期货法律风险？

股指期货交易法律风险，是指在股指期货交易中，由于相关行为（如签订的合同、交易的对象、税收的处理等）与相应的法规发生冲突，致使无法获得当初所期待的经济效果甚至蒙受损失的风险。

目前，我国期货市场最高层次的法规为《期货交易管理条例》。中国证监会根据该条例还制定了一系列的部门规章如《期货交易所管理办法》《期货公司管理办法》和《期货业从业人员资格管理办法》。当客户因期货交易出现民事纠纷，向人民法院提起民事诉讼时，人民法院依照《最高人民法院关于审理期货案件若干问题的解释》进行审判活动。此外，相关自律机构如中国期货业协会和中国金融期货交易所通过制定相应的自律规则对会员单位及投资者进行约束。

### 千里之堤，溃于蚁穴——“永恒”的巴林银行倒闭案

1763 年，弗朗西斯·巴林爵士在伦敦创建了巴林银行，它是世界首家“商业银行”。由于经营灵活变通、富于创新，巴林银行很快就在国际金融领域获得了巨大的成功。乔舒亚·欠茨将其喻为“永恒的银行”。

20 世纪初，巴林银行荣幸地获得了一位特殊客户：英国皇室。能获得世界上最富有家族的青睐，这是对巴林银行的最高褒奖。正是由于巴林银行的卓越贡献，巴林家族先后获得了五个世袭的爵位。这可算得上是一个世界纪录，从而奠定了巴林银行显赫地位的基础。巴林银行浑身散发着贵族气息。

尼克·里森于 1989 年 7 月 10 日正式到巴林银行工作。这之前，他是摩根斯坦利银行清算部的一名职员。由于其良好的表现，1992 年，巴林总部决定派他到新加坡分行成立期货与期权交易部门，并出任总经理。

里森于 1992 年在新加坡任期货交易员时，巴林银行原本有一账号为“99905”的“错误账号”，专门处理交易过程中因疏忽所造成的错误。这原是一个金融体系运作过程中正常的错误账户。1992 年夏天，伦敦总部全面负责清算工作的哥顿·鲍塞给里森打了一个电话，要求里森另设立一个“错误账户”，记录较小的错误，并自行在新加坡处理，以免麻烦伦敦的工作。在中国文化里“8”是一个非常吉利的数字，因此里森以此作为他的吉祥数字，由于账号必须是五位数，这样账号为“88888”的“错误账户”便诞生了。

几周之后，伦敦总部又打来电话，因总部配置了新的电脑，要求新加坡分行还是按老规矩行事，所有的错误记录仍由“99905”账户直接向伦敦报告。“88888”错误账户刚刚建立就被搁置不用了。“88888”这个被人忽略的账户，提供了里森日后制造假账的机会。如果当时取消了这一账户，则巴林的历史可能会重写了。

1992 年 7 月 17 日，里森手下一名加入巴林仅一星期的交易员犯了一个错误：当客户（富士银行）要求买进 20 手日经指数期货合约时，此交易员误理解为卖出 20 手，这个错误在里森当天晚上进行清算工作时被发现。欲纠正此项错误，须买回 40 手合约，按当日的期货合约收盘价计算，其损失为 2 万英镑，并应报告伦敦总公司。但在种种考虑后，里森决定利用错误账户“88888”，承接 40 手日经指数期货空头合约，以掩盖先前交易员的失误。数天之后，由于日经指数上升200点，此空头部位的损失便由2万英镑增为6万英镑了（注：里森当时年薪还不到5万英镑）。此时，里森更不敢将此失误向上呈报。

不久，另一个与此同出一辙的错误是里森的好友及委托执行人乔治所为。里森示意他卖出的100份9月的期货全被他买进，价值高达800万英镑，而且好几份交易的凭证根本没有填写。如果把乔治的错误泄露出去，那么里森就不得不告别他目前很如意的生活。而将乔治出现的几次错误记入“88888账号”，对里森来说是举手之劳。但至少有三个问题困扰着他：一是如何弥补这些错误；二是将错误记入“88888”账号后如何躲过伦敦总部月底的内部审计；三是交易所每天都要他们追加保证金。

为了弥补手下员工的失误，里森将自己赚的佣金转入账户，但乔治造成的错误确实太大了。为了赚回足够的钱来补偿所有损失，里森承担愈来愈大的风险。他当时从事大量套利交易，因为当时日经指数稳定，里森从此交易中赚取期权权利金。里森在一段时日内做得还极顺手。到1993年7月，他已将“88888”号账户亏损的600万英镑转为略有盈余，当时他的年薪为5万英镑，年终奖金则将近10万英镑。如果里森就此打住，那么，巴林的历史也会改变。但是，泥潭最终还是吞没了里森，吞没了巴林。

在1993年下旬，接连几天，每天市场价格破纪录地飞涨1000多点，里森在一天之内的损失便已高达将近170万美元。在无路可走的情况下，里森决定继续隐藏这些失误。

1994年，里森对亏损金额已经麻木了，“88888”号账户的损失，由2 000万英镑、3 000万英镑，到7月已达5 000万英镑。事实上，里森当时所做的许多交易，是在被市场走势牵着鼻子走，并非出于他对市场的预期。1995年1月18日，日本神户大地震，其后数日东京日经指数大幅度下跌，里森一方面遭受更大的损失，另一方面购买更庞大数量的日经指数期货合约，希望日经指数会上涨到理想的价格范围。1月30日，里森以每天1 000万英镑的速度从伦敦获得资金，已买进了3万手日经指数期货，并卖空日本政府债券。2月10日，里森以新加坡期货交易所交易史上创纪录的数量，已握有5.5万手日经指数期货及2万手日本政府债券合约。交易数量愈大，损失愈大。所有这些交易，均进入“88888”账户。1995年2月23日，在期货到期的最后一日，里森对影响市场走向的努力彻底失败。日经股价收盘降到17885点，而里森的日经期货多头风险部位已达6万余手合约；其日本政府债券在价格一路上扬之际，其空头风险部位亦已达2.6万手合约。里森为巴林所带来的损失，在巴林的高级主管仍做着次日分红的美梦时，终于达到了8.6亿英镑的高点，而2月中旬，巴林银行全部的股份资金只有4.7亿英镑，造成世界上最老牌的巴林银行终结的命运。

缺乏风险意识、忽视衍生品金融交易中存在的巨大风险、为贪图利润而过分冒险的赌徒心理是造成巴林银行惨剧的重要原因。作为一名交易员，里森本来应有的工作是代巴林客户买卖衍生品，并替巴林从事套利这两项工作，基本上没有太大的风险。因为代客操作，风险由客户自己承担，交易员只是赚取佣金，而套利行为亦只赚取市场间的差价。一般银行对于其交易员持有一定额度的风险部位的许可。但为防止交易员在其所属银行暴露在过多的风险中，这种许可额度通常定得相当有限。而通过清算部门每天的结算工作，银行对其交易员和风险部位的情况也可予以有效了解并掌握。但不幸的是，里森却一人身兼交易与清算二职。

庞大的巴林银行倒闭震惊了整个世界，这起倒闭事件起源于一个小小交易员在股指期货上的巨大损失。也许股指期货市场上每天都会有这样的事件发生，但吞噬掉了一个巨人却让我们不得不反省：进入股指期货市场后，应当怎样避免这样的惨剧再度发生。

## 十一、什么是量化交易的模型风险？

模型风险，是指量化交易策略思想因无法被准确描述而导致模型信号失效的风险。模型风险的来源包括：建模偏差、错误设置、执行误差。

### （一）建模偏差

建模偏差体现在两个方面。

一是模型不完善。量化模型一般会经过海量数据进行仿真测试，但若其测试所采用的历史数据太少或不完整则可能导致模型对行情数据的不匹配。

二是模型在构建中存在隐形错误。例如，由于历史数据是静态的，而实际行情数据是动态的，如果模型中夹带有未来函数，则模型在用历史样本回测时效果不错，但在实际使用时会存在信号闪烁或偷价行为，导致交易出现重大损失。

### （二）错误设置

错误设置风险，是指对交易模型的相关参数在设置上存在错误。例如，在模型构建过程中，可能会存在对参数优化时的过度拟合而导致出现参数孤岛效应。此外，对诸如滑点、交易手续费、保证金率等参数设置如果与实际不符的话，会出现量化模型在历史样本回测时收益较高，但在实际使用时竟然会出现亏损的现象。

### （三）执行错误

执行错误即系统程序或系统架构出现混乱性错误导致的严重风险。假如一个交易模型本应在买入信号时进行买入操作，卖出信号时进行卖出操作，但是在模型最后上线前由于错误操作，将开仓的指令由“+1”变为了“-1”，导致所有交易信号反向交易，在本应该买入的价格进行了卖出，在本应该卖出的价格进行了买入，后果不堪设想！

对应此类风险，除需要采取样本外检验的方式尽早发现建模偏差缺陷外，还应该在多个市场或品种上进行较长时间的仿真运行，从中发现模型缺陷，从而避免存在偏差的量化交易模型上线运用。

## 十二、什么是量化交易的技术风险?

技术风险，是指量化交易的信息系统存在缺陷或故障而导致的错误交易风险。量化交易的实现即需要计算机程序的支持，也需要网络技术的支持。一旦所依赖的信息系统中可能存在的缺陷，或因网络连接中断、交易所交易系统升级等导致持续输入模型的数据断档，使得模型无法运行，使交易信号无法向交易所交易系统传递导致交易指令无法执行或执行混乱，就会带来量化交易系统自身的技术风险。

据美国证监会报告，使用批量交易、高频交易、算法交易、跨市场交易等程序化交易模式，其执行风险后果非常严重。目前，美国市场因使用高速自动化算法交易每秒可发出 1 222 笔订单。假设一个算法交易每笔订单平均交易量为 322 股，平均交易价格为 20 美元，若该算法交易因发生故障而重复下单，2 分钟就会发出 12 万笔价值 7.2 亿美元的订单，不仅给市场带来巨大冲击，而且可能造成严重后果。

**【案例 8-1】“骑士资本乌龙”事件——4.4 亿美元瞬间蒸发**

2012 年 8 月 1 日（周三），在美国股市开盘 1 小时期间，纽交所（NYSE）的交易员感觉股票走势异常，部分股票的价格出现异常剧烈波动。当市场寻找原因之际，作为 2011 年纽交所和纳斯达克交易所零售股票交易业务中排名第一的做市商——骑士资本（Knight Capital）发表声明称，该公司的做市部门出现交易技术问题，影响了纽交所约 150 只股票。这次交易故障导致骑士资本税前亏损 4.4 亿美元，损失惨重，两天内公司股价暴跌 75%，一度接近破产边缘。

事故的起因是当日纽交所对交易系统升级，启动了新交易系统。在收到通知后，骑士资本的开发部门更新了执行系统的相关代码，但在上线前并没有通过全面测试。当开盘后，做市系统出现致命逻辑混乱，诡异地进行了“高买低卖”的下单操作。这个反常的交易程序无法从交易所获取订单的确认信息，根本不知道已经发出有效订单，反而认为下单失败、没有成交，因此继续追加补单，结果同样的原因，补单也均“失败”，于是继续下单……这样，股价被推得越高，该程序就越有动力继续买进，再进一步推高股价……由此造成的连锁反应使实际发出的订单量呈几何数量上升。在全自动化下单交易后，部分股票的价格上涨了100% ~200%，有些交易每笔亏损15 ~17美分，大部分交易持续5 ~26分钟，最长的交易持续了40分钟。值得庆幸的是，异常情况出现后不久即被该交易系统监控人员发现，但正常的管理操作却无法停止该交易程序，最后只能通过切断网络等物理方法才停止了交易。程序交易异常的直接后果，就是不正常的极大持仓，其持仓市值最高峰值达到70亿美元，经过一定的紧急处理，日终时总持仓量仍然达到46亿美元，并导致了4.4亿美元的损失。时隔一年，骑士资本的这一“乌龙事件”最终于在同意接受监管层1 200万美元罚款后落下帷幕。

此次事件对于量化交易者有非常宝贵的借鉴价值：

(1) 必须相信，电脑也是会犯错的，需预先设计各种故障保护措施。归根到底，交易程序的设计者是会犯错的，必须预先设想各种极端情况，并提供预防方案，包括在界面上停止交易、关闭交易程序与切断网络连接等。如果异常程序积累了大量仓位，应考虑其平仓方式。

(2) 必须由专职的交易员来进行人工监控。监控界面应该展示完整的交易信息和控制要素。交易员可根据实战经验，检查出当前交易是否存在异常情况。

在进行股票/ETF等权益类交易时，由于数据发布的频率和交易速度较慢，交易员至少每5 ~10分钟查看一次。当进行期货交易时，检查频率需要更高。

(3) 交易程序必须与交易所交易设备升级时严格同步，并定期维护。鉴于国内现状，IT部门应该与交易所、系统开发商紧密合作，以保持系统的完好性。

(4) 交易程序必须监控价格和成交量的异常波动，并在极端情况时终止交易。交易程序应该检查价格的当日波动性、涨跌幅度，相对于近期价格的变化率，以及市场交易量的变化、系统自身交易量的变化，以便精准控制。在骑士资本案例中，由于美股没有涨跌停板限制，当价格被买单推动上涨了1倍以上，且交易量极大时，交易程序应该识别出该情况，并及时报警。

(5) 交易程序必须判断持仓，包括每个交易对象的仓位和整体仓位。由于美股为T +0交易，做市商一般仅需维持很少的隔夜库存。出于对其程序的信心，骑士资本很有可能未在程序中判断整体或个股的仓位，从而在故障发生时积累了极大数量的仓位。因此，交易程序在下单前，应评估本次交易是否对个股/ETF或期货整体仓位有较大影响，以及是否出现突破限额的风险等。

(6) 交易程序应该检查交易对象的关联性。交易程序应该检查大量交易对象之间的关联性，如是否多个对象的交易均有亏损、亏损数量及价格、交易量波动幅度等。

**【案例8 -2】光大证券乌龙指事件**

2013年8月16日11点05分，上证综合指数在一分钟内飙涨，最高达到5.96%。多只权重股瞬间出现巨额买单，带动整个股指和其他股票的快速上涨，以致包括中国工商银行、中石化等多达59只权重股瞬间封涨停，随后持续回落（见图8－2）。直到下午2点，光大证券公告称策略投资部门自营业务在使用其独立的套利系统时出现问题。此次事件导致无数跟风追涨的机构及股民纷纷“躺枪”，蒙受巨大损失，称为“光大证券乌龙指事件”。

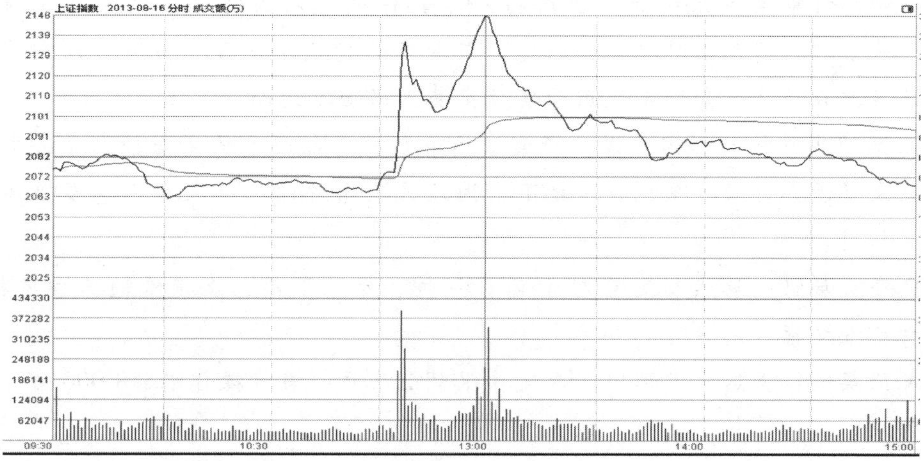

图8－2　光大证券乌龙指事件对股票市场造成的巨大冲击

触发本次风险事故的原因是该公司购买的自动化套利交易系统有缺陷。该系统包含订单生成系统和订单执行系统两个部分。核查中发现，订单执行系统针对高频交易在市价委托时，对可用资金额度未能进行有效校验控制；而订单生成系统存在的缺陷，会导致特定情况下生成预期外的订单。

当天上午，该部门交易员判断沪深180指数ETF与该指数股票成分股之间出现套利机会，于是通过套利策略订单生成系统发出第一组180指数成分股的订单合计171笔委托，委托金额不超过200万元。后续又再发出两组订单。其中有24只股票未成交，交易员尝试使用系统中的“重下”（重新下单）功能对未成交的股票自动补单。该系统程序员在旁边指导操作了一番，没想到这个功能没有经过实盘验证。虽然系统显示补单买入24只股票被执行，但实际上程序系统把买入24只成分股，当成了买入24组180指数一篮子成分股，而非仅仅只是24只股票，从而导致在11时05分08秒之后的2秒内，瞬间重复生成26 082笔预期外的市价委托订单。由于订单执行系统存在的缺陷，上述预期外的234亿元巨量市价申报买单被直接发送至交易所交易主机，迅速成交了72.7亿元（好在市场上挂出的卖单股票没有234亿元，否则后果更加不堪设想）。虽然其后相关人员在发现该情况后紧急停止系统运行，并调用所有自营资金在期货市场卖空了7 000多手股指期货合约对冲买入的巨量股票（可见股指期货功不可没，否则亏损将更巨大），但依然对当日中国A股市场造成巨大冲击，并为该公司带来1.94亿元的损失。此外，2015年12月24日，上海市第二中级人民法院就57人分别起诉光大证券公司涉及“8·16事件”民事赔偿纠纷案作出判决，令光大证券共计赔偿原告损失425万元人民币。

此次事件对投资者的教训值得总结：

(1) 交易系统存在重大缺陷。本次时间中所使用的套利策略量化交易系统是由公司自行研制的订单生成系统和从上海另一家软件公司购买的订单执行系统两部分组成。两个子系统之间存在对接磨合问题。在没有进行充分仿真交易运行以测试交易系统的有效性就直接将该套利系统用于实盘交易，风险可想而知。

(2) 风险内控机制形同虚设。光大证券策略投资部门系统完全独立于公司其他系统，甚至未置于公司风控系统监控之下，因此此次事件的深层次原因是多级风控体系都未发生作用。

在交易员层级：虽然制定有对于交易品种、开盘限额、止损限额三种风控制度，但后两种都没发挥作用。

在部门层级：虽然规定部门实盘交易限额2亿元，当日操作限额8 000万元，但都没发挥作用。

在公司层级：公司监控系统没有发现234亿元的巨额申报买单。这笔巨资或者动用了公司其他部门的资金来补充所需要完成的买单生成和执行，或者根本就没有头寸控制机制。

传统证券交易中的风控系统交易响应最快以秒计，但也远远不能适应高频套利交易的要求。例如本事件中每个下单指令生成时间为4.6毫秒，传统IT技术开发的风控系统将带来巨大延迟，严重影响下单速度，这可能也是各环节风控全部“被失效”的真实原因。

(3) 预警机制需要完善。此次事件暴露出面对异常报价、异常数量的申报订单，作为一线监管机构的交易所的预警机制也有待进一步完善。

## 十三、什么是量化交易的合规风险？

合规风险，是指量化交易可能导致的内幕交易、操纵市场等违规行为的风险。

一种不当交易行为是利用网络技术优势，在相关信息传播到市场之前“抢先”交易。此类交易不仅有损公平，还可能涉嫌内幕交易。如“新闻聚合”的做法就涉嫌内幕交易。该算法通过在互联网、新闻网站和社交媒体中搜索关键词，并在几毫秒内抛出大量订单，交易的速度之快，通常会在相关信息还没有广泛传播时已经完成。因此，国外监管当局正在讨论此类交易是否违反了内幕交易规则。

另一种不当交易行为为幌骗（Spoofing），是指在交易中通过反复的申报和撤单，诱使其他投资者不断抬高申报价格，从而在短时间内迅速推高股价并从中获利。2010年美国《多德—弗兰克法案》明令禁止“幌骗”交易。2015 年 11 月 3 日，美国芝加哥联邦法院陪审团判决，高频交易员 Michael Coscia 被判定在商品交易欺诈和幌骗罪名成立。这是美国首宗引用反幌骗交易法判定幌骗罪的刑事案件。在量化交易系统设计过程中，应当避免单个或多个独立的量化交易策略在特定交易产品上频繁偏离当前市场价格进行不以成交为目的的申报、撤单，以防止发生幌骗行为。

第三种不当交易行为为自成交行为。通过控制不同账号进行自买自卖的自成交行为会给市场传递错误信号，导致市场的价格与流动性并不能准确反映市场的真实水平。美国商品期货委员会对 2014 年至 2015 年的交易数据进行了分析，研究发现公司间的自成交行为，包括场内交易与场外交易，在单独的期货合约的日内交易数据中占有很大比重。例如：在 2015 年 2 月，某个期货合约发生在公司间的自成交行为占到了该合约全部交易量的 10%，而若是以天来计算，这种自成交行为则占到了 15%。其他合约的自成交行为占比仅为 5%。

对上述不当行为的预防应通过设置交易系统内部程序来限制，以保护量化交易者在同时运行多个量化交易系统的情况下免于因合规风险而受到监管机构的处罚。

## 十四、价格闪崩是怎么一回事?

统计数据显示，目前量化交易的成交量已占美国市场总成交量的 70% 以上。量化交易在提升市场效率的同时，也使导致市场发生价格闪崩的系统性风险概率大大增加。

由于金融市场的关联性和传导性，同质化的量化交易系统内核有着诸多相似之处，例如在何种价位执行自动买入指令、在何种价位执行自动抛售指令、在何种情况下执行自动止损等，共振效应很容易加剧市场波动。如果量化投资同质化程度较高，市场上有多个量化交易系统在同一时刻、以同一点位的价格发出买入或卖出信号，此时交易量就会急剧放大，加剧市场价格波动，导致“多米诺”效应，对市场行情起到推波助澜的作用，诱发市场系统性风险。

**【案例 8－3】** 2010 年 5 月 6 日，美国股市爆发了罕见的价格闪崩（Flash Crash）。当天开盘后，受欧债危机影响，纽约股市道·琼斯工业指数和 S & P500 股指期货较前一日下跌超过 4%。但不久，盘中又突然在数分钟之内再次大跌 5%～6%，随即股价又快速大幅回升。美国证券交易委员会（SEC）和商品期货交易委员会（CFTC）经过调查，认定该次暴跌系一家交易机构的电脑交易系统自动执行卖出指令触发的。该交易系统共自动发出了 41 亿美元金额的卖单，继而引发市场恐慌和量化交易者触发性止损卖出，加速了股价下跌。

“闪崩”事件出现后，曾一度引发金融市场理论研究者、市场参与者与市场监管者的高度关注。美国参议院甚至就高频交易所引发的一系列问题举行了听证会，足见“闪电崩盘”事件对美国金融界影响之大。

“闪崩”事件发生之后，美国监管部门对此做了大量调查与研究，从中吸取了教训，调整了对于量化交易的某些监管制度。例如，美国证券交易委员会（SEC）于2010年6月10日和9月10日两度分别在原有的熔断机制上设置了新的标准，制定高频交易技术规范，特别是健全基于计算机网络与自动软件程序设计的交易方式的安全保障机制、风险监控机制、防火墙机制、重要数据多重备份制度以及紧急预案制度。从世界各国发展高频交易的状况来看，上述制度要么不健全，要么处于空白。“闪崩”事件已经表明，建立在现代计算技术、网络技术、远程通信技术、人工智能技术基础上的量化交易，一旦在任何技术环节出现小小的意外或差错，所造成的后果将是灾难性的。

目前对因量化交易所引发的价格闪崩风险，除了在交易制度层面设置诸如熔断机制等事后防范措施外，不少交易所已开始着手对量化交易的总交易量、持仓量、交易频率等设置必要的限制，加强量化交易的事前和事中控制，以防范其对金融市场造成的系统性风险。

## 十五、怎样合理管理自己的交易资金?

资金管理就是资金在交易时如何配置的问题。在常规的风险管理手段中，资金管理和及时止损是最主要的两种风险管理手段。资金管理对期货交易成功的重要性，有一点就能足以说明：通过对期货市场大多数赢家的交易成败统计，全年算下来，他们亏损的次数往往大于盈利的次数，但为什么还会成功？其原因就在于资金管理得法。有很多投资者的投资失败都是因为资金管理做得不好，以及在投资决策被证明是错误的情况下没有及时止损。这些投资者的交易，由于始终伴随着极高的风险，随时有可能在一波突如其来的行情中折戟沉沙。毫不夸张地说，资金管理的好坏事关投机者在股指期货市场的生死存亡。科学的资金管理不仅增加了交易中逆境生存下去的机会，而且也增加了赢在最后的机会。因此，必须充分认识资金管理在股指期货交易中的重要意义。资金管理不好，即使有60%以上的看对概率，最终也将导致亏损。资金管理得好，即使只有40%的看对概率，也能够获取不错的收益。

**【案例8-4】** 某期货公司在7月份开展了一次全国股指期货仿真交易大赛，给每个参赛者的期货账户上一次性注入虚拟资金100万元，并不再增加资金，而且规定保证金率为15%。甲和乙同时报名参加。开赛后，由于他们均看跌股指，于是决定做空。

7月17日，两人均以4500点的价位卖出12月期货合约，不同的是两人采用了不同的资金管理模式：甲属稳健型交易风格，乙属激进型交易风格。收市后两人账单结果见表8－1（手续费略）。

7月18日，期价先跌后涨，甲乙两人决定长线持仓，均无交易。收市后两人账单结果见表8－1。

7月19日、20日为周末，休市。

7月21日，期价继续上涨，甲乙两人仍均无交易。收市后两人账单结果见表8－1。由于乙的可用资金<0，加上乙不可能追加保证金，因此第二天必须被强平至少3手才能使乙的可用资金>0。

7月22日一开盘，乙就被期货公司以开盘价4935点强行平仓3手。当天期价继续上涨，两人均无交易。收市后两人账单见表8－1。当天乙的可用资金仍然<0，下一交易日仍需强平1手。

**表8－1　　甲乙两人交易情况进展表**

| 比赛日期 | 客户名称 | 实际盈亏（万元） | 原始资金变动（万元） | 持仓（手） | 当天12月合约结算价（点） | 保证金占用＝当天结算价×300×15%×手数（万元） | 浮动盈亏＝（进场价－当天结算价）×300×手数（万元） | 可用资金＝原始资金－保证金占用＋浮动盈亏（万元） |
|---|---|---|---|---|---|---|---|---|
| 7月17日 | 甲 | — | 100 | 1（20%仓位） | 4404.2 | 19.819 | +2.874 | 83.055 |
| | 乙 | — | 100 | 5（满仓） | | 99.095 | +14.370 | 15.275 |
| 7月18日 | 甲 | — | 100 | 1 | 4440.3 | 19.981 | +1.791 | 81.810 |
| | 乙 | — | 100 | 5 | | 99.907 | +8.955 | 9.048 |
| 7月21日 | 甲 | — | 100 | 1 | 4749.0 | 21.371 | －7.470 | 71.159 |
| | 乙 | — | 100 | 5 | | 106.853 | －37.350 | －44.203（因无法追加保证金，需至少强平3手） |
| 7月22日 | 甲 | — | 100 | 1 | 5114.4 | 23.015 | －18.432 | 58.553 |
| | 乙 | 以开盘价4935点强平3手亏损39.150 | 60.85 | 2 | | 46.030 | －36.864 | －22.044（因无法追加保证金，需至少强平1手） |

续表

| 比赛日期 | 客户名称 | 实际盈亏（万元） | 原始资金变动（万元） | 持仓（手） | 当天12月合约结算价（点） | 保证金占用=当天结算价×300×15%×手数（万元） | 浮动盈亏=（进场价-当天结算价）×300×手数（万元） | 可用资金=原始资金-保证金占用+浮动盈亏（万元） |
|---|---|---|---|---|---|---|---|---|
| 7月23日 | 甲 | — | 100 | 1 | 5189.0 | 23.351 | -20.670 | 55.979 |
| | 乙 | 以开盘价5104点强平1手亏损18.120 | 42.73 | 1 | | 23.351 | -20.670 | -1.291（因无法追加保证金，需至少强平1手） |
| 7月24日 | 甲 | — | 100 | 1 | 5423.2 | 24.404 | -27.696 | 47.900 |
| | 乙 | 以开盘价5200点强平1手亏损21.000 | 21.73 | 所剩资金已不够交易1手，被迫出局 | | — | — | — |
| 7月25日 | 甲 | — | 100 | 1 | 5743.7 | 25.847 | -37.311 | 36.842 |
| | 乙 | — | 21.73 | 停止交易 | | — | — | — |
| …… | 甲 | — | 100 | 1 | …… | …… | …… | — |
| 9月12日 | 甲 | 以收盘价2468点主动平仓盈利60.960万元 | 160.96 | 0 | 2488.6 | — | — | 160.960 |

7月23日一开盘，乙又被以开盘价5104点强行平仓1手，期指继续上涨，两人均无交易。收市后两人账单见表8-1。当天乙的可用资金仍然<0，下一交易日仍需再强平1手。

7月24日一开盘，乙又被以开盘价5200点强行平仓1手，此时乙的5手持仓已被陆续强平光了，以亏损近80万元的结果出局，无力再做了。当天期指继续大幅上涨，现在只有甲在孤军坚持。收市后甲的账单见表8-1。试想，如果乙不让被强平，会出现什么严重的后果？

……

9月12日，当大赛接近尾声时，甲终于迎来了丰收的喜悦。最终他以总盈利61%的收益率获得优胜奖。

当然，甲的操作并不是尽善尽美，在操作上有些死板，尤其是采用一种“死扛”的做法并不可取，但至少他在资金管理方面比乙要优越。正是因为他的审慎操作，不满仓交易，才使他有足够的资金渡过强平的危机，从而反败为胜。

而对乙来说，虽然也看对了大势，但由于资金管理不科学，期价短期的波动使得他“出师未捷身先死，英雄马革裹尸还”，未能等到胜利的那一天。

图 8－3　比赛期间股指期货 12 月合约日走势图

总结上述投资者的经验和教训，在确定投入交易的资金规模时，期货业存在着一些普遍认可的资金管理模式：

（1）投入的资金通常限制在账面全部总资金的 30% 以内，即交易者的资金最多有 1/3 可以用于股指期货开仓，剩下的资金作为预备金。这里要明确的是，资金越大，每次交易金额要越小。这一原则是基于防范风险的角度进行考虑的。

（2）在任何单个市场上的最大亏损总额必须限制在总资本 5% 以内。这是投机者在交易损失情况下将承受的最大亏损值，直接决定了投机者可以持有多少张期货合约以及应该把止损点设置在什么位置。

（3）投机者对相关性极强的股指期货产品所投入的保证金总额必须限制在总资本的 20% ~25% 以内。这一原则是基于投资风险分散化的考虑，防止投机者在某一类市场中陷入过多的本金。相关性很强的市场往往变化趋势类似，例如香港的恒生指数期货和迷你恒生指数期货。

（4）设置保护性止损临界点位。股指期货的投机者必须采取保护性的止损措施，但止损临界点位的设定确实是一门艺术和技术的结合。

**【案例 8－5】** 某投机者决定在 4000 点附近买进沪深 300 股指数期货。他总共拥有资金 100 万元，那么他可以使用其中 20% ~30% 作为该交易的保证金，即可以动用 20 万 ~30 万元。

设股指期货合约的保证金比例为10%，则他可以买入2手股指期货合约，需要24万元（4000×300×10%×2）。而最大的风险限额为总资金的5%，即5万元。因此，该交易者需要设置的保护性止损条件为：倘若交易失败，实施止损，其亏损的总额不能超过5万元。5万元的亏损额对应的止损点位约在3917点（4000点－50000元÷2手÷300元/点）。

通常，对于止损点位的设定需要通过基本分析和技术分析相结合的方法求证，技术分析在期货市场比在股票市场更重要。例如，假设通过分析认为下降160点可以得到支撑，那么每张合约的风险额将达到4.8万元。为了保证整个交易可能损失处于5万元的限额内，则只能买入1手股指期货合约，而不是原来的2手。如果认为下降50点可以得到支撑的话，那么交易者便能够买入3手合约也不会超过5万元的风险限额（300×50×3 =4.5万元）。当然，买入3手股指期货合约不符合第三条的原则，但在风险可控范围内这也是可以适当变通的。

## 十六、如何运用止损技术?

从上例甲乙投资者的交易行为可以发现，科学的资金管理方法固然重要，但他们存在的一个重大缺陷是没有运用止损（止盈）这第二个风险控制的法宝，导致在交易中十分被动。也就是说，在股指期货交易中，除需要管理好资金外，还应学会止损和止盈。在交易中，资金就是筹码，学会止损就是要保存实力，留得筹码在，不怕没有钱赚。一旦全军覆没，则回天无术。大众投资者常犯的毛病就是跟对行情时，获利就跑，跟错行情时，被套就拖，结果是赚小钱亏大钱，这是非常危险的投资方法。期货交易追求的是投资回报率，并不是交易次数胜率。学会止损是投机市场的生存基础。止损是保障本金的最后一根稻草，并是你盈利的前提。对于止损，巴菲特的名言广为流传：

投资法则一：尽量避免风险，保住本金；

投资法则二：尽量避免风险，保住本金；

投资法则三：坚决牢记第一条、第二条。

保住本金，也就是保住重新来过的机会。因而学会止损是每个交易者的必修课。

止损，是指当某次交易出现的亏损达到预定数额时，及时斩仓出局，以避免形成更大的亏损，目的就在于投资失误时把损失限定在较小的范围内。换而言之，止损使得以较小代价博取较大利益成为可能。期市中无数血的事实表明，一次错误交易足以致命，但止损能帮助投资者化险为夷。止损是期货交易中保护自己的重要手段，犹如汽车中的刹车装置，遇到突发情况善于“刹车”，才能确保安全。止损的最终目的是保存实力，提高资金利用率和效率，避免小错铸成大错甚至导致全军覆没。

止损既是一种理念，也是一个计划，更是一项操作。止损理念，是指投资者必须从战略高度认识止损在期市交易中的重要意义。因为在高风险的期市中，首先是要生存下去，才谈得上进一步的发展。止损的关键作用就在于能让投资者更好的生存下来。可以说，止损是期市投资中最关键的理念之一。止损计划，是指在一项重要的交易决策实施之前，必须相应地制定如何止损的计划，止损计划中最重要的一步是根据各种因素（如重要的技术位，或资金状况等）来决定具体的止损位。止损操作，是止损计划的实施，是期市投资中具有重大意义的一个步骤，倘若止损计划不能化为实实在在的止损操作，止损仍只是纸上谈兵。

### （一）止损的重要性——鳄鱼法则

关于止损的重要性，专业人士常用鳄鱼法则来说明。鳄鱼法则的原意是：假定一只鳄鱼咬住你的脚，如果你用手去试图挣脱你的脚，鳄鱼便会同时咬住你的脚与手。你愈挣扎，就被咬住得越紧。所以，万一鳄鱼咬住你的脚，你唯一的机会就是牺牲一只脚。在期市里，鳄鱼法则就是：当你发现自己的交易背离了市场的方向，必须立即止损，不得有任何延误，不得存有任何侥幸。鳄鱼吃人听起来太残酷，但期市其实就是一个残酷的地方，每天都有人被它吞没或黯然消失。

再请看一组简单的数字：当你的资金从10万元亏成了9万元，亏损率是1÷10×100%=10%；你要想从9万元恢复到10万元需要的盈利率也只是1÷9×10%=11.1%。如果你从10万元亏成了7.5万元，亏损率是25%；你要想恢复的盈利率将需要33.3%。如果你从10万元亏成了5万元，亏损率是50%；你要想恢复的盈利率将需要100%。俗话说得好：留得青山在，不怕没柴烧。止损的意义就是保证你能在市场中长久地生存。甚至有人说：止损=再生。

世界投资大师索罗斯说过，投资本身没有风险，失控的投资才有风险。学会止损，千万别和亏损谈恋爱。止损远比盈利重要，因为任何时候保本都是第一位的，盈利是第二位的，建立合理的止损原则相当有效，谨慎的止损原则的核心在于不让亏损持续扩大。

### （二）止损原因

需要止损的原因有两个。

第一是主观的决策错误。进入期市的每一位交易者都必须承认自己随时可能会犯错误，这是一条十分重要的理念。究其背后的原因，是因为期市是以随机性为主要特征，上千万人的博弈使得任何时候都不可能存在固定的规律，期市中唯一永远不变的就是变化。另外，任何规律都肯定有失效的时候，而这个时候也许就会被聪明的你碰到。当遇到失败概率变为现实，或者规律失效，这时就有必要挥刀止损了。

第二是客观的情况变化。例如基本面发生意料之外的突发利好或利空，宏观政策重大变动，战争、政变或恐怖事件，地震、洪水等自然灾害，机构资金链断裂等等，都会导致期货行情瞬间发生逆转。

### （三）止损策略

设计止损的两个要素中一个是时机，一个是幅度，只要满足两个条件的任何一个就要止损。这两个要素对不同的人、不同的风险偏好、不同的品种、不同的行情阶段，都有所不同。

第一个条件是波动幅度达到止损额。那是为了帮助投资者从空间上判断可能的错误，但建议这个额度设在明显的压力或支撑以内，否则实际执行额度就会远超预定金额。

第二个条件是时间，时间是行情里最重要的要素，也是最不容易掌握的要素，因而投资者必须预先对行情定性，找出从你下单时起到行情形成你希望的突破之间容许的时间长度，一旦超过时间限度，你头寸的风险将陡然增大，因而先平仓出场再说。严格执行时间止损，同样能避免实际止损金额远超预定金额的问题。

相对而言，空间的变化随机性更强而时间结构难以零时改变。所以这两条中，时间止损比空间止损重要，也更可靠。

当止损条件满足时，就不要从技术上再重新判断该不该止损，既然行情发展没按你希望的那样，就证明你以前的分析很可能是错的，至少错的概率陡然变得很大。止损既然是本金的最低安全保障，这时再侥幸下去就意味着风险与收益的比例严重失调，执行止损就高于一切！这样，你就不会因自己必然存在的错误分析而被淘汰，就能够留在市场上，等到曙光来临的那一天。

然而，止损非常难。事实上，投资者设置了止损而没有执行的例子比比皆是，期货市场上，交易者被扫地出门的悲剧几乎每天都在上演。止损为何如此艰难？原因有三：其一，侥幸的心理作祟。某些投资者尽管也知道趋势上已经破位，但由于过于犹豫，总是想再看一看、等一等，导致自己错过止损的大好时机。其二，价格频繁的波动会让投资者犹豫不决，经常性错误的止损会给投资者留下挥之不去的记忆，从而动摇投资者下次止损的决心。其三，执行止损是一件痛苦的事情，是一个血淋淋的过程，是对人性弱点的挑战和考验。

总之，止损无条件——止损永远是对的，错了也对；死扛永远是错的，对了也错。

### （四）止损方法

如何设定止损位呢？有如下的方法供参考：

1. 平衡点止损法。

在建仓后即设立原始止损位，原始止损位可设在距离建仓价格 1% ~30% 的位置。

买入后期价上升，便将止损位移至建仓价，这是你的盈亏平衡点位置，即平衡点止损位。依此，投资者可以有效建立起一个“零风险”的系统，可以在任何时候套现部分盈利或全部盈利。平衡点止损系统建立好以后，下一个目的就是平仓。平仓具有很强的技术性，但是不管用什么平仓技术，随着期价上升或下跌必须相应地调整止损位置。

**【案例8-6】**投资者在2000点买入，原始止损位设立在1950点，买入后期价若一路下跌，可在1950点止损出场（见图8-4）。

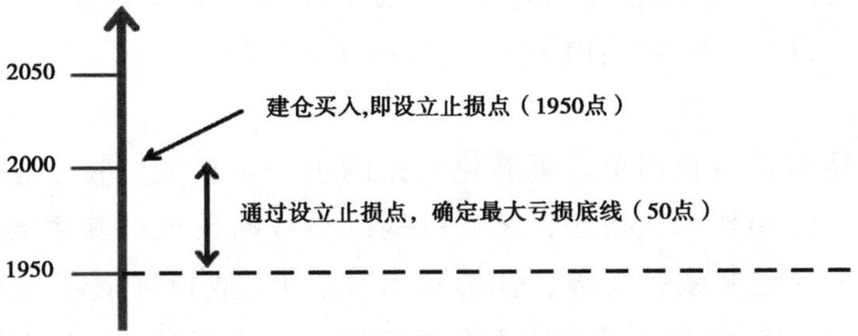


图8-4　平衡点止损法示意图之一

若买入之后期价上扬，平衡点止损设在2000点附近，期价跌破即可清仓出场（见图8-5）。

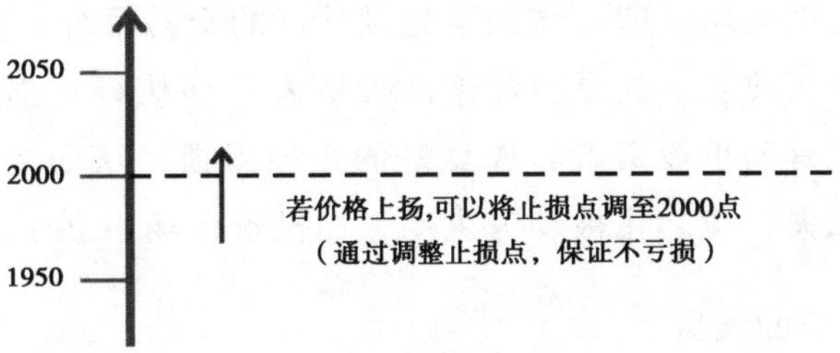


图8-5　平衡点止损法示意图之二

若买入后价位继续上升，可即时调整止损位（此时也称止盈位）。如期价上升至2100点，可将止损位调整为2050点，价格升至2150点，止损位也“升”至2100点。

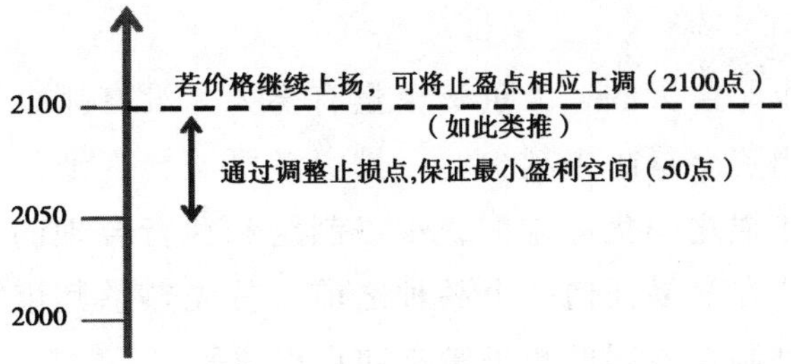


图8-6　平衡点止损法示意图之三

2. 时间止损法。

人们普遍注意空间的止损，而不考虑时间因素。只要价格跌到某个事前设定的价格，就斩仓出局，这就是空间止损。空间止损方式的好处在于，可以通过牺牲时间而等待大行情；缺点在于经过了漫长的等待后往往不得已还要止损，既耽误了时间又损失了金钱。为此，需要引入时间止损概念。时间止损是根据交易周期而设计的止损技术。例如，我们若对某次的交易周期预计为 5 天，买入后在买价一线徘徊超过 5 天，那么其后第二天应坚决出场。从空间止损来看价格或许还没有抵达止损位置，但是持仓时间已跨越了时间的界限，为了不扩大时间的损失，此时不妨先出局。

3. 技术止损法。

在关键的技术位设定止损单，可避免亏损的进一步扩大。技术止损法没有固定的模式。一般而言，运用技术止损法，无非就是以小亏赌大盈。其主要的指标有：①重要的均线被突破；②趋势线被突破；③头肩顶（底）、双顶（底）或圆弧顶（底）等头（底）部形态的颈线位被突破；④上升通道的下轨或下降通道的上轨被突破。

4. 程序化止损。

正是由于种种原因，当价格到达止损位时，有的投资者错失方寸，患得患失，止损位置一改再改；有的投资者临时变卦，逆势加仓，企图孤注一掷，以挽回损失；有的投资者在亏损扩大之后，干脆采取“鸵鸟”政策，听之任之。为了避免这些现象，可以采取程序化的止损策略。即：借助事先设计好的交易系统，由电脑执行止损信号，根据信号机械式操作买或卖。这是目前帮助投资者严格执行止损的一种简单而有效的方法。这种交易系统有助于投资者养成良好的止损习惯，从而规避市场中的风险，使之最大限度地减少损失，使之化被动为主动，在投资市场中立于不败之地。

### （五）对止损认识的误区

1. 误区之一：频繁止损，越止越损。

大多数初入期货市场的新手，在因为不及时止损而遭受损失后，一般都会吸取教训，严格制定止损原则。但出于“一朝被蛇咬、十年怕井绳”的心理，往往容易走入另一个极端，就是因为对市场的不熟悉及交易的不自信，设置止损时没有规律，频繁损失，频繁止损。

这种误区的危害也是巨大的，无论资金量有多大，没有哪个账户可以承受长期的亏损。更严重的是，当资金量越来越少时，投资者可能会逐渐失去分析和交易的自信心，总是在止损和不止损之间犹豫徘徊，难以制定和执行合理的止损计划。要防止这种情况出现，投资者应在交易任何一个品种之前，首先熟悉其市场规则和价格波动特点，并根据不同的品种制定不同的止损策略和止损位置。

2. 误区之二：损失可以“拖”回来。

投资者在出现损失时，往往会优柔寡断，心存侥幸，放弃执行止损计划，希望通过拖延来等待行情的扭转，把损失“拖”回来。特别是在损失巨大时，会因为心理上难以承受，希望通过拖延来减小损失幅度。这是期货交易中最难以克服也是最常见的心理误区。事实上，任何一笔交易都有最佳的止损时机和止损位置，一旦错过，不仅不能挽回最初的损失，还有可能导致巨大损失。尤其是在逆势操作出现损失的时候，更应该当机立断，严格执行止损，这就是所谓的“不怕错、只怕拖”。

3. 误区之三：止小损、不止大损。

一部分投资者在具备一定交易经验后，往往会过高估计自己的止损能力，在止损中陷入“止小损、亏大钱”的误区。例如，当损失在10%以内的时候能够及时理性的止损，可是当损失超过50%的时候却不愿止损。

下面，我们仍然以例8－5中的股指期货交易大赛中的投资者乙为例，来看看即使他采取了不科学的满仓交易，但只要时刻牢记止损或止盈，结果又会怎样？

**【案例8－6】**假设甲在以4500点的价位卖出IF0812合约1手后不采取止损策略，而乙在以4500点的价位满仓卖出IF0812合约5手后，他意识到自己的交易风格很激进，风险显然巨大，必须设置有效的止损方案以控制风险。于是乙采用了平衡点止损法。规定：进场做空后，只要期价上涨，亏损50点就全部止损出场；如果下跌，则将止盈点下移50点。

收市后甲乙两人账单结果见表8－2（手续费略）。

**表8－2　　乙止损情况下的甲乙两人交易情况进展表**

| 比赛日期 | 客户名称 | 实际盈亏（万元） | 原始资金变动（万元） | 持仓（手） | 当天12月期货合约结算价（点） | 保证金占用＝当天结算价×300×15%×手数（万元） | 浮动盈亏＝（进场价－当天结算价）×300×手数（万元） | 止损（止盈）情况 |
|---|---|---|---|---|---|---|---|---|
| 7月17日 | 甲 | — | 100 | 1（20%仓位） | 4404.2 | 19.819 | +2.874 | 无止损（止盈）计划 |
| | 乙 | — | 100 | 5（满仓） | | 99.095 | +14.370 | 设止盈点4450 |
| 7月18日 | 甲 | — | 100 | 1 | 4440.3 | 19.981 | +1.791 | 无止损（止盈）计划 |
| | 乙 | — | 100 | 5 | | 99.905 | +8.955 | 设止盈点4450点 |
| 7月21日 | 甲 | — | 100 | 1 | 4749.0 | 21.371 | －7.470 | 无止损（止盈）计划 |
| | 乙 | +7.5 | 107.5 | 0 | | 0 | 0 | 因期价上破4450点，引发止盈，全部平仓 |

续表

| 比赛日期 | 客户名称 | 实际盈亏（万元） | 原始资金变动（万元） | 持仓（手） | 当天12月期货合约结算价（点） | 保证金占用=当天结算价×300×15%×手数（万元） | 浮动盈亏=（进场价－当天结算价）×300×手数（万元） | 止损（止盈）情况 |
| --- | --- | --- | --- | --- | --- | --- | --- | --- |
| 7月22日 | 甲 | — | 100 | 1 | 5114.4 | 23.015 | －18.432 | 无止损（止盈）计划 |
| | 乙 | -7.5 | 100 | 以开盘价4935点卖出5手，但及时止损出场 | | 0 | 0 | 止损点设为4985点，因盘中期价上破4985点，引发止损，全部平仓 |
| 7月23日 | 甲 | — | 100 | 1 | 5189.0 | 23.351 | －20.670 | 无止损（止盈）计划 |
| | 乙 | -7.5 | 92.5 | 以开盘价5104点卖出5手，但及时止损出场 | | 0 | 0 | 止损点设为5154点，因盘中期价上破5154点，引发止损，全部平仓 |
| 7月24日 | 甲 | — | 100 | 1 | 5423.2 | 24.404 | －27.696 | 无止损（止盈）计划 |
| | 乙 | -6.0 | 86.5 | 以开盘价5200点卖出4手，但及时止损出场 | | 0 | 0 | 止损点设为5250点，因盘中期价上破5250点，引发止损，全部平仓 |
| 7月25日 | 甲 | — | 100 | 1 | 5743.7 | 25.847 | －37.311 | 无止损（止盈）计划 |
| | 乙 | -6.0 | 80.5 | 以开盘价5600点卖出4手，但及时止损出场 | | 0 | 0 | 止损点设为5650点，因盘中期价上破5650点，引发止损，全部平仓 |

从上述操作中发现，乙如果不采取止损方法，则在7月25日就全部亏光出局了；而这次采取了及时止损止（盈）的策略，使得他的亏损实际上比甲还要小些，从而保存了资金实力，方便后续交易。可见，止损策略在期货交易中的重要作用是不容置疑的。

## 十七、投资者如何维护自身的合法权益？

当投资者进行股指期货交易与期货公司发生纠纷时，应当积极通过各种可能的方式和途径解决纠纷。期货投资者维护自身合法权益的途径有：可依照相关法规和期货经纪合同的约定通过向所在期货公司提出交易异议，向中国期货业协会或交易所申请调解，向合同约定的仲裁机构申请仲裁，向有管辖权的人民法院提起民事诉讼，向中国证监会及其派出机构提起行政申诉或举报；对于涉嫌经济犯罪的行为，可向公安机关报案等。

1. 股指期货交易争议直接协商机制。

纠纷双方进行直接协商是最简便、最直接的维权方式，需要由当事人自愿履行；如有违反，应承担违约的民事法律责任。

2. 股指期货交易争议调解机制。

由纠纷双方之外的第三者居中进行调解是解决纠纷的一种有效方式。目前，中国期货业协会负责投资者与期货公司之间的交易争议调解工作。

进行调解的前提是纠纷双方必须自愿接受调解，在调解过程中，任何一方也可以随时退出调解。经调解达成的协议，与双方直接协商达成的协议效力相同，同样没有直接的强制执行效力，需要由当事人自愿履行。如果双方达成调解协议后期货公司不履行，将受到中国期货业协会的自律处罚。

3. 股指期货交易争议仲裁解决机制。

仲裁，是指争议双方当事人在争议发生前或争议发生后达成协议，自愿将他们之间的争议提交给双方所同意的第三者进行裁决，当事人双方有义务执行裁决的一种解决争议的方法。仲裁必须要有双方的仲裁协议为前提，且仲裁协议的约定必须明确，裁决一旦作出，就发生法律效力，并且当事人对仲裁裁决不服是不可以就同一纠纷再向仲裁委员会申请复议或向法院起诉的，仲裁也没有二审、再审等程序。

4. 股指期货交易争议司法解决机制。

诉讼俗称“打官司”，是由国家专门设立的司法机关（法院）对当事人之间的纠纷进行审理，并作出具有终局效力和强制效力的判决的纠纷解决方式。诉讼具有严格的程序性特点，并且法院的裁决具有直接的强制执行效力。

5. 股指期货交易争议投诉举报机制

如发现期货公司有违规、违法行为，可以向交易所监察部门、中国证监会派出机构、中国证监会期货部等部门投诉或举报。如发现不法分子利用股指期货进行非法吸收公众存款或欺诈等违法犯罪活动可以向公安机关报案。

# 后　　记

新版《金融衍生品系列丛书》适合于对金融衍生品感兴趣的投资者阅读，同时也可作为期货业内及相关领域从业人员的专业参考书使用。

新版《金融衍生品系列丛书》是在第一版丛书的基础上修订而来的。本次修订承继了第一版丛书的特点与体例，仍采用问答形式，并通过“小贴士”“延伸阅读”等内容增加信息量，提高阅读的趣味性、可读性、通俗性。另外，在内容上将《股指期货》纳入丛书体系。本次修订在第一版的基础上增加了新的金融衍生品品种的介绍，选取了新的金融衍生品实操案例，也更新了各种数据，以便更加符合金融衍生品市场发展现状。

与证券、债券等金融工具相比，期货作为风险管理工具，专业性更强，杠杆率更高，风险更大，这在客观上要求投资者具备更专业的投资知识、经济实力以及风险承受能力。

“期市有风险，入市需谨慎!”

作为《金融衍生品系列丛书》之一，本书由中国期货业协会组织编写，中国期货业协会原副会长李强负责拟定大纲并修改定稿。参加本书的编纂人员有韩锦、杨园东，同时还要感谢本书第一版编写人员李关峥对本书的贡献。

因编写水平有限，书中难免存在错误与不足，敬请业内人士与广大投资者批评指正。

《金融衍生品系列丛书》编委会

2020 年 3 月